제2판

놀이중심

유아 다문화교육

MULTICULTURAL EDUCATION FOR CHILDREN CENTERED ON PLAY

김 혜 숙

YANGSEOWON
양서원

머리말

한국사회는 다인종 · 다문화사회로의 급속한 변화로 다문화가정이 증가함에 따라 이들에 대한 관심이 높아지고 있다. 또한 유아교육 현장에서도 다문화가정 자녀들의 재원율 증가로 유아기 다문화교육의 중요성이 크게 부각되고 있다. 그러나 유아교육 현장에서 다문화교육에 대한 높은 관심에 비해 아직 유아들을 위한 다문화교육을 실천할 수 있는 실질적인 방안이나 체계적인 프로그램은 그리 많지 않은 실정이다.

2019 개정 누리교육과정은 유아가 중심이고 놀이가 살아나는 공통교육과정으로 개정의 주요 특징을 강조하고 있다.

유아들에게 놀이는 삶이자 생활이며, 누군가 가르쳐주지 않아도 할 수 있는 본능과 같다. 무엇보다 놀이는 스스로 동기유발이 되어 주변의 세계를 이해하고 자연스럽게 많은 경험을 할 수 있게 된다. 또한 유아들은 자신만의 목표를 가지고 주도적으로 몰입할 수 있으므로 놀이는 단순히 흥미로 끝나는 것이 아니라 교육으로 점차 확장된다. 나아가 학급의 유아들은 서로 협력하여 자신만의 독특한 놀이세계를 구축해 나간다.

이를 통해 유아들은 자신의 노력과 성취에 대한 만족감을 느끼고 협력하는 기쁨을 만끽하여 긍정적인 또래관계를 경험한다.

이렇게 유아들은 놀이 속에서 다양한 것을 경험하며 놀이를 통해 가장 잘 배울 수 있다. 이와 같이 놀이의 가치가 높이 평가되어 다문화교육 또한 놀이를 통해 다양한 문화를 경험할 수 있는 프로그램이 절실히 요구된다.

이에 본서는 놀이중심 교육과정으로 유아교육기관 현장의 교사들과 예비교사들에게 다문화교육에 관한 이론적 이해를 돕고 구체적으로 실천할 수 있는 놀이 활동으로 도움을 주고자 한다. 또한 국가수준 교육과정인 공통 누리교육과정에 다문화적 교육내용을 포함하여 실천할 수 있도록 구성하였다.

이러한 입장에서 이 책을 크게 두 부분으로 나누어 제시하였다.

제1부는 유아 다문화교육을 위한 전반적인 이론으로 다문화사회, 다문화가정, 다문화교육, 놀이, 놀이와 교육, 놀이와 교육과정의 이해에 대해 살펴보았다. 특히 다문화교육에서도 교사의 역할이 중요하여 교사들의 인식을 전환하는 데 도움을 주고자 하였다.

제2부는 유아교육 현장에서 실시되고 있는 자유선택활동과 영역별 놀이로 역할놀이, 쌓기놀이, 언어놀이, 수 · 조작놀이, 과학놀이, 음률놀이, 미술놀이, 신체놀이, 요리놀이, 전통놀이와 관련된 다문화교육을 용이하게 실천할 수 있도록 소개하고, 그 놀이의 교육적 가치, 지도방법, 활동구성 및 놀잇감, 놀이의 실제 순으로 자세하게 제시하였다.

필자는 2005년 결혼이주여성 한글교육봉사와 결혼이민자 자녀교육을 계기로 다문화교육에 관심을 갖게 된 지 어느덧 십여 년의 세월이 흘렀다. 그동안 끊임없이 도전하여 많은 논문, 저서, 시 · 도별 순회교육, 특강, 대통령 표창까지 실천적 성과가 있었다. 이렇게 성장하게 된 것은 무엇보다 많은 분들의 사랑과 관심 덕분이라 생각한다. 올해는 더욱이 개정판을 다시 펴내게 되어 하나님께 먼저 감사와 영광을 돌린다.

무엇보다 이 책을 통해 다문화사회를 살아갈 아이들이 개방성과 자긍심을 가지고 세계시민으로서의 자질을 갖추고 글로벌 리더로 성장하길 희망한다. 끝으로 출판을 맡아 훌륭한 책이 나올 수 있도록 도와주신 출판사 양서원에도 감사드린다.

2023. 2

저자 김혜숙

목차

PART
01

다문화사회와 교육

CHAPTER 01

다문화사회의 이해

1. 다문화사회에서의 문화

우리가 흔히 말하는 '문화'는 1871년 영국의 인류학자인 Taylor에 의해 처음으로 정의되었는데, 그는 문화를 사회의 구성원으로서 한 인간이 획득한 지식, 믿음, 예술, 도덕, 사랑, 규범, 그리고 습관들을 포함한 복합체로 보았다. 특히, 하나의 문화를 공유하고 있는 사람들의 공통된 양식으로 나타나며, 이러한 문화는 한 사회에 전통적으로 전해져 내려오면서 사회 전반에 영향을 미치고, 사회에 속한 사람들의 사고방식까지도 좌우하게 된다는 것이다(Derman-Sparks, 1992). 따라서 문화는 인간의 삶을 결정짓는 중요한 요소로 작용하면서, 각 집단이나 사회 그리고 민족이나 인종에 따라 각기 고유한 형태로 나타나는데 이렇게 각기 독특하면서 분절된 문화의 형태들이 하나의 조합을 이룬 상태를 '다문화'라고 볼 수 있다(장영희, 1997).

오늘날 '문화'의 개념은 다양하게 변화되고 있다. Bruner(1974)에 의하면 문화는 항상 변화의 과정에 있고 인간이 상호작용하는 양식이며 이를 통해 인간은 세계에 대해 이해하고 적응해 가며 문제를 해결해 나간다고 하였다.

권숙인(1998)도 현대에서 문화는 생산 주체가 특정 집단이나 세력에 의해 주도·독점되는 것이 아니라 문화의 이해와 인식을 달리하는 다양한 세력들이 '따로 또 같이' 존재하는 것이라고 하였다.

따라서 21세기의 '문화'는 그 개념이 고정적인 것이 아니고 구성원들의 상호 과정 속에서 끊임없이 변화되어 가는 것이라 할 수 있다. 이러한 인간의 삶을 나타내 주는 문화가 바로 '다문화'이다. '다문화'란 용어는 초기에 '다수민족'과 '소수민족'의 개념으로 사용되었으나, 오늘날은 지배와 피지배, 중심과 주변이라는 모든 개념을 포함한 문화에 사용되고 있다.

인간은 인간이 만들어 놓은 조직으로부터 인간다운 사고와 행동, 관습 등을 모방하고 학습하는 사회화 과정을 거쳐 성장한다. 지식, 태도, 기술, 도덕, 법률, 습관 등의 생활과 행위양식을 총체적으로 포함하고 있는 문화의 궁극적인 역할도 결국 삶을 해석하고 유형화하는 것으로 삶을 담아내는 하나의 그릇이라고 할 수 있다.

2. 다문화사회의 개념과 특징

한국사회는 1990년대 중·후반을 기점으로 다문화사회로 접어들기 시작했다. 다문화사회에 대한 개념은 여러 학자들에 의해 다양하게 정의되고 있다. 구정화, 박윤경, 설규주(2010)는 다문화사회를 민족, 인종, 성, 연령, 지역, 신체 등 다양한 변인이 매개가 된 문화 현상이 사실로서 나타나는 사회라고 정의하고 있으며, 김혜순(2008)은 시민 또는 국민으로서 누릴 수 있는 사회적, 경제적, 문화적 권리를 취득하고 향유하는 데 인종이나 민족이 차별의 근거가 되지 않는 사회라고 정의하고 있다. 또한 국제결혼의 증가로 인한 다문화가정 자녀들의 출생이나, 유학생들의 입국 및 거주 등으로 우리 주변과 사회에 거주하고 있는 소수민족이 다양해지고 이로 인해 증가하는 사회문제를 예방하기 위해 법과 제도를 정립하고 그들의 위해 서비스를 제공하는 시설이 증가하는 사회라고 정의되기도 한다(김범수, 2009). 이러한 다문화사회로의 전환은 세계화 시대에 들어서면서 우리 사회가 각기 다른 문화들을 융합하고 함께 살아가기 위한 자연스러운 변화이다.

우리 사회가 다문화사회로 급속하게 진입하게 된 가장 큰 원인은 외국인의 급속한 국내 유입에 있다.

외국인 국내 유입의 유형은 외국인 근로자 그룹으로, 주로 남성 외국인 근로자이다. 1993년에 시작된 산업연수생 제도가 만들어져서 근로 연수생이란 이름으로 중국과 동남아시아 국가에서 외국인 근로자가 유입되었다(조원탁 외, 2014). 하지만 다문화란 말이 사회적으로 논의되기 시작한 것은 2000년대 중반 결혼이주여성이 대거 유입되어 가정을 꾸미고 자녀가 태어나기 시작했을 때부터이다.

외국인 근로자나 유학생의 경우 한국에 체류기간이 만료되면 한국을 떠나야 했지만 국제결혼으로 한국사회에 들어온 해외이주여성은 한국사회의 구성원이 되며 자녀를 출산하였고, 이들의 가정은 '다문화가정'이라 불리며 사회적 이슈와 관심이 되고 있다.

이러한 한국사회에의 외국인 유입 현상은 한국인의 3D 업종 회피 현상, 저출산, 급속한 노령화 사회로의 이행, 정보화 · 세계화 시대에서의 인적자원 교류의 가속화 등이 멈추지 않는 한 계속될 것이다.

농촌에서는 국제결혼으로, 도시에서는 외국인 근로자들의 높은 국내 취업률로 이제는 거리에서 외국인들을 만나는 것이 결코 낯선 일이 아니다. 또한 세계 여러 나라에서도 다문화사회가 형성됨에 따라 세계 공동체를 위한 다양한 문화와 가치, 태도를 형성하고 공존과 협력을 강조하고 있다.

이제 우리 사회는 정보화, 세계화의 추세로 국가 간의 정보와 지식, 인적자원의 교류가 활발하다. 그래서 이제 어느 하나의 국가 단위로만 정치적 · 경제적 · 문화적 활동을 하기 어렵게 되었다. 과학기술이 발달함으로써 통신과 교통은 비약적으로 발전하여 전 세계를 하나의 마을인 지구촌으로 만들었다.

하나된 지구촌으로 말미암아 전통적인 의미의 국가와 국민의 개념은 퇴색되고 이제까지 단일 민족국가로 여겨왔던 우리나라도 현재 다문화사회로 급격히 변해 가고 있다. 외국인 노동자들의 유입과 농어촌 총각들의 국제결혼 등의 여러 가지 사회 전반적인 문제들로 인해 다문화사회로 급속히 도래하고 있다.

다문화사회란 우리 사회에 거주하고 있는 소수민족(minority)이 다양해지고, 국제결혼의 증가로 다문화가족 자녀들이 많이 출생하고, 한국에서 공부하기 위해 많은 유학생들이 입국 · 거주하며, 다문화가족으로 인해 증가하는 사회문제를 예방하기 위해 법과 제도를 만들고 그들을 위해 서비스를 제공하는 시설이 증가하는 사회를 말한다.

이렇게 다문화사회로의 변화가 가속화되면서 우리는 이미 다문화사회의 한가운데에 와 있다. 나와 다른 인종과 민족, 다른 문화권의 사람들을 받아들이고 더불어 살아가는 것은 우리의 당면 과제이며, 이는 많은 국가들이 예외 없이 경험해 온 세계적인 현상이다. 또한 다인종 · 다문화(multi-racial & multi-cultural) 사회로의 진입이 매우 빠른 속도로 진행되고 있음을 보여주는 것이다. 최근 2020년 국내체류외국인 증감추이와 지방자치단체외국인 주민현황을 보면 아래와 같다.

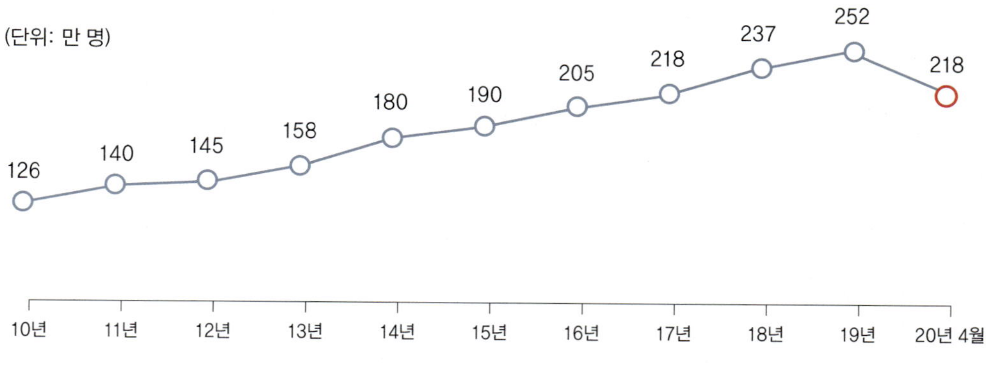

| 그림 1-1 | **국내체류외국인 증감추이**

출처: 법무부 통계자료(2020년, 4월)

| 표 1-1 | **지방자치단체외국인 주민현황**

계	서울 특별시	부산 광역시	대구 광역시	인천 광역시	광주 광역시	대전 광역시	울산 광역시	세종 특별자치시	
2,156,417	444,443	73,185	50,900	131,396	40,715	32,302	35,096	9,382	
	경기도	강원도	충청 북도	충청 남도	전라 북도	전라 남도	경상 북도	경상 남도	제주 특별 자치도
	717,900	36,659	73,064	123,430	61,316	66,936	98,566	126,445	33,782

출처: 행정안전부(2020). 「지방자치단체외국인 주민현황」.

다문화사회에서 추구하는 이상은 무엇보다 평등과 다양성을 기초로 하여 고정관념이나 편견에서 벗어나 여러 다양한 문화를 이해하는 동시에 자신과 집단의 정체성을 형성 · 유지하면서 세계가 함께 협력하는 것이다. 이러한 움직임에 발맞추어 교육에 있어서도 세계적 경쟁력을 갖추기 위한 변화가 요구되고 있는데, 특히 전통의 보편화, 민족의 정체성, 세계 문제에 대한 문제해결 능력 등이 중시되고 있다.

이와 같은 다문화사회가 가지는 독특한 특징을 다음의 세 가지로 나열할 수 있다(전희옥, 2008).

첫째, 다문화사회는 근대 국민국가의 동질성, 단일성 가정에 변화가 생기면서 등장한 것으로 다양성과 특수성이 존재한다. 이러한 다양성과 특수성은 민족, 인종, 문화 등을 기반으로 하고 있으며, 이민자 유입이나 기존 토착가족 형태, 학교교육, 지역사회, 직장, 성, 연령, 신체 취향 등에서도 다양성과 특수성을 두루 발견할 수 있다.

둘째, 다문화사회는 다양한 인종, 민족, 언어, 종교, 계층, 특성을 가진 집단이 공존하는 사회로 서로 다른 유형 집단 간의 갈등이 존재한다. 특히 이주민의 유입으로 기존의 내국인과 새로운 유입 집단 사이에는 욕구 충족 및 가치관의 차이로 인한 갈등이 빚어질 수 있으며, 다문화 현상이 나타나고 있는 사회에서 흔히 볼 수 있는 현상이다.

셋째, 다문화사회를 이루는 중요한 구성원 중 하나가 바로 유입 집단인데, 다문화사회에서는 이 유입 집단에 대한 고정관념이 존재한다. 대체로 다문화사회에서는 기존의 내국인 또는 유입 집단이 새로운 유입자에 대한 고정관념을 형성하고 작동한다. 다문화사회에서 이와 같은 고정관념은 유입 집단 전체 혹은 개인에 대한 의식적 · 제도적 차별로 이어질 가능성이 크다.

오늘날의 다문화사회는 생활양식과 가치관이 매우 다양한 시대이다. 특히 인터넷 등을 통한 정보의 확산과 세계와의 정보 공유는 우리에게 다양한 생활과 가치관, 문화를 경험하게 함으로써 우리의 삶을 더욱 풍성하게 한다. 이와 동시에 개인의 개성도 함께 강조하고 있다. 더불어 상호 이해와 협력의 바탕 위에 창의적으로 사고하는 인간상이 요구된다.

따라서 우리 사회가 다문화사회로 정착되어 감에 따라 우리는 우리의 고유한 전통문화를 보존하고 민족적 · 문화적 정체성을 더욱 견고히 해야 한다. 또한 세계 시민으로서 열린 사고로 문화를 개방하고, 새롭고 다양한 여러 나라 문화를 올바르게 이해하고 수용하면서 우리의 문화를 재창조하여 세계 문화 발전에 이바지해야 할 것이다.

C H A P T E R 02

다문화가정의 이해

한국사회는 다문화사회로 급변하면서 다문화가정이라는 새로운 가족 유형이 생겨나게 되었다. 주로 아시아 여성들이 한국인 남성과 결혼하여 한국사회에 편입되는 형태로 다문화가정이 형성되고 있다. 다문화가정은 국가, 성, 계급 등의 결합을 포함하는 개념으로 다문화가정의 유형과 현황을 먼저 살펴보기로 한다.

1. 다문화가정의 개념

1990년대 이후로 꾸준히 국제결혼이 이어지면서 한국사회는 다문화가정을 이룬 사회로 접어들었다. 세계화에 따라 인구의 국가 간 이동이 활발해지면서 나타나는 현상이기도 하지만, 한국에서는 주로 혼인 적령기를 놓친 농촌 지역의 미혼 남성 위주로 국제결혼이 이루어지고 있다(이현주, 2013).

우리나라에서 여성 결혼 이민자의 증가는 세 단계를 거쳐 확산되었다. 1990년대 초 중국과 수교 이후 조선족 여성들이 대거 유입된 것이 첫 단계이고, 일본과 필리핀, 한족 등 특정 종교의 신도로, 또는 더 나은 삶의 조건을 찾아 한국 남성과 결혼한 것이 두 번째 단계이며, 2000년 이후 필리핀, 베트남을 중심으로 한 동남아 여성들이 사설 결혼 중개업체를 통해 대거 입국하고 있는 것이 세 번째 단계이다(설동훈, 한건수, 2005).

2021년 전국 다문화가족 실태조사에 따르면 다문화가구 인구수는 전체 346,017가구로 나타났으며, 아시아 지역에서 일어나고 있는 '이주의 여성화(feminization of migration)'는 한국사회에도 영향을 미쳐 다문화가정은 대부분 한국 남성과 외국 여성의 결혼으로 구성되어 있는 것으로 나타났다.

다문화가정의 개념을 정리하자면 우리와 다른 민족 또는 다른 문화적 배경을 가진 사람이 포함된 가정을 통칭하는 용어로 한 가정 내의 인종과 문화의 차이는 물론 가치, 문화, 종교, 젠더, 생활양식 등 문화적 다양성의 중요성을 강조하는 개념이다(최현미 외, 2010).

다문화가정에 대한 정의는 광의의 개념과 협의의 개념으로 구분해 볼 수 있다.

광의의 개념은 자국 내에 거주하는 모든 외국인 가정을 포함한다. 반면 협의의 개념은 단순히 거주하는 것이 아니라, 가족 중 한 명이 국적을 취득해 구성된 가정을 의미한다. 2008년에 제정된 「다문화가족지원법」에 나와 있는 다문화가족의 용어는 협의의 개념을 사용하여 결혼한 이민자, 귀화 허가를 받은 자와 출생 시부터 대한민국 국적을 취득한 자로 이루어진 가족을 의미한다. 이후 2011년 4월 다문화가족지원법 개정으로 인해 2012년부터 다문화가족은 결혼이민자 외에 귀화자와 출생 · 인지 · 귀화에 의한 한국인으로 구성된 가족으로 범위가 확대되었다.

다문화가정 관련 용어들을 살펴보면 혼혈가정, 국제결혼가정 등으로 지칭해 왔으며 국제결혼이란 용어가 법률적으로 더 많이 사용되기도 한다. 사회적으로 두 가지 이상의 인종 사이에서 결합된 가정의 형태를 의미하는 혼혈가정으로 지칭하는 경우, 2세대들에게는 '혼혈'이라는 단어 자체가 가지고 있는 상징적 차별성과 특수성으로 부정적 효과를 낳을 수 있다. 또한 국제결혼가정은 단순히 결혼 당사자만을 의미하고 국적이 다른 사람과의 결혼을 의미하기 때문에 그 결혼으로 인해 형성된 가족 구성원을 모두 지칭하는 데는 한계가 있다(김범수, 2009).

따라서 '다문화가정'이라는 용어는 이들 가정을 비차별적으로 수용하고 국제결혼가정이 주는 부정적 이미지를 해소할 수 있다는 의미에서 큰 호응을 얻고 있으며 용어 사용이 권장되고 있다.

그러나 한편에서는 다문화가족 혹은 다문화가정이 국제결혼가족이나 외국인 근로자 가족을 지칭하는 명칭으로 적절한지 따져보면 그 사용이 바람직하지 않으며 법 개정에 대한 요구가 제기되고 있다. 현행 「다문화가정지원법」에 의하면 같은 국가 출신으로 구성된 이주노동자 가족은 가족 내부 구성으로는 다문화가족이라 볼 수 없기 때문이다. 그럼에도 불구하고 다른 대체 가능한 용어 사용이 어렵고 이미 이상의 논쟁 후에 다문화가족지원법이 제정되었기 때문에 다문화가정이라는 용어가 사용되고 있다. 다문화가족지원법에 명시된 바와 같이 협의적 개념에 근거하여 다문화가정의 정의를 내린다면 새터민을 포함해서 우리와 다른 문화적 배경을 가진 외국인이 우리 사회의 기존 구성원인 내국인과 결합함으로써 형성된 가정이라 할 수 있다.

따라서 다문화가정은 한국인이 외국인과 결혼한 국제결혼가정, 외국인 근로자가 한국에서 결혼하거나 본국에서 결혼하여 형성된 가족이 국내에 이주한 외국인 근로자 가족, 북한에서 태어나 한국에 입국하거나 한국에서 한국인 또는 외국인을 만나 결혼한 새터민 가정이 포함된다.

2. 다문화가정의 유형

다문화사회로 우리와 함께 사는 체류 외국인은 195만 명(2021년 기준)이나 된다. 국제결혼과 다문화가정은 미래 한국사회의 모습 중 하나일 것이다. 다문화가정은 이제 우리 사회 속에 함께 소속된 공동체로, 더욱 적극적으로 포용하여야 한다.

다문화가족지원법에 다문화가정에 대해 제시한 내용을 토대로 다문화가정을 세 가지 유형으로 살펴볼 수 있다.

첫째, 한국인 남성과 외국인 여성 또는 한국인 여성과 외국인 남성처럼 국제결혼을 하여 형성된 국제결혼가정, 둘째, 외국인 근로자가 한국에서 결혼하거나 본국에서 결혼하여 형성된 가족이 국내에 이주한 외국인 근로자 가정, 셋째, 북한에서 태어나 한국에 입국하거나 한국에서 한국인 또는 외국인을 만나 결혼한 새터민(북한이탈주민)가정으로 나눌 수 있다. 즉, 다문화가정의 유형은 국제결혼가정, 외국인 근로자 가정, 새터민(북한이탈주민)가정의 세 가지 유형이 있으며 형성과정과 특징을 살펴보면 다음과 같다.

1) 국제결혼가정

1992년 중국과 수교를 맺으며 조선족 여성의 유입이 늘어나게 되었고, 특히 1988년 통일교에서 주선한 대규모 국제결혼과 1990년대 초 '농촌총각 장가보내기 운동'으로 인해 한국인 남성과 외국인 여성과의 결혼이 급증하기 시작하였다.

1995년 이후에는 한국이 외국인의 국내 방문을 엄격히 규제하면서 한국에 취업하기 위한 방편으로 불법적인 국제결혼을 택하는 폐단이 생겨나기도 하였지만 한국인 남성과 외국인 여성의 결혼이 외국인 남성과 한국인 여성의 결혼보다 더 많은 비중을 차지하고 있으며 현재까지도 계속 늘어나고 있는 추세이다. 2002년 이후 국제결혼중개업자들의 활발한 활동으로 국제결혼이 더욱 급증하였다.

한국인과 결혼한 외국여성들은 아시아 저개발국가 출신이 대부분인데, 이들은 자신의 나라에서 사는 것이 힘들어서 빈곤 탈출과 보다 나은 삶을 꿈꾸며 한국 남성과 결혼을 선택한다. 그러나 결혼이주여성이 결혼한 한국 남성들은 사회 · 경제적 지위가 열악한 남성(농촌 거주, 저학력, 저소득)들이 많아서, 결혼 이후 경제적 어려움을 겪는 경우가 많다.

또한 결혼이민자들은 한국과 자국의 문화 차이로 인한 갈등, 언어소통문제, 한국의 가부장적 문화로 인한 국제결혼 이주여성에게 나타나는 폭력 등에 노출되어 있다. 이에 우리 사회가 해결해야 할 과제는 편견을 없애는 사회 분위기를 조성하고, 이민 2세대를 우리의 인적자원으로 길러내는 것이다. 또한 어린이집이나 유치원에서 다문화가정의 자녀와 부모들이 혼란과 갈등을 겪고 있다는 사실을 인식하고, 이들이 어려움을 극복하는 데 도움을 줄 수 있어야 한다.

통계청 외국인 정책 통계연보(2021)에 따르면 외국인과의 혼인은 1만 3,000건으로 전년대비 14.6% 감소하였으며 외국인 여자와 혼인은 8,900건으로 전년대비 19% 감소하였다.

외국인 남자와 혼인은 4,000건으로 전년대비 2.9% 감소하여 전체 혼인 중 외국인과의 혼인 비중은 6.8%로 전년보다 0.4% 감소하였다. 또한 외국인과의 혼인 중 외국 여자와 혼인 비중은 68.6%, 외국 남자와 혼인 비중은 31.4%를 차지하였다.

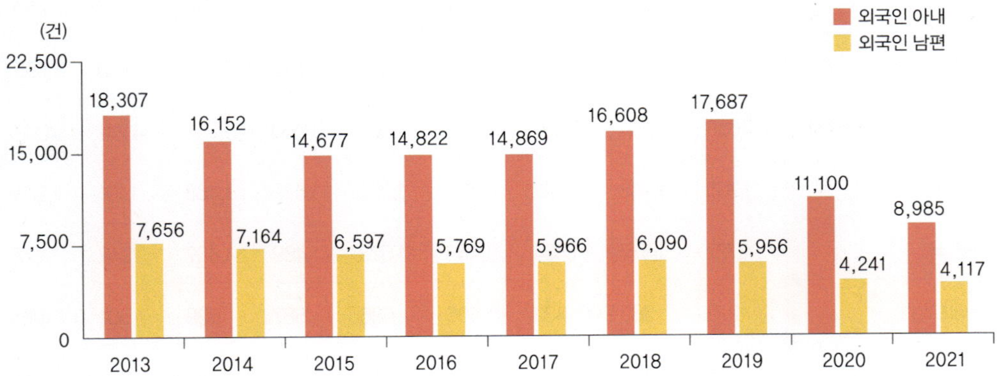

| 그림 2–1 | **국제결혼 현황**

ㅣ표 2-1ㅣ **국가별 국제결혼 건수**

(단위: 건)

	국가별 국제결혼 건수 통계표								
	2013	2014	2015	2016	2017	2018	2019	2020	2021
국제결혼 총건수	25,963	23,316	21,274	20,591	20,835	22,698	23,643	15,341	13,102
한국남자+외국여자	18,307	16,152	14,677	14,822	14,869	16,608	17,687	11,100	8,985
–중국	6,058	5,485	4,545	4,198	3,880	3,671	3,649	2,524	2,426
–태국	291	439	543	720	1,017	1,560	2,050	1,735	1,589
–베트남	5,770	4,743	4,651	5,377	5,364	6,338	6,712	3,136	1,319
–일본	1,218	1,345	1,030	838	843	987	903	758	723
–미국	637	636	577	570	541	567	597	432	457
–러시아	90	94	110	125	171	234	305	275	356
–필리핀	1,692	1,130	1,006	864	842	852	816	367	260
–기타	2,551	2,280	2,215	2,130	2,211	2,399	2,655	1,873	1,855
한국여자+외국남자	7,656	7,164	6,597	5,769	5,966	6,090	5,956	4,241	4,117
–미국	1,755	1,748	1,612	1,377	1,392	1,439	1,468	1,101	1,276
–중국	1,727	1,579	1,434	1,463	1,523	1,489	1,407	942	777
–베트남	279	283	432	565	586	587	639	501	440
–캐나다	475	481	465	398	436	402	363	257	223
–일본	1,366	1,176	808	381	311	313	265	135	140
–영국	197	207	196	186	185	184	190	146	112
–기타	1,857	1,690	1,650	1,399	1,533	1,676	1,624	1,159	1,149

출처: 통계청(2021). 외국인 정책 통계연보.

외국인의 국적을 살펴보면 외국인 아내 국적은 중국(27.0%), 태국(17.7%), 베트남(14.7%) 순이고, 외국인 남편 국적은 미국(31.0%), 중국(18.9%), 베트남(10.7%) 순이다.

이러한 추세로 국제결혼 건전화, 다문화가족의 안정적 정착 및 자녀에 대한 맞춤형 지원 확대 등을 중점 추진하여 서비스 접근성 및 질(質) 제고, 다문화에 대한 이해 증진 등을 통해 다문화가족의 삶의 질을 향상하고 열린 다문화사회를 구현하는 것이 향후 정책의 방향이 될 것이다.

※ 관련용어

- **국제결혼** : 국적이 서로 다른 남녀가 결혼하는 일
- **결혼이민자** : 대한민국 국민과 혼인한 적이 있거나 혼인관계에 있는 재한 외국인

결혼이민자는 체류외국인 중 국민의 배우자 체류자격을 가진 자를 명칭한다. 2002년 이후 매년 28% 이상의 높은 증가율을 보이던 결혼이민자는 2014년 4월 국제결혼 건전화를 위한 결혼이민 사증발급심사 강화 및 국제결혼 안내프로그램 이수 의무화 조치 등의 영향으로 2019년까지 2만 3,643명까지 증가하였으나, 2020년부터는 코로나의 영향으로 줄어들어 2021년에는 1만 3,102명으로 감소하였다.

성별로는 여성이 13만 5,019명으로 전체의 81%로 절대 다수를 차지하고 있으며 남성은 3만 1,752명으로 19%에 불구하고, 국적별로는 중국 35.8%, 베트남 24.9%, 일본 9%, 필리핀 2.2% 순으로 많다.

1990년대까지는 종교단체를 통해 입국한 일본 여성이 다수를 차지하고 있었으나, 2000년대 초부터 중국 및 필리핀 국적의 결혼이민자 증가가 두드러졌으며, 최근에는 베트남, 캄보디아, 몽골, 태국 등 출신 국적이 다양해지는 경향을 보이고 있다. 앞으로 다문화가정에 대한 관심이 증가되고 결혼이민자의 증가에 따라 이들의 안정적 정착을 위한 다양한 정책이 필요해지고 있음을 알 수 있다.

| 표 2-2 | 결혼이민자 현황 통계표(연도별, 성별, 지역별, 국적별)

(단위: 명)

		2012	2013	2014	2015	2016	2017	2018	2019	2020	2021
합계		148,498	150,865	150,994	151,608	152,374	155,457	159,206	166,025	168,594	166,771
성별	남자	20,958	22,039	22,801	23,272	23,856	25,230	26,815	28,931	30,716	31,752
	여자	127,540	128,826	128,193	128,336	128,518	130,227	132,391	137,094	137,878	135,019
지역	경인	79,469	79,905	78,802	78,769	78,585	80,570	83,015	87,304	89,351	90,211
	영남	30,642	31,689	32,036	32,506	33,101	33,713	34,299	35,323	35,308	34,787
	호남	15,745	15,852	15,936	16,001	16,145	16,086	16,137	16,388	16,591	16,341
	충청	16,067	16,545	16,528	16,705	16,211	17,161	17,710	18,503	18,685	18,751
	기타	5,668	5,773	5,851	5,981	6,563	6,118	6,257	6,541	6,677	6,681
국적	중국	63,035	62,400	60,663	58,788	56,930	57,644	58,706	60,324	60,072	59,770
	베트남	39,352	39,854	39,725	40,847	41,803	42,205	42,460	44,172	44,058	41,447
	일본	11,746	12,220	12,603	12,861	13,110	13,400	13,738	14,184	14,595	15,074
	필리핀	9,611	10,383	11,052	11,367	11,606	11,783	11,836	12,030	12,002	12,041
	기타	24,754	26,008	26,951	27,745	28,925	30,425	32,466	35,315	37,867	38,439

출처: 출입국 · 외국인 정책 통계연보(2021).

※ 지표 개념

- 결혼 이민자는 체류외국인 중 국민의 배우자 체류자격을 가진 자임

※ 참고사항

- 국적별 현황은 전체 결혼 이민자 현황을 표시한 수치이고, 지역별 현황은 미등록자는 제외한 수치임.
- 결혼이민자 현황 통계에 귀화 등으로 한국국적을 취득한 자는 포함되지 않음.
- **결혼이민자** : 체류외국인 중 국민의 배우자 체류자격을 가진 외국인
- **외국인** : 대한민국의 국적을 가지지 아니한 자(출입국관리법 제2조 제2항)

2) 외국인 근로자 가정

1980년대 이후 외국인 남성 전문직 종사자의 유입과 한국인의 해외 진출이 증가함에 따라 국제결혼으로 인한 가정이 많이 생겨나게 되었다. 특히, 1980년대 노동자 인권투쟁이 시작되면서 삶의 질 향상에 대한 국민의 요구와 3D 업종의 기피, '86 아시안 게임, '88 올림픽 등의 성공 개최가 외국인 노동자 유입의 가장 큰 요인이 되었다.

1990년대 동남아시아와 중동의 여러 국가들은 우리나라의 1970년대처럼 인력은 넘쳐나는데 일자리가 없었다. 그에 비해 일자리는 많지만 인력이 부족한 우리나라의 상황과 절묘하게 맞아, 제조업 분야에서 일할 단순노동자의 해외 유입이 시작되었다.

1991년 10월 26일 법무부 훈령 제255호 '외국인 산업기술연수사증 발급 등에 관한 업무지침'에 근거해 우리나라에도 외국 인력의 도입이 시작되었고, 1993년 '외국인 산업 연수제'를 시행하면서 외국인 노동자의 이주에 박차를 가하게 되었다. 이러한 이주노동자들은 낮은 임금의 제조업에 종사하는 노동력을 대상으로 한 정책의 산물이었기 때문에 대부분이 단순한 기능의 인력으로 입국하였으며 외국인 근로자들이 우리나라에 정주하면서 사회적 문제가 대두되기 시작되었다.

2000년 이후 이주노동자들은 전국적으로 분포되어 있으나 경기도 안산의 반월공단을 중심으로 많이 고용되어 있다. 특히, 경기도 안산시 원곡동에는 주민의 절반이 외국인이라고 말할 정도로 외국인 거주자가 많이 있으며, 인근의 어린이집과 초등학교에서는 이주노동자와 한국인 여성 사이에서 출생한 자녀와 이주노동자 가정의 자녀를 쉽게 볼 수 있다. 많은 외국인 근로자들이 한국인 여성과 결혼하여 한국에서 정착하거나 본국의 가정을 한국으로 이주하려는 노력을 하고 있다.

- 연도별 인구대비 체류외국인 현황('17~'21년) : 법무부(2022) 통계자료에 의하면 전체 인구대비 체류외국인 비율은 2017년에서 2019년까지 매년 증가하였으나 코로나로 2020년 이후부터 감소하고 있다.

ㅣ표 2-3ㅣ **연도별 인구대비 체류외국인 현황**

(단위: 명)

구분	2017	2018	2019	2020	2021
전체인구	51,778,544	51,826,059	51,849,861	51,829,023	51,638,809
체류외국인	2,180,498	2,367,607	2,524,656	2,036,075	1,956,781

출처: 법무부(2022)
http://www.moj.go.kr/moj/2412/subview.do

- 연도별 장단기 체류외국인 현황('17~'21년) : 법무부(2022) 통계자료에 의하면 전체 인구대비 체류외국인 비율은 2017년 4.21%에서 2019년 4.87%로 매년 증가하다 코로나 19의 영향으로 2021년에는 3.79%로 감소하였다.

ㅣ표 2-4ㅣ **연도별 장단기 체류외국인 현황**

(단위: 명)

구분	2017	2018	2019	2020	2021
장기체류외국인	1,583,009	1,687,733	1,731,803	1,610,323	1,569,836
단기체류외국인	597,399	679,874	792,853	425,752	386,945

출처: 법무부(2022)

- 연도별 · 주요 국적별 체류외국인 현황('17~'21년) : 체류외국인을 국적별로 살펴보면 한국계 중국인을 포함한 중국이 42.9%(840,193명)를 차지하고 있으며, 베트남 10.7%(208,740명), 태국 8.8%(171,800명), 미국 7.2%(140,672명), 우즈베키스탄 3.4%(66,677명) 등의 순이다.

| 표 2-5 | 연도별 · 주요 국적별 체류외국인 현황 (단위: 명)

구분	2017	2018	2019	2020	2021
중국	1,018,074	1,070,566	1,101,782	894,906	840,193
베트남	169,738	196,633	224,518	211,243	208,740
태국	153,259	197,764	209,909	181,386	171,800
미국	143,568	151,018	156,982	145,580	140,672
우즈베키스탄	62,870	68,433	75,320	65,205	66,677
필리핀	58,480	60,139	62,398	49,800	46,871
일본	53,670	60,878	86,196	26,515	28,093
기타	520,839	562,176	607,551	461,440	453,735

출처: 법무부(2022)

- 연도별 취업자격 체류외국인 현황('17~'21년) : 2021년 말 기준 취업자격 체류외국인은 406,669명으로 전년 대비 10.1% 감소하였다.

| 표 2-6 | 연도별 취업자격 체류외국인 현황 (단위: 명)

구분	2017	2018	2019	2020	2021
전문인력	47,404	46,851	46,581	43,258	45,143
단순기능인력	534,076	548,140	520,680	409,039	361,526

출처: 법무부(2022)

※ 체류외국인은 장기체류외국인(등록외국인, 외국국적동포 국내 거소 신고자)와 단기체류외국인으로 구성되며, 연도별 현황은 해당연도 12월 말 기준임

※ 관련용어

- **외국인등록** : 외국인이 입국한 날부터 90일을 초과하여 대한민국에 체류하려면 대통령령으로 정하는 바에 따라 입국한 날부터 90일 이내에 그의 체류지를 관할하는 사무소장 또는 출장소장에게 외국인등록을 하여야 함(출입국관리법 제31조)

- **외국국적동포** : 재외동포 중 대한민국의 국적을 보유하였던 자(대한민국 정부 수립 전에 국외로 이주한 동포를 포함) 또는 그 직계비속으로서 외국 국적을 취득한 자 중 대통령령으로 정하는 자이며, 국내 거소 신고를 통해 국내 출입국, 체류, 취업 등 제반 활동에 대해서 일반 외국인보다 나은 편의를 제공받고 있음(재외동포의출입국과 법적 지위에 관한 법률 제2조 및 제6조)
- **국내 거소 신고** : "재외국민"과 "재외동포(F-4)체류자격으로 입국한 외국국적동포"는 「재외동포의 출입국과 법적 지위에 관한 법률」을 적용받기 위하여 필요하면 대한민국 안에 거소를 정하여 그 거소를 관할하는 출입국관리사무소장 또는 출입국관리사무소출장소장에게 국내 거소 신고를 할 수 있음
- **불법체류외국인** : 출입국관리법령에 외국인은 내국인과 달리 국내에 체류할 수 있는 기간(체류기간)이 정해져 있으며, 이러한 체류기간이 지났음에도 합법적으로 체류기간 연장 허가를 받거나 출국하지 않고 법을 위반하여 불법으로 체류하는 외국인

3) 북한이탈주민 가정(새터민)

분단국가인 우리나라에만 있는 고유한 가정의 형태가 바로 북한이탈자로 형성된 새터민가정이다. 1990년 이전 간혹 '귀순용사'라는 이름으로 북한에서 이탈해 온 사람들이 이룬 북한이탈자가정은 1990년대 중반에 들어 북한 주민이 집단적인 탈출 현상을 보이면서 급격하게 증가하기 시작하였다.

1997년에 제정된 「북한이탈주민의 보호 및 정착 지원에 관한 법률」과 정부의 햇볕정책으로 인해 탈북주민을 위한 지원책이 마련되었다. 이후 정부는 2001년에 '하나원'이라는 정착시설을 지원하여 탈북주민들의 성공적인 사회 적응을 위한 훈련을 실시하였고, 탈북자라는 용어는 지금 '새터민'이라는 이름으로 불리며 하나의 다문화가정으로 자리 잡게 되었다.

같은 민족이지만 문화적인 이질감을 느끼며 이방인의 고립감을 느끼는 새터민가정은 다른 형태의 다문화가정과 마찬가지로 새로운 이주자인 셈이다.

새터민가정 자녀가 다른 다문화가정 자녀와 다른 점 중의 하나는 입국 전의 학습결손 현상이 남한에서의 공교육 학습을 따라가는 데 어려움이 되고 있다는 점이다. 새터민 청소년들은 북한사회의 경제적 · 사회적 상황에 따른 공교육 기초

학습 결손문제가 상당히 크고, 이에 더해 남북한 학제 차이에 따른 학력 차, 사회주의 체제적 교과내용의 이질성이 겹쳐 남한에서의 학교 수업 적응에 어려움을 겪고 있다.

통일부(2022) 자료에 따르면 북한이탈주민의 입국추이는 북한이탈주민으로서 국내입국한 인원을 말하며, 국내입국한 시점을 기준으로 집계한 현황을 살펴보면 아래와 같다.

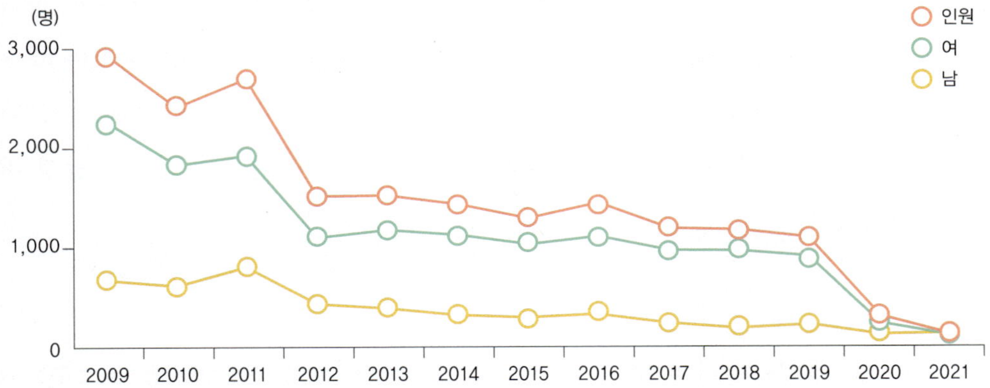

| 그림 2-2 | 북한 이탈주민 입국현황

출처: 통일부(2022)

| 표 2-7 | 북한 이탈주민 입국현황 (단위: 명)

	2009	2010	2011	2012	2013	2014	2015	2016	2017	2018	2019	2020	2021
인원	2,914	2,402	2,706	1,502	1,514	1,397	1,275	1,418	1,127	1,137	1,047	229	63
남	662	591	795	404	369	305	251	302	188	168	202	72	40
여	2,252	1,811	1,911	1,098	1,145	1,092	1,024	1,116	939	969	845	157	23

출처: 통일부(2022)

북한이탈주민은 1990년대 중반, 북한의 식량사정 악화를 계기로 꾸준히 증가하기 시작하였고, 1998년 100명, 2002년 1,000명을 넘어선 이래 2006년에는 2,000명을 초과하였으며, 2011년에는 2,706명이 입국하였다. 2012년 이후에는 1,502명으로 감소하였으며 최근 2020년에는 코로나 19 영향으로 229명, 2021년에는 63명으로 급격히 감소하였다. 2000년 이후 북한이탈주민의 국내입국 급증 원인을 살펴보면 탈북자들이 평균 4~5년의 해외 체류 중 북송위험 등 정착에 한계를 느끼는 상황에서 보다 나은 삶을 찾아 한국으로 입국하려는 시도가 증대한 데 큰 이유가 있으며, 제3국 내 우리 공관에 들어간 탈북자들에 대한 우리 당국의 지원 및 한국에 기입국한 가족의 입국지원 활동 증가도 영향을 미치는 것으로 본다. 탈북여성의 입국비율은 1989년 이전에는 7%에 불과하였으나, 1997년 35%, 2000년 42% 등 꾸준한 증가 추세를 보이다가, 2002년을 기점으로 남성 비율을 넘어섰다.

※ 참고사항

입국조사 과정을 거쳐 북한이탈주민임이 확인되는 데 약 4~5개월 소요되며 정부는 외국에 체류하고 있는 북한이탈주민이 한국행을 희망하는 경우, 인도주의와 동포애 차원에서 전원 수용한다는 원칙하에 국내법과 UN 난민협약 등 국제법에 부합되게 이들을 보호수용하고 있음.

※ 관련용어

- **북한이탈주민** : 북한에 주소 직계가족, 배우자, 직장 등을 두고 있는 자로서 북한을 벗어난 후 외국의 국적을 취득하지 아니한 자
- **북한이탈주민정착지원사무소** : 국내 입국한 북한이탈주민에 대한 사회적응력 함량을 위한 목적으로 운영하는 보호기관

3. 다문화가정의 특성

다문화가정은 자국문화와 한국문화의 차이, 언어 소통의 어려움, 생활습관 및 사고방식의 차이를 경험하게 된다.

특히 결혼 초기에는 한국어를 능숙하게 구사하기 어렵기 때문에 부부간, 가족 간에 오해가 생기기 쉽다. 또한 가부장적 가족 문화로 인해 가족 간의 갈등이 발생하기도 한다. 또한 여성들은 대부분 가정주부로 지내거나 남편과 함께 농사일을 하므로 한국사회에 참여할 기회가 거의 없으며 주위의 다른 사람들과 어울리거나 사회활동을 하지 못한 채 주로 남편이나 시집 식구와만 지내기 때문에 한국문화와 사회에 적응하는 것이 더욱 어려워진다(윤형숙, 2005; 이혜경, 2005; 임이선 외, 2007; 문경희, 2006; 송미경 외, 2008). 또한 결혼이주여성은 시부모와 의사소통하기 어렵고 시부모의 간섭을 받을 수 있다.

그리고 이들은 국제결혼 동기 중 큰 요인이 본국 가족들에게 경제적으로 도움을 주고 싶은 것도 있으나, 기대했던 것과 달리 한국에서의 가정 내 경제 수준은 낮은 편으로 이로 인해 부부 갈등이 발생할 가능성도 있다(이혜경, 2005; 이윤애, 2004). 이와 같은 어려움을 해결하기 위해 모국에 있는 친구나 가족들에게 하소연하는 경우가 많았다(설동훈 외, 2005; 김갑성, 2006). 그러나 배우자와 보내는 시간이 가장 많고 가까이에서 도움을 줄 수 있는 대상이 배우자이기 때문에 배우자와의 만족도가 다문화가족에게 매우 중요한 요인으로 작용한다(김현수 외, 2012).

또한 남편의 지지와 이해뿐만 아니라 시집 식구들의 이해와 노력도 이주 여성들이 한국 생활에 적응하며 겪는 스트레스를 경감시킬 수 있는 것으로 나타났다(노하나, 2007; 이태옥, 2006; 박수원, 2003; 최경숙, 2006). 그래서 다문화가정도 한국사회의 구성원으로서 가정을 꾸리고 사회적으로 통합될 수 있기 위해서는 그 가정의 사회 · 심리 · 문화적 적응에 대한 관심과 노력이 지속적으로 필요하다(노하나, 2007). 다문화가정의 문화적 차이와 가족 내 갈등을 겪는 것은 사실이나, 부부가 다문화가정의 정체성을 확립하고 긍정적인 미래 계획을 세우면서 지역사회에 참여하면 안정적으로 적응할 수 있다. 이러한 성공적인 적응을 위해서는 다문화주의적인 이해를 함께 가지고 서로 맞춰가는 것이 필요하며, 이와 동시에 다양한 계층의 지지가 중요하게 적용될 수 있다(강유미 외, 2010).

1) 인구학적인 특성

우리나라는 1990년대 후반부터 급속도로 국제결혼가정이 늘어나면서 다문화가정이 증가하였고, 특히 2000년대에 들어와서 일반가정에 비해 출산율이 높은 현상도 발생하고 있다(김은정 외, 2017; 한경님, 2013).

3년마다 실시하는 전국 다문화가족 실태조사는 여성가족부에서 우리나라의 다문화가족 실태를 전반적으로 조사하여 통계 수치로 제시하고 그 결과를 분석해주는 조사라 할 수 있다. 가장 최근에 조사된 2021년 전국 다문화가족 실태조사에 따르면, 우리나라 전체 다문화가구는 346,017가구, 혼인귀화자를 포함한 결혼이민자 가구 수는 82.4%(285,005가구), 혼인 외 방법으로 국적을 취득한 기타 귀화자는 17.6%(61,012가구)로 나타났다. 16개 시ㆍ도별로는 서울과 경기지역에 전체 다문화가구의 절반 정도가 거주하고 있다고 조사되었다.

한편, 우리나라의 다문화가정 혼인비율은 과거보다 줄어들고, 오히려 이혼비율이 늘어남에 따라 다문화가정의 또 다른 인구학적인 특성이 나타나기 시작하였다.

2) 사회 · 경제적인 특성

단일민족국가로 여겨지던 우리 사회에서 다문화가정을 바라보는 시선은, 과거보다 나아지긴 했지만 여성 결혼이민자에 대한 편견과 차별은 여전히 큰 어려움 중의 하나이다(김지현 외, 2014). 준비도 없이 전혀 다른 문화에서 살다 온 배우자를 만나서 상대방의 문화를 이해하고 그 문화에 적응하고 살아가는 것은 많은 시간을 필요로 하게 되는데, 그러한 시간조차 짧기 때문에 부부 사이에서 더 많은 갈등이 일어나게 된다.

다문화가정 어머니의 경우 경제적인 어려움을 극복하고자 결혼한 경우가 많고, 저소득층 결혼이민자들은 가구경제에 도움이 되고자 경제활동을 적극적으로 하고 싶어 하지만 의사소통의 어려움, 문화적 차이, 낮은 직업능력 등으로 인하여 노동 시장 참여가 곤란한 경우가 많다(이신동 외, 2016).

이러한 어려움으로 인하여 결혼이민자는 한국사회에 적응하지 못하게 되어 새로운 사회문제로도 이어질 수 있어 국가적으로 관련 지원책을 지속적으로 마련하고 있는 실정이다. 이처럼 다문화가정은 저소득층이거나 사회 · 경제적 측면에서 비다문화가정보다 취약한 대상인 경우가 많다는 것을 알 수 있다(김미숙 외, 2011; 윤은영, 2015).

3) 언어적인 특성

다문화가정의 가장 큰 특성을 꼽는다면 당연히 언어문제 즉, 원활하지 못한 의사소통 부분이라고 할 수 있다. 언어 습득은 부부간의 의사소통 문제만이 아니라 한국사회에 적응하고 정착하는 데 기본적 조건이다. 다문화가정 어머니들은 한국어로 의사소통이 불가능했을 당시 상대방의 의견을 알아들을 수 없고 자신의 의견을 전달할 수 없었기 때문에 교류가 불가능하여 고립감을 느꼈다고 한다(박주희, 정진경, 2010). 이러한 어려움은 자녀 출산을 하면서 더욱더 심해지는데, 한국어 능력 부족으로 자녀와의 애착 형성의 어려움, 언어적 상호작용 경험 기회 부족, 양육 정보에 대한 의사소통 기회 부족 등으로까지 이어져 전반적으로 자녀의 교육적 지원을 제공하기에 힘든 상황에 처하게 된다(서은경, 2013: 이신동 외, 2016; 조영달, 2006).

4. 다문화가정 자녀의 특성

1) 다문화가정 자녀의 현황

여성가족부(2021) 전국 다문화가족 실태조사연구에 따르면 다문화가구는 전체 34만 6,017가구이며 결혼이민자 가구가 82.4%, 기타귀화자 가구가 17.6%이다. 다문화가구 자녀는 전체 29만 1,072명으로 다문화가정 자녀의 세대 현황을 연령별로 살펴보면 2021년 다문화가정 자녀의 평균 연령은 9.93세로 학령 전기에 해당하는 6세 미만 자녀의 비율이 30.9%, 초등학령기에 해당하는 6~8세 19.2%, 9~11세 17.9%, 12~14세 13.5% 순이고, 만 25세 이상은 6.0%이다. 자녀의 평균 연령은 2018년 8.32세에서 2021년 10.7세로 2.38세 높아졌다. 지난 3년간 다문화가구에서 새로 출생한 자녀가 전혀 없다고 가정할 때 자녀의 평균 연령이 3세 증가한다는 것을 고려하면, 평균 연령이 2.38세 증가하였다는 것은 지난 3년간 새로 출생한 자녀 수가 많지 않았음을 유추할 수 있는 부분이다. 실제 6세 미만 자녀의 비율도 '18년 39.0%에서 '21년 30.9%로 확연히 낮아졌으며, 25세 이상의 비율은 '18년 3.4%에서 '21년 6.0%로 두 배 가까이 증가하였다. 다문화자녀의 출생이 줄어들면서 다문화자녀의 연령이 전반적으로 증가하고 있음을 알 수 있다.

가구 유형별로 살펴보면 결혼이민자 가구의 평균 자녀 연령은 9.42세, 기타 귀화자는 13.19세로 결혼이민자 가구의 자녀 연령이 상대적으로 낮다. 거주지별로는 동부가 10.23세, 읍 · 면부가 9.17세로 읍 · 면부 자녀들이 상대적으로 어린 편이다. 또한 가정의 소득별 자녀의 평균연령을 살펴보면 300~400만 원이 8.62세로 가장 낮고, 400~500만 원이 9.21세, 500~600만 원이 9.71세, 600만 원 이상이 9.56세, 200~300만 원이 9.95세, 100만 원 미만이 12.76세, 100~200만 원이 12.80세로 나타나 300~400만 원을 기점으로 양극단으로 갈수록 U자형을 보이는 경향을 띤다.

2) 다문화가정 자녀의 특성

다문화가구의 평균 자녀 수는 0.88명으로 2018년에는 0.95명, 2015년에는 1.02명과 비교해서 지속적으로 하락하였고, 무자녀 비중이 42.0%로 지속적으로 상승하였으며, 다문화가족 자녀의 평균 연령은 9.93세로 2018년(8.32세)보다 증가하였다.

| 표 2-8 | 다문화가구 자녀의 연령분포

(단위: %, 명, 세)

		6세 미만	6~8세	9~11세	12~14세	15~17세	18~24세	25세 이상	합계	평균
전체(2018)		39.0	21.9	16.3	8.6	5.8	4.9	3.4	100.0	8.32
전체(2021)		30.9 (89,983)	19.2 (55,870)	17.9 (52,081)	13.5 (39,332)	6.2 (18,087)	6.3 (18,348)	6.0 (17,372)	100.0 (291,072)	9.93
다문화 가구 유형	결혼이민자	31.2	20.1	19.3	13.7	6.8	3.7	5.2	100.0	9.42
	기타 귀화자	29.4	13.5	8.9	12.2	2.7	22.4	10.9	100.0	13.19
거주 지역	동부	31.2	18.8	16.5	12.8	6.5	7.3	6.8	100.0	10.23
	읍·면부	30.1	20.2	21.4	15.4	5.4	3.8	3.8	100.0	9.17
가구 소득	100만 원 미만	11.4	14.5	34.8	12.9	14.6	2.0	9.6	100.0	12.76
	100~200만 원 미만	20.9	15.1	16.8	14.9	5.8	19.4	7.0	100.0	12.80
	200~300만 원 미만	33.6	18.6	14.4	11.8	7.5	8.4	5.7	100.0	9.95
	300~400만 원 미만	36.3	20.4	17.1	15.3	3.8	2.6	4.4	100.0	8.62
	400~500만 원 미만	33.2	21.5	17.1	13.5	5.5	3.2	6.0	100.0	9.21
	500~600만 원 미만	27.5	22.0	21.4	13.1	5.4	4.1	6.5	100.0	9.71
	600만 원 이상	32.8	18.8	18.7	11.8	5.9	4.9	7.0	100.0	9.56

출처: 2021 전국 다문화가족 실태조사연구(여성가족부)

특히 8세 미만 구간의 비율이 줄고, 9세 이상 연령대 비율이 일제히 증가하였는데, 자녀 연령의 증가는 국제결혼 감소 및 다문화 출산 건수 감소의 영향이나, 부부 2인 가구의 급속한 증가로 볼 때 다문화가구 내에서의 저출산 현상도 포착되고 있다.

2021년 전국 다문화가족 실태조사에서 다문화가구에서도 아동 돌봄의 부담이 증가한 것으로 확인되었다. 팬데믹 이전보다 이후 영유아 돌봄기관(이전 42.5%, 이후 40.9%)이나 학원(이전 6.1%, 이후 3.2%)에 보내는 비율은 감소하였다. 반면 부모(이전 75.7%, 이후 79.0%)나 조부모 · 친인척(이전 26.8%, 이후 27.4%)의 돌봄 비율은 증가하였다.

만 5세 이하 자녀 양육에서 어려운 점으로는 자녀에게 한글을 직접 가르치기 어려움(26.8%), 내가 바쁘거나 아플 때 자녀를 돌봐줄 사람을 찾기 어려움(20.5%), 배우자 가족과의 의견 차이(15.8%), 한국 어린이집, 유치원, 학교 등 교육기관에 대해 잘 모름(8.0%) 등의 순이다.

다문화가정 어머니의 언어능력과 어머니와 자녀 간 언어적 상호작용은 다문화가정 아동의 언어발달에 매우 직접적으로 관련되며(최윤경 외, 2011), 다문화가정 아동의 연령별 언어발달 속도는 비다문화가정 아동들과 유사하나, 발달 정도는 느리며 발달격차가 커지는 것을 알 수 있다(김화수, 이은경, 2010: 장명림 외, 2013). 이러한 연구결과는 다문화가정 유아의 언어문제로 이후 적응에 결정적인 변인으로 작용하므로 초기에 적극적인 언어발달 지원이 매우 중요한 요소임을 알 수 있다.

한편, 다문화가정 아동의 언어발달의 차이에 대해서는 상반된 연구결과가 나타나고 있다고 보고하고 있다(권회연 외, 2010: 박소현, 정명심, 2012: 이신동 외, 2016). 따라서 다문화가정 유아의 언어발달은 개별적 특성에 초점을 두고 접근해야 한다. 즉, 보편적으로 비다문화가정 유아들의 언어발달 양상은 개개인마다 다르고, 실제 다문화가정 유아들의 언어발달 능력이 비다문화가정 유아들보다 다소 늦다 하더라도, 가정환경 내에서 부모가 주는 자극의 문제로 보는 경우도 있기 때문에 다문화가정 유아의 언어발달은 환경적 차원으로 접근하여 언어발달 능력을 단편적으로 보기보다는 다양한 관점으로 이해하고 접근해야 할 것이다(김영희, 2015).

이와 같은 맥락에서, 취약한 가정환경에도 불구하고 다문화가정 부모의 지지가 높은 경우에 다문화가정 아동의 학교 적응이 뛰어나고 정서적으로 안정감을 찾는다는 연구결과는 다문화가정 부모에게 매우 긍정적인 영향을 끼칠 수 있다(양심영 외, 2013). 이처럼 다문화가정 부모의 경제수준이 낮고 인적 자원이 부족하더라도 다문화가정 부모와 자녀의 긍정적인 관계는 다문화가정 자녀에게 중요한 자원이 될 수 있다는 것을 다문화가정 부모들은 유념해야 할 것이다(권민석, 신재한, 2009: 김현옥, 김경호, 2011: 이재영, 공태명, 2010: 조유리, 강현아, 2011).

위의 다문화가정 자녀들의 특성들을 종합해서 살펴보면 다음과 같다.

첫째, 언어발달 지체 현상과 문화 부적응으로 인해 야기되는 문제들이다. 국제결혼가정 자녀의 경우 어머니의 모국어 사용이 금기시되는 분위기에서 자라는 경우가 많고 이에 따라 한국어와 어머니 모국어, 모두가 미숙한 경우가 많다.

둘째, 다문화가정 자녀는 비다문화가정 자녀에 비해 정체성 혼란을 더 많이 경험하게 된다. 부모가 외국인이므로 한국과 다른 문화를 접하게 되고 문화적 · 언어적인 차이와 자신이 혼혈이라는 사실은 다문화가정 자녀의 정체성 형성에 부정적인 영향을 미치게 된다.

셋째, 다문화가정 자녀들은 기초학습능력이 낮은 경향이 있다. 이들은 비다문화가정 자녀에 비해서 학업 면에서 다소 뒤처지는데, 이는 그들의 부모가 대부분 사회적 · 경제적 기반이 취약하여 소득이 낮고 학습환경이 열악하기 때문이다.

넷째, 사회적 편견으로 인해 다문화가정 자녀는 집단 따돌림을 당할 수 있으며, 이로 인해 정서적 충격을 경험하게 된다. 이는 정서적으로 민감한 학생들이 편견과 차별을 견디지 못하고 학교를 포기하는 사례가 되어 사회문제가 될 우려가 있다(교육인적자원부, 2010).

이와 같이 다문화가정 자녀들은 성장과정에서 또래와의 관계에서 어려움이 발생하거나 다문화가정의 경제적인 어려움과 사회적 차별과 편견으로 인해 받는 스트레스가 자녀들에게 반영되어 자녀의 심리 상태에 부정적인 영향을 준다. 따라서 다문화가정 자녀의 사회 · 정서발달은 개별적인 특성에 맞게 이해되어야 하고 긍정적인 면에 초점을 두어야 한다. 또한 다문화가정 자녀의 사회 · 정서발달에 영향을 미치는 부모, 교사, 또래 등 주변인들 모두 다문화가정 자녀가 학교생활에 적응하며 긍정적인 자아개념을 형성할 수 있도록 도와주어야 할 것이다.

특히, 다문화가정 자녀는 '다문화가정'이라는 배경적 요인뿐만 아니라 경제적 요인 등 여러 가지 어려움에 처할 수 있다. 강지현 외(2013)의 연구결과에서 다문화가정 자녀의 경우 사회 · 경제적 수준을 통제할 때 사회성 부족으로 인한 문제 측면에서는 비다문화가정 자녀와 차이를 드러내지 않았다. 이처럼 국가 차원에서도 다문화가정 자녀들의 가정 구성원들을 정서적인 면에서 지지해 주고 심리적 안정 및 학교생활 적응 향상을 위한 여러 가지 지원방안이 마련되도록 힘써야 할 것이다.

C H A P T E R 03

다문화교육의 이해

1. 다문화교육의 개념과 필요성

21세기의 '문화'는 그 개념이 고정적인 것이 아니며 구성원들의 상호 과정 속에서 끊임없이 변화되어 가는 것이라 할 수 있다. 이러한 인간의 삶을 나타내 주는 문화가 '다문화'이다. '다문화'라는 용어는 초기에 '다수민족'과 '소수민족'의 개념으로 사용되었으나, 오늘날은 지배와 피지배, 중심과 주변이라는 모든 개념을 포함한 문화에 사용되고 있다. 이러한 다문화의 개념을 인식하여 교육적으로 접근한 것이 바로 '다문화교육'이다. 즉, 변화하는 문화의 요구에 맞추어 가는 맥락지향적인 교육이어야 함을 설명하고 있는 것이다.

이처럼 다양하게 변화하는 문화와 교육에 대한 관심은 유아교육 분야에서도 다문화교육의 시도를 낳게 하였는데, 시대별로 살펴보면 다음과 같다.

- 1920년대 : 다문화교육의 시작은 1920년대 미국을 중심으로 민족이나 인종, 다양한 문화적 특징으로 인한 교육적 불평등을 새롭게 인식하는 데서 출발하였다.
- 1930~1970년대 : 1930년대에 등장하여 1970년대부터 주의를 끌기 시작했

던 포스트모더니즘은 다문화교육에 대한 관심을 더욱 증대시켰는데, 포스트모더니즘의 특징은 바로 단일성과 통일성을 거부하고 상이성, 양면성, 다양성 등을 중시하는 것이다(Derman-Sparks, 1992).

- 1960년대 : 1960년대부터 사회적으로 활발히 전개된 인권옹호운동, 여성해방운동의 영향으로 다문화교육이 더욱 강화되었다. 이러한 운동은 인간의 권리 찾기, 문화의 특성 인정하기와 같은 태도에 영향을 미쳤기 때문이다. 이 당시 미국의 경우 소수민족 집단과의 관계 개선, 인종의 평등, 사회적 약자에 대한 보건 및 영양의 공급 등을 위한 정책이 교육에 반영되었다(유혜령, 1999).
- 1980년대 : 1980년대부터는 유아 간의 관계형성을 중심으로 다문화교육이 행해졌으며, 근래에 들어 유아의 성장환경에 대한 생태학적 접근을 통한 다문화교육 방안이 시도되고 있다(Wardle, 1996).
- 2000년대 이후 : 최근 교육부(2019)에서 개정한 누리교육과정의 내용에는 다문화지향적 내용이 포함되어 있다. 이처럼 다문화교육은 점차적으로 교육과정과 내용에 문화적 다양성을 포함시키기 위한 목적으로 변화되면서 전 세계적으로 발전되어 가고 있다.

다문화교육의 개념은 문화적으로 다원적인 사회를 준비시키고 자신의 문화에 대한 정체성을 바탕으로 타 문화와 인종에 대한 개방적인 태도를 갖게 하여 그 문화를 공유하도록 하는 데 목적을 둔다고 할 수 있다. Ramsey(1998)은 다문화교육이란 성 · 인종 · 문화 · 계층 · 계급 · 개인의 정체성을 발달시키며 다양한 집단 내에서 구성원을 서로 인식하고 수용하며 협력적 사회적 관계를 형성하는 데 목적을 두고 있다고 하였다.

다문화교육은 다인종 사회에서 필요성을 제기하며 발전하였지만 그동안 단일민족과 문화를 중시해 오던 한국사회에서도 다문화교육에 대한 요구가 점차 증가하고 있는 추세이다. 그 이유를 살펴보면 다음과 같다.

첫째, 세계화 시대라는 사회적 변화이다. 이는 국가 간 활발한 교류, 정보통신의 발달 등으로 유아들이 문화적 다양성에 많이 노출되어 있기 때문이다. 이러한 다양성에 대한 경험으로부터 유아들에게 긍정적인 영향을 제공하기 위해 다문화교육이 필요하다(이경우, 2001).

둘째, 북한과 남한이라는 양극단의 사회구조가 심화되어 정치 · 경제 · 사회 면에서 이질화 현상이 깊어지고 있기 때문이다(최민수 외, 2005).

셋째, 인종, 문화, 성, 장애 등의 사회적 편견과 연고주의가 만연한 한국사회에 대한 다문화교육의 필요성이다. 다문화교육은 이해와 존중을 바탕으로 사회적 편견에 대항하며 공동체를 이루는 방법을 배우는 교육으로, 편견과 차별을 해소하기 위해 우리나라에 다문화교육이 절실하기 때문이다. 나아가 유아들에게 편견과 차별에 대한 비판적 사고를 기르도록 하며 반편견적 행동을 실천할 수 있도록 교육하는 것이 중요하다.

정리하자면 '다문화교육'이란 문화적 맥락 속의 개인과 사회를 인식하는 데서 출발한 개념으로, 개인이 적어도 하나 이상의 문화집단에 소속되어 있으면서 동시에 다른 문화집단과도 상호 연결되어 있다는 사실을 주목하는 것을 시작으로 한다. 즉, 국가, 종교, 계층, 성별, 인종, 직업, 사회 · 역사적 배경 등의 다양성으로 인하여 서로 다른 다양한 문화집단이 공존하며, 이들은 서로 영향을 미치는 밀접한 상호작용의 관계에 있음을 인식하는 것이다. 또한 자신이 속한 문화집단뿐 아니라 상대 문화집단을 이해하고 상호 교류가 원활히 이루어질 수 있도록 돕기 위한 교육 개념인 것이다.

한마디로 다문화교육은 다양한 문화, 민족, 성, 사회적 계층의 배경을 가진 유아들이 공평한 교육적 기회를 가질 수 있도록 하는 것이며, 모든 유아들이 문화교육에 대한 긍정적 태도, 인식, 행동을 발달시킬 수 있도록 돕는 데 주목적을 둔 교육과정을 말한다(Banks & Banks, 1993).

다문화교육의 특징을 몇 가지로 기술할 수 있다. 첫째, 평등을 추구하는 철학적 개념이 교육과정 속에 적용된다. 둘째, 특정 인종이나 집단을 위한 교육이 아니라 모든 학생을 위한 교육과정이다. 셋째, 사회적 평등의 발달을 촉진시키는 사회 정의적 교육이다. 넷째, 학생의 비판적 사고와 주체적 활동 및 의사결정을 강조하는 사회실천 교육이다. 다섯째, 세계 사회에서 효율적으로 상호작용할 수 있는 필수적인 지식과 기술을 제공하는 교육과정이다. 여섯째, 교육개혁 운동으로 학교를 비롯한 교육기관의 구조를 바꾸는 종합적 개혁과정이다. 일곱째, 다양한 교육과정이 한 번으로 끝나는 교육이 아닌 역동적이고 지속적인 경험의 교육과정이다.

세계화 시대에 접어들면서 점차 다문화의 틀 속에서 삶을 영위하는 사람들이 늘어나고 있다. 농촌에서는 국제결혼을 통한 새로운 가족 유형이 정착되고 있으며, 도시에서는 외국인 노동자들의 국내 취업률이 높아지고 있다. 학교에서는 다양한 국적을 가진 아이들과 함께 공부하는 모습을 보는 것이 흔한 일이 되었으며, 원어민 교사들이 가르치는 모습 또한 아주 자연스럽게 받아들여진다. 이러한 사회적 변화 속에서 다문화교육은 무엇보다 우선적으로 추구해야 할 중요한 이슈이며, 이러한 현실을 볼 때 한국사회에서 다문화에 대한 이해 및 다문화교육은 필연적이라고 할 수 있다. 따라서 유아의 측면, 다문화가정의 측면, 유아교육기관의 측면, 사회적 측면으로 나누어 다문화교육의 필요성을 살펴보고자 한다.

먼저 유아의 측면에서 다문화교육의 필요성을 살펴보면 다음과 같다.

유아들은 만 2세부터 문화의 유사성과 차이점에 대한 이해가 나타나기 시작한다는 연구결과가 지지되고 있다(Seefeldt, 2005). 즉, 유아는 이미 24개월 이전에 타인과 구별되는 자아를 인식하고, 만 2세가 되면 인종적 차이를 구분하며 신체적 특징, 의상, 언어, 정치적 성향에 기초해 유사점과 차이점을 지각한다. 이 시기에 유아는 다른 사람과 연관 짓거나 분리해서 자아개념을 형성한다. 그리고 자율성을 시험해 보며, 의사소통을 하고, 감정이입과 우정을 나누는 경험을 하면서 다른 사람을 이해하기 시작한다. 따라서 유아 초기는 다문화교육이 시작될 중요한 시점으로 제시된다(이현숙, 2000).

Derman-Sparks(1992)와 Hall과 Rhomberg(1995)는 다문화사회의 시대적 요구와

유아발달 측면에서 다문화교육의 필요성을 다음과 같이 제시하고 있다.

첫째, 모든 유아들이 자신의 정체성에 대해 긍정적으로 생각하도록 지도해야 한다. 이것은 이중문화권의 아이들에게 개인적인 정체감 및 집단의 정체감과 관련되는 우월감을 갖지 않고 자신감을 가질 수 있도록 지도해야 함을 의미한다.

둘째, 유아들이 다양성을 가진 사람들과 편안하게 감정이입적인 상호작용을 할 수 있도록 촉진시켜야 한다. 이는 유아들에게 사람들 사이의 유사점과 차이점을 이해시키고, 차이점에 대해 편견을 갖지 않도록 학습하게 안내하는 것이다. 즉, 자기중심적인 사고는 점차 감소하고 다른 사람을 이해하며 반편견적인 상호작용을 할 수 있도록 교육해야 한다.

셋째, 유아가 편견에 대하여 비판적 사고를 할 수 있도록 도와야 한다. 이는 자신과 다른 인종, 성, 계층, 외모 등에 대한 고정관념과 차별을 확인할 수 있는 인지적 능력을 갖게 해야 한다는 것을 의미한다. 또한 편견이 상대방에게 고통을 준다는 것을 알게 하는 정서적 감정이입을 하도록 해야 한다.

넷째, 유아가 편견에 대항하여 자신과 다른 사람을 옹호할 수 있는 능력을 갖도록 도와야 한다. 이는 다른 유아나 성인이 자신에게 편견된 태도나 행동을 할 때 유아가 비판적 사고를 바탕으로 반편견적 행동을 실천할 수 있도록 돕는 것을 의미한다.

이상에서 살펴본 바와 같이 유아의 측면에서 추구하고 있는 다문화교육은 다양한 사람들이 자신과 타인을 존중하는 태도를 갖게 함으로써 나와 다른 외모, 문화, 생각, 생활방식을 가진 사람들을 이해하고 수용하여 더불어 살아가는 기반을 다지는 것이라고 할 수 있다(교육인적자원부, 2007).

궁극적으로 다문화교육의 핵심은 유아들에게 정체감을 길러주고, 다양성을 인정함으로써 편견에 대항하는 능력을 길러주며, 유아들 개개인이 갖고 있는 능력을 최대한으로 발휘하는 것이라 할 수 있다. 다문화가정의 측면에서 다문화교육의 필요성을 살펴보면 다음과 같다.

우리나라는 국제적 인적 교류 확대, 국제결혼 증가 등에 따라 다문화가정이 증가하고 있는 추세이다. 그러나 그들은 일상생활의 적응이나 자녀교육 등에 어려움을 호소하는 경우가 많은데, 이는 역사적으로 한국 사람들이 단일민족이라는 자부심을 갖고 살아왔기 때문이다.

이러한 전통적 가치관 속에서 다문화가정의 자녀들은 순수한 한국인이 아니라는 이유만으로 여러 가지 면에서 차별을 받는다. 다문화가정의 자녀들은 성장하면서 외모, 언어, 문화 등에서 부정적 정체성이 형성되며 이로 인해 구성원 간에 많은 갈등을 겪고 있다. 이뿐만 아니라 다문화가정의 자녀들은 일찍이 차별과 편견을 경험하고 있으며 교육기관에서도 학업적 · 사회적 부적응과 부정적 정체감을 보이고 있다.

또한 언어가 미숙한 부모의 영향으로 다문화가정 자녀들은 언어발달의 부진뿐만 아니라 또래와의 관계형성에도 어려움을 겪고 있는데, 이는 부모들의 심리적 위축과 소극적 태도가 자녀의 언어발달에 부정적인 영향을 미치기 때문이다.

이러한 문제를 지혜롭게 해결하고 극복할 수 있는 방안으로 다문화가정을 이해할 수 있는 교육이 필요하며 가정과 연계한 부모참여 활동이나 부모교육 등의 교육적 지원이 요구된다. 그 방법은 다음과 같다.

첫째, 다문화가정이 한국사회에 잘 적응하고 동화되도록 하여 한국인으로서 제 역할을 하도록 한국문화 이해 교육과 동시에 자국의 문화에 대한 정체성 확립 교육이 필요하다.

둘째, 다문화가정이 사회변화에 적응하는 능력을 길러주는 한편, 부모의 각성과 인식 및 태도의 변화를 통해 가정의 교육 기능이 강화될 수 있도록 해야 한다.

셋째, 다문화가정의 이중 언어와 부모의 양육관 차이로 발생되는 갈등과 혼란을 극복할 수 있는 효과적인 교육이 제공되어야 한다.

넷째, 가정에서의 부모역할에 대한 바람직한 모델과 이미지를 정립할 수 있는 교육이 필요하다.

유아교육기관의 측면에서 다문화교육의 필요성을 살펴보면 다음과 같다. 다문화가정 유아들의 높은 재원율로 통합교육의 요구가 절실해지며, 다문화교육의 중요성과 교육적 지원의 필요성이 대두되고 있다. 그러나 교육 현장에서는 다문화교육에 대한 인식이 부족하여 실제적인 교육을 하기에는 부족함이 있다.

그러므로 유아교육기관에서부터 일찍이 세계의 다양한 문화를 편견 없이 수용할 수 있는 분위기 조성 및 프로그램 운영이 필요하다. 이를 위해 교사는 먼저 다문화교육에 대한 전반적인 이해와 자기 인식을 증진시키기 위한 노력과 다문화주의에 입각한 교육관 및 교육과정에 대한 관심과 이해가 필요하다.

그러나 유아교육 현장에서 대부분의 교사들은 다문화교육 과정을 운영함에 있어서 다문화가정 유아들에 대한 정보뿐만 아니라 다문화교육과 변화하는 사회현상에 대한 지식과 경험이 부족하다. 또한 문제해결의 필요성을 인지하면서도 어떤 교육적 접근이 바람직한지 판단하기 어려워 교육적 실천에 있어 많은 한계를 느끼고 있다.

이와 같은 문제를 최소화하며 효과적으로 해결하기 위해서는 교육과정안에 유아들이 평등한 시각을 갖도록 하는 내용을 반영해야 한다(구효진, 최진선, 2007). 나아가 기관 차원에서 유아들이 다양한 문화를 이해하고 존중할 수 있도록 하는 반편견적 태도를 길러주는 교육이 필요하다.

다문화사회에서 유아교육기관의 역할은 서로 다른 문화적 배경을 가진 유아들이 서로의 특성이나 가치를 인정하고 존중하면서 그 사회가 가지고 있는 나름대로의 공동의 목표를 달성할 수 있도록 또래집단 속에서 상호 교류하고 의사소통하는 것이다(Morrison, 2007). 즉, 다문화사회에서의 교사는 우선적으로 서로 다른 문화를 가진 유아를 문화적 가치를 지닌 존재로 인식해야 한다. 이를 바탕으로 유아들이 교육의 내용을 구성하고 또래집단 속에서 서로 다른 문화 가치를 인식할 수 있는 분위기를 조성해야 한다. 또한 교사 자신의 문화적 편견에 대해 반성적으로 사고하며 다양한 문화에 대한 긍정적인 태도와 수용적인 자세를 갖추기 위해 노력해야 한다.

따라서 유아교육기관은 다문화교육을 실시해야 하는 시작의 기관으로서의 역할을 다하고, 교사교육 등을 통해 다문화교육에 앞장서야 할 것이다.

마지막으로 사회통합 측면에서 다문화교육의 필요성을 살펴보면 다음과 같다.

한국사회는 국제결혼의 급증으로 다문화가정이 정착되면서 자녀의 수적인 증가 또한 빠르게 나타나고 있다. 이제 다문화가정의 자녀들도 외모와 피부 색깔이 조금 다를 뿐 엄연한 한국인이고, 미래 우리 사회를 이끌어 갈 구성원이 되었다. 이들이 조화롭게 생활하고 건전한 사회 구성원으로 성장할 수 있도록 돕는 사회적 지원체제의 구축은 오늘날 한국사회가 시급히 해결해야 할 중대한 과제의 하나로 부각된다.

한 사회에서 여러 문화들이 조화롭게 융화되지 못하는 경우 사회적 혼란과 갈등이 야기될 수 있다. 이는 사회적 적응에 어려움을 가져올 뿐만 아니라 한 가정의 문제로 끝나지 않고 사회나 국가적 문제로 파급될 수 있으며 더욱 심각한 것은 이러한 문제들이 그들의 2세들에게도 영향을 미칠 수 있다는 것이다. 따라서 다문화교육에 대한 지원이 사회와 국가적 측면에서 마련되어야 한다.

사회적 측면에서 다문화교육의 대상은 다문화가정의 유아뿐만 아니라 비다문화가정의 유아들까지 모든 아이들을 포함해야 한다. 바람직한 다문화교육의 방향은 유아들이 서로 다른 문화에 대한 이해를 바탕으로 긍정적인 자아개념을 형성하게 함으로써 수용적이고 개방적인 태도와 인식을 갖게 하는 데 있기 때문이다. 특히 발달의 가소성이 큰 유아기에 다문화적 경험을 갖게 하는 것은 문화적 편견을 줄이고 자신과 타인을 존중하는 태도를 갖게 함으로써 나와 다른 외모, 문화, 생각, 생활방식을 가진 사람을 이해하고 수용하여 더불어 살아가는 교육의 기반을 만들고자 하는 것이다.

즉, 사회통합 차원에서 다문화교육은 다문화사회에 적응해 나가는 유능한 인재를 양성하기 위해 가장 필요한 교육이다. 그러므로 사회 전반에 걸쳐 다문화교육을 보다 효과적으로 수행할 수 있는 연구방안이 다각도로 모색되어야 한다.

2. 다문화교육의 목표와 내용

다문화교육은 교육의 목적뿐만 아니라 특별한 기술과 내용을 포함하는데, 그것은 가치에 근거한 것이다. 즉, 각기 '다르다'는 것은 좋은 것이고, 억압하는 생각이나 행동은 수용하지 않는 것이다. 그것은 '차이점'을 인정하고, 불공평한 믿음이나 행동은 수용하지 않는 것 사이에 생기는 긴장감을 해결하는 것이기도 하다. 다문화교육의 핵심은 사회변화에 관한 것으로, 그것은 불편함과 반대 감정을 가져올 수 있다. 그럼에도 다문화교육은 교육과정에서 노력을 기울여야 할 가치가 있으며 나아가 문제점에 직면하여 해결할 필요가 있기 때문이다.

다문화사회에서는 각기 다양한 문화가 존재하는 문화적 상대주의를 인정하면서 각기 다른 문화 속에서 다양한 가치, 태도, 성향을 보이며 서로 다른 생각과 행동을 한다는 것을 인정하게 되었다(오욱환, 1991; 이경우, 이은화, 1999; Kendall, 1993). 그러나 세계는 다양한 문화들의 상호 공존에서 비롯된 차이 때문에 분쟁과 갈등을 겪고 있으며 이러한 갈등을 해결하기 위해 서로의 다름을 이해하고 존중하여 모두가 조화롭게 살아갈 수 있는 방안이 필요하다.

이러한 다문화 이해의 중요성이 강조되면서 이를 교육적으로 접근시킨 것을 다문화교육이라고 한다(김영옥, 2007). 다문화교육은 다양한 인종과 다양한 문화를 가진 사람들이 서로를 인정하고 가치를 존중하여 타인에 대해 개방적, 비판적, 반편견적인 태도를 지니도록 하는 교육이라 할 수 있다.

다문화교육의 궁극적인 목적은 사람의 삶을 평화롭고 정의롭게 하며, 나아가 넓은 안목으로 세계를 이해하고 진정한 시민사회를 이루고자 하는 데에 있다.

이를 바탕으로 유아들이 우리의 고유한 문화를 편견 없이 이해하고, 더 나은 사회로의 발전을 도모하려는 것이 유아교육에서 다문화교육의 목적이라고 할 수 있다.

다문화교육의 목적과 목표는 학자들마다 다양한데 채정란(1999)은 다문화교육의

목표에 대하여 여러 학자들(Baruth & Manning, 1992; Banks, 1995; Miller-Lackman & Taylor, 1995; Sleeter & Grant, 1999; Roopnarine & Johnson, 1993; Sparks & Ramsey, 1993; Kendall, 1993; York, 1991)이 언급한 내용을 분석하고, 각 내용의 공통요인들을 추출하여 | 표 3-1 |과 같이 6가지 내용으로 정리하였다.

| 표 3-1 | **다문화교육의 목표와 내용**

목표	하위목표 내용
문화	문화 간의 유사점과 차이점의 특징을 알고, 각 문화에 대한 이해 및 존중심을 기르며, 문화 간 긍정적인 태도를 발달시킨다.
협력	다양한 사람들과의 상호작용 능력과 협동 능력을 증대시킨다.
편견	선입견, 편견, 고정관념 및 차별대우에 대한 비판적인 사고를 형성하고, 이러한 문제에 직면했을 때 대처할 수 있는 능력을 길러준다.
정체성	긍정적인 자아개념과 자아정체감 및 집단 정체성을 형성할 수 있도록 한다.
평등성	국가, 민족, 인종, 성, 신체적 능력, 사회계층은 모두 다르지만, 인간은 모두 평등하다는 긍정적인 태도와 가치를 형성하도록 한다.
다양성	유사점과 차이점을 가지고 있는 다양한 개인과 집단이 존재하는 것을 알고, 이러한 다양성을 존중하는 마음을 갖도록 한다.

특히 김영옥(2002)의 경우 다문화교육의 목표와 내용은 통합되어야 한다고 주장하면서 다문화교육의 목표를 유아들이 긍정적, 개방적, 배려적, 공동체적 삶을 영위하기 위한 것이라고 설정해 두고 교육내용을 다음과 같이 세 가지로 구분하고 있다.

첫째, 다양한 문화 이해에 관한 내용을 통해 교사들은 유아들로 하여금 주제를 중심으로 우리나라와 다른 나라의 문화를 비교해 보고 유사점과 차이점을 인식할 수 있는 능력을 형성시킨다. 이를 통해 유아들은 다양성을 이해하고 자문화와 타문화의 문화적 가치를 존중하는 태도를 갖는다.

둘째, 상호 의존성에 관한 내용을 통해 유아들은 타인들과 함께 살아가고 있고, 어려운 일은 협력하여 서로 돕고 살아야 한다는 것을 이해한다. 이를 위해 서로 간의 갈등을 조정하고 함께 해결해 나갈 수 있는 능력 형성에 관한 내용을 다루어 타인과의 긍정적인 관계형성 능력을 갖도록 한다.

셋째, 친밀감과 존중감에 관한 내용을 통해 서로 다른 문화권의 사람들과 친구가 될 수 있으며 모두 교류하며 살고 있음을 인식하도록 한다. 이는 유아들이 반편견적 태도를 형성하여 더 나아가 타인과 친밀감을 느끼고 서로의 의견과 감정을 존중할 수 있는 태도를 기를 수 있다.

유아교육기관에서의 다문화교육은 이러한 다문화교육의 목표를 바탕으로 하여 다문화가정 유아뿐 아니라 비다문화가정 유아에게까지도 이루어진다. 다문화가정의 유아는 한국어와 한국의 문화를 알아가고 그것을 통해 한국을 이해하며 부모의 문화를 배움과 동시에 자신의 정체성을 알고 자존감을 기를 수 있다. 아울러 비다문화가정 유아는 모든 사람은 겉모습과 관계없이 동등하다는 인식과 동시에 타인에 대한 편견과 고정관념을 없애 긍정적인 태도를 기르고, 자신과 자신의 문화, 그리고 타인과 타인의 문화를 존중하고 이해할 수 있다(최미숙 외, 2008).

다문화교육을 통해 모든 유아들은 자신과 타인에 대해 긍정적인 마음과 태도를 가지고 다양한 문화에 대하여 개방적인 태도로 다양성을 인정하게 된다. 나아가 차이를 이해하고 존중함으로써, 타인에 대한 편견을 줄이고 모든 사람들이 더불어 살아가야 함을 알고 실천할 수 있게 되는 것이다.

사회·문화적으로 다문화와 세계화가 보편적 문화로 인식되는 다원화 시대의 중심에서 교육 현장에 다문화를 통한 교육과정이 요구된다. 다문화교육은 특히 유아교육에서 강조되는데, 그 이유는 영유아 시기 동안 아이들은 인종, 사회·경제적 지위, 성, 신체적·사회적 능력, 종교에 있어서 자신과 다른 사람들을 대하는 태도가 형성되기 때문이다. 따라서 유아교육 현장에서 영유아들이 쉽게 다문화를 경험할 수 있는 기회가 충분히 제공되어야 한다(Boutte, 1999).

Derman-Sparks와 The A. B. C. Task Force(1989)에 따르면, 자아개념은 만 2세 경부터 성, 인종에 대한 편견이 생기기 시작하여 장애아 옆에 앉지 않는 행동으로 나타나고, 3세 이전의 유아도 사회적 편견에 영향을 받은 징후가 보인다. 4세경에는 이미 정형화된 성역할과 인종에 대한 편견이 내면화된다고 한다. 따라서 유아기 때부터 성 · 인종 · 민족 등에 상관없이 모든 사람을 존중하며 편견에 적극적으로 대처할 수 있는 반편견교육이 유아교육 현장에 절실히 요구된다.

다문화적 반편견교육과정은 단지 유아의 인종과 민족만이 아니라 성, 언어, 종교, 성애, 신체적 · 정신적 능력, 그리고 사회계층까지를 포함하고 있다. 특히 다양한 경험을 통해 가치, 생활방법, 수용적 태도 등을 형성하게 한다(최민수, 이정숙, 2003). Sleeter와 Grant(1999)는 다문화교육의 접근을 '야채그릇설(Salads Bowl Theory)'이라고 하였는데, 이는 인종, 성, 종교, 계층에 상관없이 모두 평등한 것을 중요하게 생각한다는 의미이다.

Derman-Sparks(1992)와 Hall과 Rhomberg(1995)는 반편견교육의 목적을 다문화적인 시대적 요구와 유아교육발달의 측면을 고려하여 다음과 같이 제시하였다.

첫째, 모든 유아들이 자신의 정체성에 대해 긍정적으로 생각하도록 지도해야 한다. 특히 이중문화권의 아이들에게 개인적인 정체감 및 집단의 정체감과 관련되는 우월감을 갖지 않고 자신감을 가질 수 있도록 지도해야 함을 의미한다.

둘째, 유아들이 다양성을 가진 사람들과 편안하게 감정이입적인 상호작용을 할 수 있도록 촉진시키는 것이다. 이는 유아들에게 사람들 사이에 유사점과 차이점을 이해하고, 차이점에 대해 편견을 갖지 않도록 학습하게 안내하는 것을 의미한다. 즉, 자기중심적인 생각은 점차 감소하고 다른 사람을 이해할 뿐만 아니라 반편견적인 상호작용을 할 수 있도록 해야 한다.

셋째, 유아가 편견에 대하여 비판적 사고를 할 수 있도록 돕는다. 이것은 자기 자신과 다른 인종, 성, 계층, 외모 등에 대한 고정관념과 차별을 확인할 수 있는 인지적 능력을 갖게 해야 한다는 것을 의미한다. 또한 편견이 상대방에게 고통을 준다는 것을 알게 하는 정서적 감정이입을 하도록 해야 한다.

넷째, 유아가 편견에 대항하여 자신과 다른 사람을 옹호할 수 있는 능력을 갖도록 돕는다. 이는 사회적으로 수용되는 방법으로 생각과 감정을 표현하는 능력을 말하는 것이다. 또한 다른 유아나 성인이 자신에게 편견된 태도나 행동을 할 때 유아가 당당하게 말할 수 있는 여러 가지 방법을 학습하도록 돕는 것을 의미한다.

이상에서 반편견교육의 목적이 추구하고 있는 것은 다양한 사람들이 각기 자기 자신과 타인을 존중하는 태도를 갖게 함으로써 결과적으로 나와 다른 외모, 문화, 생각, 생활방식을 가진 사람들을 이해하고 수용하여 더불어 살 수 있는 기반을 만들고자 하는 것이라고 할 수 있다(교육인적자원부, 2007).

궁극적으로 반편견교육의 핵심은 유아들에게 긍정적 자아 정체감을 길러주고, 다양성을 인정함으로써 편견에 대항하는 능력을 길러주는 것이며, 유아들 개개인의 잠재된 능력을 최대한으로 발휘하도록 하는 것이 반편견교육의 목적이다.

이경우와 이은화(1999)는 Derman-Sparks와 A. B. C. Task Force 이론에 근거하여 반편견교육에서 다루어야 할 내용으로 민족적 차이점과 공통점, 능력, 성, 문화적 유사점과 차이점, 고정관념과 차별적 행동에 저항하기 등으로 구분하고 있다.

또한 Hall과 Rhomberg(1995)는 유아에게 나타나는 편견의 영역을 10가지로 제시하며, 이 영역을 반편견교육과정의 내용에 포함시킬 것을 제안하고 있다. 이들이 제시한 편견의 영역은 다음의 | 표 3-2 |와 같다.

| 표 3-2 | **편견의 영역**

영역	정의
능력(ability)	신체적 · 정신적 · 정서적 능력
연령(age)	늙거나 젊게 보이는 것, 또는 실제 나이에 관한 것
외모(appearance)	키, 몸매, 손상된 상태(흉터 등)
신념(belief)	다양한 종교, 자연에 의존하는 믿음 등
계층(class)	개인의 생활양식을 반영하는 사회 · 경제적 지위 계층을 결정하는 요인(직업, 주거 형태, 복장, 교통수단, 교육적 배경 등)
문화(culture)	같은 집단의 구성원들이 공유하는 생활방식
가족 구성(family)	가족 구조(편부, 편모, 입양부모, 계모, 계부, 조부모) 및 가족 구성원의 역할
성(gender)	성에 의한 구별, 성차별
인종(race)	피부색, 머리카락, 얼굴 및 신체 모습 등과 같은 유전적인 특징으로 연결된 집단
성애(sexuality)	성적인 선호, 성적인 관심

표에서 나타난 바와 같이 반편견 교육내용은 편견의 영역에 대하여 유아를 노출시켜, 다양한 사고를 촉진함으로써 편견의 감소를 지원하여 교육목적을 달성시키려는 것이다.

한편 우리 사회가 당면하는 문제에 비추어 Hall과 Rhomberg(1995)가 제시한 다문화와 관련된 영역을 구체적으로 살펴보면 다음과 같다.

1) 능력(ability)

능력은 신체적 · 정신적 · 정서적 능력을 의미하는 것으로, 가장 대표적인 편견이 장애에 관한 부분이다. 사회적인 의식의 성숙으로 최근 장애에 대한 인식은 많이 변화되었으나, 그럼에도 불구하고 오랫동안 고착된 고정관념이나 편견 등은 쉽게 사라지지 않고 있다. DermanSpark와 The A.B.C. Task Force(1989)에 의하면 능력은 재능, 무능력, 장애를 포함한 포괄적인 개념으로서, 편견에 대응하는 것과 자신 및 타인에 대한 존중이나 가치를 포함하는 것이다. 능력의 하위 범주는 재능, 장애, 편견에 대응하기, 타인 이해, 의사전달하는 방법이라고 보았다. Hall과 Rhomberg(1995)는 특히 유아들에게 가장 쉽게 인식되는 능력은 신체적인 능력이라고 보았으며, 이러한 장면은 유아교육 현장에서도 쉽게 발견된다.

따라서 외적으로 두드러지게 나타나는 능력에 차이에 대한 인식이 강한 유아기 때부터 능력에 대한 차이와 존중 교육이 필요하다 할 수 있다.

이러한 능력에 대한 편견은 장애뿐만 아니라 사람의 능력을 단면만 보고 쉽게 판단하는 능력도 포함된다. 따라서 유아는 자신에 대해 긍정적 자아개념의 핵심은 물론, 타인의 다양한 능력을 존중하고 협력하여 살아가야 할 것이다.

2) 연령(age)

Hall과 Rhomberg(1995)에 의하면 연령은 늙음, 젊음, 또는 실제 나이가 많고 적은 것을 말하는 것으로, 세대 간의 차이도 연령에 포함된다고 하였다. 최근 우리 사회는 평균 수명의 증가와 저출산, 핵가족화로 인해 고령화사회로의 전환이 더욱 가속화되고 있다. 이는 편견이라는 사회적 문제를 낳고 있으며, 젊은 세대와 노인 세대의 소통단절로 각 세대 간의 이해와 존중이 부족한 실정이다. 따라서 각 세대 간의 이해와 존중으로 서로에 대한 편견을 해소해 나가야 할 것이며, 연령의 차이를 넘어 모든 사람이 더불어 살아가는 사회적인 화합을 이루어야 할 것이다. 특히 유아기부터 노화를 자연스러운 변화로 받아들이는 인식에 대한 교육이 필요하며 노인을 존경하고 그 능력을 인정해 주는 태도를 함양할 수 있는 교육이 이루어져야 할 것이다.

3) 외모(appearance)

외모에 대한 편견은 과거로부터 지금까지 어느 사회에서나 뿌리 깊이 존재하고 있다. 이러한 편견은 사회와 문화가 변하고, 사람들의 가치관이 변화되었어도 여전히 존재한다. 특히 현대사회처럼 외모지상주의의 시대에서는 사회 전반에서 외모로 인한 편견 현상이 심화되고 있다. 유아들에게도 외모에 대한 편견은 일상생활에서 쉽게 나타나며, 양미현(2000)과 서현(2003)의 연구에서도 유아의 편견 중 가장 많은 영역은 외모인 것으로 나타났다. 이렇듯 외모에 대한 편견은 유아 시기부터 또래관계 안에서 빈번히 나타나며 타인과의 관계 형성과 자아개념 형성에도 부정적 영향을 미친다.

Hall과 Rhomberg(1995)도 외모에 대해 키가 크고 작은 것, 살이 찌고 마른 체형, 몸에 흉터와 화상으로 상처를 입은 상태와 관련된다고 보면서 뚱뚱한 아이는 자아개념이 낮을 거라고 추측하였다. 이렇듯 유아들은 자신의 신체적 경험이나 사회환경 등 다양한 경험을 통해 자신에 대한 정체감과 태도를 형성하며 자신과 다른 신체적인 특징을 가진 사람에 대해 관심을 갖는다. 어린 시기에 외모에 대한 편견이 형성되면 성인이 되어서도 외모에 대한 그릇된 편견으로 자아를 인식하여, 대인관계에 좋지 않은 영향을 미칠 수 있게 된다. 따라서 자아정체감이 형성되는 중요한 시기의 유아들이 외모에 대한 바른 인식과 사고를 할 수 있도록 교육해야 한다.

4) 신념(belief)

Hall과 Rhomberg(1995)는 신념에 대해서 어떤 것을 믿거나 믿지 않는 것을 포함한 개념으로 보면서 여러 가지 종교나 미신, 정치적 신념이나 일반적인 통념 같은 것으로 보았다. 유아기의 신념에 대한 편견으로는 동화를 통해 갖게 되는 편견이나 어른들로부터 전해진 신념에 대한 편견, 어떤 것에 대한 믿음 등이 있을 수 있다. 한 가지의 고정관념은 다른 생각을 개인적으로 수용하는 데 어려움을 주며 타인의 생각에 대한 인식을 방해한다. 따라서 여러 사람들이 생각의 차이를 인정하고 서로의 입장을 이해하고 수용해 줄 수 있어야 한다.

5) 계층(class)

모든 사회는 다양한 사회 구성원들로 이루어진다. 그들의 저마다의 역할을 수행하며 사회를 조직해 나간다. 사회구조가 커짐에 따라 하는 일은 점점 더 다양해지고 살아가는 모습도 다양해졌다. 이러한 삶의 모습의 차이에서 서로를 비교하고 우열을 나누게 되었으며 그에 따라 계층의 편견이 나타나게 되었다.

Hall과 Rhomberg(1995)는 이러한 계층에 대한 편견은 개인의 생활양식을 반영하는 사회 · 경제적 지위를 의미한다고 하였으며 계층의 결정요인으로 직업, 주거 형태, 복장, 교통수단, 교육적 배경을 들었다. 즉, 계층에 대한 편견은 직업, 주거 형태, 복장, 교통수단, 교육적 배경 등에 대한 편견을 말한다. 유아는 자신이 속한 사회적 계층에 영향을 받으며 자란다. 따라서 유아들이 어려서부터 다양한 직업의 중요성을 인식하고 사회를 구성하는 서로의 삶에 대한 존중과 이해를 키우도록 도와 계층에 대한 편견을 갖지 않도록 해야 한다.

6) 문화(culture)

세계가 하나의 지구촌이라 불릴 만큼 국가 간 장벽이 없어지고 국제적 교류가 활발해졌다. 개개인들은 여러 가지 방법으로 다양한 문화를 접하게 되고 이를 통해 그 나라 사람들을 이해할 수 있는 기회도 늘어나게 되었다. 문화는 오랜 세월을 통해 그 사회 구성원들에 의해 만들어져 오고 사람들의 삶의 방식, 사고, 가치, 태도를 나타낸다. 따라서 다른 문화에 대한 이해와 존중을 통해 그 문화에 속한 사람들을 이해할 수 있는 태도가 형성되고 삶의 차이를 존중할 수 있다.

Hall과 Rhomberg(1995)도 문화란 같은 집단 내의 다른 구성원들과 공유하는 삶의 방식을 의미하며 사고방식, 신념, 언어, 휴일 및 경축일, 관습을 포함한다고 하였다. Derman-Spark와 The A. B. C. Task Force(1989)는 문화적 유사점과 차이점으로 다양한 문화의 독특한 유사점, 차이점, 삶의 방식으로 특별한 날, 기념일, 습관, 언어 등을 포함한다고 하였다. 문화적 차이를 이해하고 존중하려는 태도와 자기 문화에 대한 소중함을 알고 다른 문화에 대해 개방적이고 수용적인 태도를 갖는 것이 필요하다. 또한 인간은 누구나 문화가 다른 가족, 인종, 집단, 사회에 속해 있으므로 각 나라의 문화 차이뿐 아니라 사회, 가정 간의 문화적 차이에 대한 내용도 포함되어야 한다.

문화의 내용을 다룰 때 자칫 다른 문화에 대한 관광적 교육 접근이 되지 않도록 주의해야 한다. Derman-Spark와 The A. B. C. Task Force(1989)도 관광적 교육과정이 문화 간의 색다른 차이점을 강조하며 자기와는 다른 사람들의 경험과 실생활의 문제가 아니라 축제의 표면적인 측면과 방식을 다룬다고 하였다. 따라서 보다 포괄적이고 깊이 있게 문화를 이해하고자 하는 노력이 필요하다.

7) 가족 구성(family)

가족은 사회구조의 필수적인 기본 단위이며 그 사회의 문화를 전달하는 역할을 한다. 다문화교육을 하는 데 있어서 다양한 가족 구성에 대해 고려하는 일은 각 유아의 개별 특성을 이해하고 존중하기 위해 필요하다. 최근 사회구조가 변화하면서 가족 구성에 있어서도 다문화가정, 이혼가정, 재혼가정, 조부모가정, 편부모가정, 입양가정 등 다양한 가정 형태가 생겨나고 있다. 특히 국제결혼, 이주노동자가정이 증가함에 따라 다른 문화적 배경을 가진 사람들이 모여 한 가정을 이루는 경우도 많아지고 있다. 사회변화에 따른 가정의 변화와 이러한 변화에 따른 주변의 편견과 사회적 어려움은 특히 유아들의 성장에 많은 영향을 미치게 된다. 이러한 가족 형태의 변화는 가족의 수, 구성 형태, 구성원의 역할 변화 등을 포함하며 다양한 가족 형태에 대한 이해와 가족의 다양성을 인정하는 사회분위기가 필요하다. 특히 교사는 아이들 안에 있는 다양성을 좀 더 많이 받아들이기 위해 가족의 구성, 의미, 역할에 대해 선입견을 가지지 않는 것이 좋다. 가족의 다양한 형태를 받아들이는 것은 유아들의 가족을 객관적으로 보도록 돕는다(Melendez & Beck, 2007).

8) 성(gender)

성역할에 대한 고정관념은 서로의 능력이나 성향을 구분지으려는 남자 또는 여자에 대한 고정적인 생각을 말한다. 성에 대한 고정관념은 과거로부터 계속되어 왔으며 최근 성역할에 대한 인식의 변화가 있으나 아직도 사회 전반에 뿌리 깊은 고정관념이 잠재되어 있다. Derman-Spark와 The A. B. C. Task Force(1989)에 따르면 성(gender)은 남성과 여성을 나타내며, 남자 또는 여자, 또는 이에 부여된 성에 의한 구별을 남녀차별(sexism)이라고 하였다. 이런 성에 의한 구별은 남녀의 차별을 가져오며 이와 같은 가정이나 사회분위기에서 자라는 유아는 자연스럽게 성에 대한 고정관념을 가지게 된다. 따라서 유아들에게 성역할을 교육하는 데 있어 남자와 여자가 신체적 차이는 있지만 그것이 서로의 능력의 차이가 아님을 강조하고 성역할에 대한 고정관념을 갖지 않도록 해야 한다. 사회 구성원들이 성역할의 고정관념을 버리고 서로 도우며 함께 일하는 것은 남녀 모두에게 공평한 기회를 제공하게 되고, 이는 남녀 성역할에 대한 차별 없이 능력에 맞게 일할 수 있는 평등한 사회가 될 것이다.

9) 인종(race)

최근 국제 교류가 활발해짐에 따라 다양한 인종의 사람들을 쉽게 만날 수 있게 되었고 특히 국제결혼이나 이주노동자가정이 많아지면서 다양한 인종에 대한 편견이 사회문제가 되고 있다. 특히 단일민족국가임을 자부해 온 우리나라는 인종,

민족에 대한 편견이나 고정관념이 뿌리 깊게 작용하고 있다.

Derman-Spark와 The A. B. C. Task Force(1989)는 인종을 민족의 차이점과 공통점 인식, 피부색과 머리카락 등과 같이 유전적·신체적 특징, 자아정체성과 관련된 것으로 보았다. 하위 범주로는 인종·민족, 긍정적 자아, 자신과 타인의 개성을 인정하기라고 하였다. 이러한 인종은 생물의 형질적 특징이 나타나는 한 집단으로 정의되며 근본적으로 생물학적인 특성이 일치되는 한 인간 집단을 나타낸다. 민족성과는 다르게 인종의 특징은 개인이 쉽게 바꿀 수 없는 것들이다(Bullivant, 1993). 인종에 대한 편견은 어린 시기에도 나타나는데 3~5세 유아를 대상으로 한 인종에 대한 연구결과를 보면 대부분의 유아가 인종의 차이를 인식하고 있으며 흑인에 대해서는 가장 낮은 선호율을 보였다(장영희 외, 1999). 이것은 유아가 인종에 대한 차이를 인지할 뿐만 아니라 이미 그에 대한 편견을 가지고 있다고 볼 수 있다. 이러한 인종에 대한 유아의 인식은 부모와 다른 성인들이 가지고 있는 고정관념이나 편견에서 기인되는 경우가 많다. 따라서 어려서부터 여러 사람의 다양성을 인식하고 그 차이를 이해·존중함으로써 인종에 대한 편견이나 고정관념 등의 차별적인 태도를 갖지 않도록 해야 한다. 피부색, 머리카락, 신체, 얼굴의 특징에 대한 편견을 버리고 나와 다른 외모, 문화, 언어 등을 이해하고 존중할 수 있는 교육이 필요하다.

Melendez와 Beck(2007)는 인종적 차이에 대한 긍정적인 관념을 기르기 위한 방법으로 7가지를 제시하고 있다.

- 항상 모든 유아들이 활동에 참여할 수 있도록 공평한 기회를 제공하라.
- 경험을 포함한 접근을 이용하라.
- 다양성과 공평함이 드러나는 시각적 환경을 구성하라.
- 다양성을 나타내는 재료를 가지고 놀이하는 것을 촉진시켜라.
- 다른 인종 집단의 등장인물이 나오는 이야기를 선택하고 이야기 나눠라.
- 인종, 민족적 특성들을 가지고 사람을 묘사할 때 정확한 용어를 사용하라.
- 인종적 차이에 대한 유아의 말과 행동을 관찰하고 논의하라.

10) 성애(sexuality)

Hall과 Rhomberg(1995)에 의하면 성애는 성적인 지향이나 선호를 의미하는 개념이다. 동성애 부부와 같은 가족 구성이나 동성애 등이 제기된다. 성애에 대한 편견 내용은 유아시기 아이들에게 접근하기 어려운 면이 있으므로 아직까지 많이 다루어지고 있지 않다.

이와 같이 유아들의 능력, 연령, 외모, 신념, 계층, 문화, 가족 구성, 성, 문화 등에 대한 편견의 내용에 대해 살펴보았다. 다문화교육 내용은 그동안 교육 현장에서 다양한 접근방법으로 다루어져 왔으나 보다 구체적이고 체계적으로 교육과정 안에 포함되어 현재의 교육내용과 통합적으로 이루어지는 것이 바람직하다. 또한 다문화교육의 내용은 이해와 존중을 바탕으로 다양성과 차이점에 대한 존중적인 태도와 지식을 형성할 수 있는 내용을 구성하는 것이 필요하다. 이를 통해 타인의 태도와 감정을 이해하며 다함께 살아가는 사회 구성원으로서 태도를 지닐 수 있도록 도울 수 있을 것이다.

3. 다문화교육의 접근방법

유아기에 다문화교육의 중요성이 부각됨에 따라 대부분의 유아교육기관에서 다양한 문화에 대한 정보와 지식, 경험을 제공하고 있다. 그러나 실제 현장에서 다문화교육을 실시할 때는 단지 단편적인 지식을 제공하는 것만으로 궁극적인 목적을 달성할 수 없다. 왜냐하면 유아교육기관에서의 다문화교육은 현재 유아들에게 실시하고 있는 교육과정과 연결시키는 것이 바람직하며, 단기간의 일회성 교육보다는 연간계획을 통한 장기적인 관점에서 운영하여 교육과정과 자연스럽게 연결시키는 것이 좋기 때문이다(자연교육연구소, 2007).

다문화교육에 대한 접근방법은 학자들마다 관점에 따라 각기 그 내용이 다르다. 이론적인 측면에서 다문화교육의 접근방법을 살펴보면 다음과 같다.

Derman-Sparks와 Ramsey(1998)는 유아교육 현장에서 보편적인 다문화적 접근을 문화적 다양성의 억압, 용광로적 접근, 다문화주의의 부가적 접근, 이중 언어론 혹은 이중 문화론적 접근 그리고 다문화적 반편견교육으로 분류하고 있다.

첫째, 문화적 다양성을 억압하는 방식(suppression of cultural diversity)은 미국 내 소수 민족들이 유럽계 미국인 문화로의 동화를 의미한다. 즉, 아동들의 다양한 문화를 인정하기보다는 아동과 부모를 특별 프로그램으로 교육시켜서 지배적인 유럽계 미국인 문화로 동화시켜 문화적 차이로 인한 열등감을 극복하게 하는 것이다. 그러나 이러한 방식은 결과적으로 유럽계 미국인 외의 소수의 다문화에 대한 편견만 가중시키는 결과를 초래하였다.

둘째, 용광로(melting pot)적 접근이다. 마치 용광로에서 모든 불순물이 녹아 한데 어우러지듯이 모든 다양한 소수 문화들은 한데 어우러져서 미국문화를 이루어야 한다는 의미를 가지고 있다. 그러나 이 접근법은 다양한 각각의 문화를 존중하는 것이 아니라 유럽문화로의 순응이라는 맥락으로 해석되었다. 즉, 학교의 수업 자료도 유럽계 미국인의 문화를 반영하였으며, 그 결과 지배문화 외에 다른 문화를 열등하게 여기는 결과를 가져오게 된 것이다.

셋째, 다문화주의의 부가적 접근(add-on multiculturalism)이다. 이것은 모든 사람은 자신의 문화를 존중하는 것과 함께 다른 사람의 문화를 존중하는 것이 필요하다는 것이다. 그러나 이 접근방법도 유럽계 미국문화를 위주로 하여 다른 문화에 대한 이해가 없이 다른 문화를 제시하는 수준에 그치고 말았다. 이러한 접근은 다른 문화를 이해하기보다는 다른 문화와 사람들에 대한 이질적인 측면을 부각시킴으로써, 이해보다는 편견을 심화시키는 결과를 초래하였다(Derman-Sparks, 1992).

넷째, 이중 언어론 혹은 이중 문화론적(bilingualism or biculturalism) 접근은 사람들이 지배적인 문화 속에서 그들의 전통, 문화를 유지할 수 있다는 것이다. 즉, 유아는 자신의 전통, 문화, 언어뿐 아니라 지배문화와 언어까지도 배우고 보존할 수 있는 능력을 가졌다는 것이다. Derman-Sparks와 Ramsey(1998)는 어린 유아는 가정에서 자신의 문화와 언어를 유지하면서 동시에 영어도 학습할 수 있으며, 이를 통해 긍정적 자아존중감과 학문적 능력을 발달시킨다는 연구결과를 제시하였다. 따라서 유아교사는 유아 자신의 문화와 언어뿐 아니라 지배문화까지 학습하게 해서 유아의 잠재적 발달을 도와야 한다고 하였다.

다섯째, 유아를 위한 다문화적 반편견교육(anti-bias and multicultural education)의 목적은 사회정의를 실현하기 위하여 모든 문화집단에 대한 이해와 존중 그리고 수용을 증진하기 위한 것이라고 할 수 있다. 다문화적 반편견교육은 다양한 집단의 동등한 참여의 제공뿐만 아니라, 자신과 타인을 존중함으로써 상호적인 편견을 감소시키는 것이 목적이다. 따라서 교사는 유아들이 자신과 타인을 존중하고, 문화편견을 가진 타인을 도울 수 있는 능력을 가지도록 도와야 한다고 하였다. 이를 위해 Derman-Sparks(1998)는 편견, 고정관념 등을 검토하고 다양한 문화를 포함하여 통합적인 다문화적 반편견교육과정을 설계 · 제시하였다.

또한 Banks(2004)는 접근방법을 다음의 5단계로 제시하고 있다.

첫째, 기여적 접근(the contributions approach)은 현존 교육과정 속에 통합하기가 가장 쉬운 방법으로서 역사적 위인, 공휴일 또는 기념일과 연결하여 접근함으로써 제한적이다.

둘째, 부가적 접근(the ethnic additive approach)은 교육과정의 변화 없이 선택된 문화적 주제가 포함된다. 민족적 요소나 개념, 주제, 실생활적인 관점들을 기존 교육과정에 부가하는 것을 특징으로 한다.

셋째, 변환적 접근(the transformation approach)은 다른 집단과 관련된 주제와 개념들을 통해 변화한다. 유아들이 개념이나 주제, 내용 등을 다양한 관점에서 수용하고, 교육과정에 통합할 수 있도록 구조를 변화시킨다.

넷째, 의사결정과 사회적 행동 접근(the decision-making and social action approach)은 다양성과 관련된 사회적 문제나 경쟁, 개념들을 스스로 요구할 수 있고, 건의할 수 있도록 의사결정자의 역할을 하도록 교육내용을 일상생활에 적용해 보는 것이다.

다섯째, 조화와 융합적 접근(the mixing and blending approaches)은 이러한 네 가지 접근법을 조화와 융합을 통해 교육과정에 통합시키는 접근법으로서 상황에 따라 적합한 접근법으로 교육하는 것이다.

MacNaughton과 Williams(1998)는 다문화교육의 접근방법을 5가지로 제시하고 있다.

첫째, 자유방임적 접근(laissez-faire approaches)은 유아의 사회적 · 문화적 능력, 성 등의 개인차를 고려하지 않고 모든 유아를 똑같이 대해도 비슷한 결과가 나올 것이라고 예상하는 것이다. 이 접근은 최근에는 많이 사용하지 않고 있다.

둘째, 특별한 준비에 의한 접근(special provisions education approach)은 전문가에 의한 교육이 차이가 있다는 확신으로 전문가에 의한 프로그램을 제공하는 방법이다. 개인차를 보이는 유아들에게도 균등한 기회를 주는 데 도움이 되도록 한다.

셋째, 문화 이해적 접근(cultural understanding approaches; tourist approach)은 평등과 다양성에 기초한 접근법으로 여러 나라의 사람들이 각기 다른 방식으로 의식주를 해결하고 있으나 삶의 기본조건은 같다는 것이다.

넷째, 인권적 접근(human rights approaches)은 인간은 모두 소중하므로 존중되어야 한다는 입장에서 개인의 가치에 존경심을 갖도록 접근하는 것이다.

다섯째, 반차별적 접근(anti-discriminatory approaches)은 교육과정을 통하여 유아들의 서로 다른 능력, 문화, 성을 보여주며 차별하지 않는 태도로 다양한 경험을 할 수 있도록 하는 접근이다.

장영희(1997)의 경우 유아들의 수준을 고려하여 적용시킬 수 있는 접근방법으로 크게 과정중심적 접근, 포괄적이고 통합적인 접근, 변화하는 문화에 대한 접근, 문학을 통한 접근방법 등을 들고 있다.

첫째, 과정중심적인 접근은 결과중심을 벗어나 다양성을 이해하고 조화시키는 능력을 가지고 다양한 삶의 가치, 방식, 신념 등을 경험하고 그것을 표현해 볼 수 있는 기회를 가지도록 하는 접근이다.

둘째, 포괄적이며 통합적인 접근은 실제로 다른 나라를 소개할 때 가장 많이 사용하는 방법이지만 관광식 교육과정을 벗어나 다양하고 포괄적인 내용을 다루는 접근이다.

셋째, 변화하는 문화에 대한 접근은 고정화되고 정형화된 문화에 대한 접근방식을 버리고 끊임없이 변화하는 것에 대해 적용하는 접근방법이다.

넷째, 공감과 느낌의 교류를 일으키며 이러한 감정을 통하여 이해를 넓혀갈 수 있는 접근방법이다. 이러한 접근방법은 발달상의 연속적인 순서를 고려한 것이다.

설규주(2004)의 경우, 다문화교육의 접근방법을 문화적 요소를 통한 접근, 역사적 소재를 통한 접근, 초국가적 쟁점을 통한 접근으로 나누어 제시하였다.

첫째, 문화적 요소를 통한 접근은 일종의 문화적인 호기심과 충격을 자극하는 방법으로 외국의 음식, 복장, 축제, 풍습 등을 통해 문화의 다른 점들을 보여주고 호기심을 갖게 하는 것이다.

둘째, 역사적 소재를 통한 접근은 역사는 문화를 반영하는 것이라 보고 국가, 민족, 인종 등의 역사적 경험과 작품을 소재로 학습하도록 하는 것이다.

셋째, 초국가적 쟁점을 통한 접근은 인류가 해결해야 할 초국가적 쟁점들을 중심으로 학습하는 것이다. 그러나 이러한 접근방법은 유아들의 연령과 발달을 고려해 보았을 때 여러 가지 어려움이 따른다.

이상의 연구에서 살펴본 바와 같이 다문화교육의 접근방법은 연속적이며, 단계적이고, 복합적으로 구성되어 있는 것을 알 수 있다.

4. 다문화교육에서 교사의 역할

다문화교육에서 교사의 역할은 매우 중요하다. 교사는 유아들의 모델로서, 특히 교사의 인식, 가치관, 행동 등은 유아들에게 많은 영향을 미치기 때문이다. 유아들을 다문화적인 시민으로 기르기 위해서는 우선 교사 자신이 다문화적인 존재가 되어야 한다. 교사는 먼저 자기 자신을 통해 유아들이 최종적으로 구현해야 할 인간상을 확인할 수 있어야 한다.

다문화교육의 실천과 관련하여 교사의 중요성을 강조하는 것은 지극히 당연한 일이다. 교사는 유아교육 현장에서 구현되는 다문화교육에 대한 실질적이고 최종적인 의사결정자이다. 즉 유아들이 경험하게 되는 교육내용 및 교수 자료가 개별 교사에 의해 확정된다는 것이다. 따라서 교사들이 다문화교육 실천을 위해 어느 정도 준비되어 있는지, 문화 다양성 및 다문화사회와 관련하여 어떤 관점을 가지고 있는지에 따라 현장에서 실행되는 다문화교육의 모습은 확연히 달라질 수 있다. 이와 같은 교사 역할의 중요성은 단지 다문화교육 영역뿐만 아니라 모든 교육 영역에서 적용되는 것이다(구정화 외, 2010).

또한 교사는 다문화교육의 목표를 실현시키는 데 가장 중요한 변수이다. 교사들의 구체적인 교육 행위는 교사의 인식 및 태도의 영향을 받는다. 교사교육 분야에서는 교사들이 교육과정을 실행하는 방식과 교사의 신념, 사고, 가치관, 지식, 경험 등 교사 내적인 변인과의 관계를 폭넓게 연구해 왔다. 이런 점에 비추어 다문화교육의 실현 여부 및 실현 양상 역시 교사가 다문화교육과 관련하여 어떤 신념과 가치관을 가지고 있느냐에 따라 달라질 수 있을 것이다.

더 직접적으로 교사의 인식 및 태도는 유아에 대한 기대를 형성하는 데 작용하여 유아들의 학습에 실질적인 영향을 미칠 수 있다. 따라서 교사는 자기 자신을 다양한 문화의 한 일부로서 생각해야 한다. 교사가 전달하는 교육내용의 가치와 교사 자신의 개인적인 가치를 혼동하는 일이 발생할 수 있기 때문이다. 교사가 전달하는 교수내용이 표준적인 것이라고 해서 교사 자신의 개인적인 특성까지 표준적인 것은 아니다.

다문화가정을 상담을 할 때는 교사 자신도 특정한 문화의 성향을 지니고 있음을 인정하고 자신과 다른 문화를 가진 아동을 이해하고 받아들일 수 있도록 하여야 한다. 또한 다문화교육을 통한 전문적 지식과 신념을 갖고 교사 자신이 아동들을 위한 긍정적인 모델이 될 수 있어야 한다. 나아가 유아에 대한 충분한 자료를 토대로 교육환경을 조성하여 계획을 수립해야 한다. 그리고 아동들의 개별성을 존중하며 다양성을 수용할 수 있는 교육과정과 상담을 제공하기 위해 꾸준히 노력하여야 한다.

다문화가정의 자녀들은 문화와 생활습관의 격차로 인해 많은 문제에 직면하게 되며, 특히 학교교육에서 겪는 어려움은 적지 않다는 호소이다. 이는 언어능력의 부족뿐만 아니라 다른 문화적 배경에서 비롯되는 정체성 상실 등의 문화 충격으로까지 이어지기 때문이다.

성공적인 교육을 위해서 특히 다문화교육에서 교사의 역할은 중요하다(김영옥, 2002; 김희태, 권영덕, 2007; 유혜령, 1999; 자연연구소, 2007; Melandez & Beck, 2007; Nieto, 1992). 다문화교육을 실시할 때 교사가 먼저 다른 문화를 가진 유아 개개인을 이해하는 것이 중요하다. 또한 유아 스스로가 자신과 타인에 대해 어떠한 인식을 하고 있는지 파악하고, 또래집단 속에서 서로 다른 문화가치를 인식할 수 있도록 교육의 내용과 방법을 모색할 필요가 있다.

유아들은 장시간 유치원이나 어린이집에 머물게 되므로 교사들은 자연스럽게 유아들의 역할 모델이 된다. 이러한 교사가 편견이나 고정관념을 갖고 있다면 유아의 정체성, 태도, 사고 형성에 많은 영향력을 미칠 수 있다. 따라서 교사는 반성적 성찰을 통해 스스로를 끊임없이 돌아보고 올바른 태도와 신념을 가질 수 있도록 노력해야 한다.

현재의 유아들은 미래 다문화사회의 주역으로 성장하고 사회 구성원으로 역할을 하게 되므로 미래 사회에 유능한 인재가 되기 위해서는 모든 유아가 필수적으로 다문화적인 역량을 갖추어야 한다. 즉, 유아 스스로가 자신과 타인에 대해 어떻게 인식하고 있는가를 파악하고, 또래집단 속에서 서로 다른 문화가치를 인식할 수 있도록 교육의 내용과 방법을 모색할 필요가 있는 것이다. 이에 교사는 교실 내 모든 유아들의 다양성을 자연스럽게 받아들이고, 유아들을 대하는 태도에 모범을 보여야 할 것이며, 유아들이 서로 이해하여 존중하는 태도를 갖도록 교사가 도와주어야 한다.

특히 교사는 유아의 발달과 교육과정에 대한 충분한 이해를 기초로 자신의 교육철학과 유아 및 부모의 요구에 적합한 교육과정을 계획하고 실행할 수 있어야 한다. 또한 유아들이 다양한 문화를 긍정적으로 받아들이고 세계시민으로서의 자질을 갖추는 데 도움이 되는 활동을 유아들에게 제공해야 한다. 그리고 자신의 교수 행동과 유아들에 대한 평가를 주기적으로 해야 한다. 덧붙여 다문화교사로서의 역량을 강화하기 위해 교사는 유아를 위한 활동을 제공해야 할 뿐만 아니라 부모 및 동료들과 협력적 관계를 유지하도록 지속적으로 노력해야 할 것이다.

이상에서 살펴본 교육 현장에서 다문화교사의 역할을 정리하면 다음과 같다.

첫째, 교사는 먼저 다문화교육에 대한 전반적인 이해가 필요하다. 교사의 다문화교육에 대한 이해가 충분히 이뤄졌을 때 유아들에게도 적합한 다문화 교육을 실시할 수 있기 때문이다. 이를 위해 우선적으로 유아들 간의 문화 차이를 이해하고, 다양성, 편견, 신념에 대한 교사 자신의 생각을 확고히 해야 한다. 나아가 유아들을 교육할 때 독특성과 관련된 문화의 다양성을 이해하고 유아들이 갖고 있는 문화적인 차이를 인정하고 존중하도록 해야 한다. 유아는 교사를 통해 문화적인 차이를 이해하고 받아들일 수 있기 때문이다.

둘째, 통합교육 적용자로서의 역할이다. 교사는 유아의 연령과 발달에 적합한 다문화적 태도, 기술, 지식을 가지고 모든 교육과정 안에 통합적으로 적용시켜야 한다. 또한 유아교육기관에서 실시하고 있는 생활주제와 다문화적 내용을 일과운영 속에서 자연스럽게 통합시켜 교육과정과 활동 전반에 문화 이해, 반편견, 평등성, 정체성 형성, 민족과 인종의 다양성, 협력 등을 교육내용으로 통합하여 구성해야 한다.

셋째, 다양한 경험 제공자로서의 역할이다. 교사는 유아들이 세계를 바라보는 시야를 넓히고 다른 세계에 대한 긍정적인 태도를 형성할 수 있도록 다양한 경험을 제공하고 지도해야 한다. 이를 위해 여러 가지 인적 · 물적 자원을 활용하여 유아들이 반편견적인 태도를 갖도록 해야 한다.

넷째, 다양한 환경 제공자로서의 역할이다. 교사는 여러 나라의 문화를 반영한 다양한 환경을 제공해야 한다. 따라서 교실의 환경 구성은 여러 나라의 문화에 대한 지식과 이해를 높일 수 있는 실물이나 사진, 그림, 생활소품, 예술품 등 구체적인 자료를 제시하여 다양한 다문화에 대한 지식과 이해를 높일 수 있도록 해야 한다.

다섯째, 적극적인 상호작용자로서의 역할이다. 교사들은 유아들과 언어적 · 사회적 상호작용을 통하여 사회적 지식, 기술, 태도가 형성될 수 있도록 지도해야 한다. 즉, 유아들과의 적극적인 상호작용을 통해 유아들의 전인발달에 도움을 주어야 한다.

다문화교육을 위해서는 무엇보다 교사 스스로 다문화교육의 중요성을 인식하는 것이 중요하다. 나아가 교사 스스로 편견과 고정관념을 갖지 않도록 성찰하며, 다양한 문화를 존중하며 이해하려는 태도가 필요하다. 또한 교사나 성인들은 어린 유아들의 행동이나 태도에 많은 영향력을 미치므로 항상 다양한 문화를 이해하고 존중하는 태도를 가지고 다문화적인 편견에 대해 상황에 맞게 적절히 반응하고 개입하는 것이 필요하다. 뿐만 아니라 효과적인 다문화교육 활동 운영을 위한 끊임없는 연구와 노력이 요구된다.

5. 다문화교육을 위한 환경 구성

유아는 환경과의 상호관계 속에서 전체적으로 기능하는 역동적이고 능동적인 존재이다. 이러한 유아의 학습활동을 최대한으로 지지하는 환경 구성은 매우 중요한 과제이다. 교실은 유아와 교사가 함께 만나는 공간으로 교실 환경은 다양한 의미를 부여하며 특히 다문화교육을 하는 데 있어서 교실 환경이 주는 영향은 크다고 할 수 있다. 교실에서 제공되는 다양한 환경적 요인은 유아에게 많은 영향을 미치게 되므로 환경 구성안에 편견적인 요소를 없애고 다양성을 고려한 환경 구성이 필요하다. 나아가 유아들이 다른 나라에 대한 호기심과 관심을 가지고 탐색하고자 하는 동기를 유발할 수 있도록 환경 구성을 다양하게 해야 한다. 즉 유아들이 생활 속에서 쉽게 접하는 교재, 교구, 환경, 도서 등 다양한 환경적 자원을 통하여 여러 나라의 문화를 자연스럽게 접하게 해야 한다. 풍부하고 다양한 환경 구성을 제공해 줄 때 적절한 상호작용을 통하여 인적 · 물적 환경을 균형 있게 제공해 줌으로써 효과적인 다문화교육을 기대할 수 있을 것이다.

교실의 환경판에는 유아들의 작품과 조사활동을 통한 사진이나 그림 자료를 쉽게 관찰하고 관심을 가질 수 있도록 제시하는 것이 중요하다. 관찰은 유아들에게 있어 매우 소중하고 의미 있는 경험활동이다. 유아들은 관찰을 통해 자연의 이치를 알게 되며 그것을 인식해 나아가므로 이를 통해 새로운 문화에 대해 관심을 갖고, 의미 있게 기억할 수 있는 계기를 만들어 주어야 한다.

다문화교육에서의 바람직한 환경 구성은 우선 교육과정 안에 통합되는 것이어야 하므로, 다른 나라의 특별한 날이나 물건을 장식, 전시하는 것보다 유아들의 일상생활을 반영하는 것이 더 중요하다. 자칫 다문화교육을 적용할 때 지나치게 추상적 교육이 되거나 다른 나라에 대한 단편적인 지식을 전달하는 관광식 교육이 될 수 있기 때문이다(Derman-Sparks, 1992).

환경을 구성할 때도 각국의 특별한 행사를 소개하는 방식으로 활동을 이끌어

간다면 유아는 이국적 차이를 단순히 즐길 뿐이며 그 안에 포함되어 있는 다양한 삶의 가치, 방식, 신념 등은 경험하기 어렵다. 그러므로 단순히 여러 나라의 문화를 소개하거나 전시하는 것에 그치지 않고 교육기관과 유아 주변의 다문화가정과 연계하여 타문화부터 접하도록 하는 것이 우선되어야 한다. 따라서 다문화가정을 이룬 부모 나라의 문화를 우선적으로 이해할 수 있도록 가정과 연결시키고 이를 학습에서 반영할 수 있는 환경을 구성하는 것이 중요하다 할 수 있다(교육인적자원부, 2007). 즉, 유아들의 가정과 유아들이 살고 있는 지역의 사회, 문화적 맥락을 고려하여 구체적이고 다양한 환경이 제공되어야 한다(최미숙 외, 2008).

교사는 다문화 환경 구성을 계획하고 구성할 때, 다문화교육에서 무엇이 우선되어야 하는지 목표를 정확하게 인식하는 것이 필요하다. 다문화교육을 위한 환경 구성을 할 때 고려할 사항은 다음과 같다.

첫째, 유아의 발달수준을 고려하여 환경을 구성한다. 유아의 욕구와 흥미를 충족시킬 수 있도록 연령과 발달에 적합한 다양한 교재 · 교구를 비치하여 유아들이 쉽게 문화를 경험하고 탐색할 수 있도록 구성한다.

둘째, 활동 영역들이 통합될 수 있도록 환경을 구성한다. 활동이 특정한 한 영역에서만 이루어지거나 특정한 주제(세계 여러 나라 등)에 국한되어 전개되지 않고 각 영역 안에 통합되어 지속적으로 진행될 수 있도록 영역을 구성한다. 역할, 쌓기, 언어, 수 · 조작, 과학, 음률, 미술, 신체, 요리, 전통놀이 영역 등 거의 모든 영역에 자연스럽게 다문화교육을 위한 환경을 마련해 준다.

셋째, 주변 세계를 자유롭게 탐색하여 다양한 경험을 할 수 있도록 각 영역마다 충분한 자료를 마련한다. 유아의 흥미와 욕구를 불러일으킬 수 있도록 각 흥미 영역에 다양한 문화 요소가 포함될 수 있도록 구성한다. 즉, 여러 나라의 문화에 대한 이해를 높일 수 있는 실물이나 사진, 그림, 정보 자료, 생활소품, 예술품 등 다양한 교재 · 교구를 준비해 둔다.

넷째, 교육 자료 선정 시 다양한 삶의 모습을 제시하며 반편적인 교재 · 교구를 제공해 주도록 한다. 각 흥미 영역에 다양성을 고려한 충분한 자료를 제공해 주되 편견의 요소를 가지고 있는 자료는 없는지 살펴보아야 한다. 교육 자료로서 반편견과 양성평등적 다문화 자료를 준비하고, 자료 구비 시 아동의 특성과 가족 그리고 지역사회를 고려하여, 다양한 그림이나 포스터, 다른 시각적 자료를 사용하며 실제 생활과 관련된 자료를 제공해 주어야 한다.

다섯째, 유아가 또래 및 환경과 적극적으로 상호작용을 경험할 수 있도록 환경을 구성한다. 사회화 기회를 제공할 수 있는 영역별 활동이 자유롭게 이루어질 수 있으며, 각 영역의 대 · 소집단 활동이 활성화될 수 있도록 영역별로 구분하여 구성한다.

마지막으로 유아들의 독립심과 자발성을 촉진시킬 수 있도록 환경을 구성해야 한다. 무엇보다 교재 · 교구는 유아들이 손쉽게 사용할 수 있는 적합한 크기여야 하며, 성인의 도움 없이 선택하고 꺼낼 수 있도록 낮은 선반에 비치한다. 또한 정리정돈을 쉽게 할 수 있도록 다양한 소품을 둔 용기나 선반, 정리장에 국가명을 포함한 그림 라벨을 붙여주어 그 나라의 문화를 이해할 수 있도록 제시하면 더욱 효과적이다.

C H A P T E R 04

놀이의 이해

1. 놀이의 가치

최근 유아들의 놀이를 방해하는 요소가 많아짐에 따라 놀이의 기능이 약해지고 놀이의 가치에 대한 인식이 낮아지고 있다. 요즘 유아들은 놀이보다 학습에 많은 시간을 보내고 있다. 집단으로 놀이하기보다 혼자놀이가 늘어가며 실외놀이보다 실내놀이를 많이 한다. 심지어 놀이터에서 노는 유아들의 모습을 찾아보기 힘들다.

하지만 유아들에게 있어서 놀이는 매우 중요한 부분이며, 유아들의 일상은 놀이와 불가분의 관계에 있다. 유아들의 하루는 놀이로 시작된다고 해도 과언이 아니다. 유아기에 놀이는 생활의 전부라고 할 수 있으며, 유아는 놀이를 통해서 학습하고 전인적인 성장 · 발달을 이룰 수 있으므로 이 장에서는 놀이의 가치를 살펴보고자 한다.

1) 놀이의 개념 및 중요성

놀이의 사전적 정의는 특별한 목적의식이 없을지라도 그것 자체로서 유아가 흥미를 스스로 느끼게 되는 활동의 총칭으로, 어떤 궁극적 목적을 추구하는 것이 아닌 활동 자체에 만족하는 행위 등으로 제시되고 있다(한국교육학회, 1996). 또한 놀이란 여러 사람이 모여서 즐겁게 노는 일 또는 그런 활동을 의미한다(대국어사전, 2015).

이처럼 놀이에는 즐거움, 재미 등이 포함된다. 그러나 교육 현장에서 놀이는 재미와 즐거움 그 이상의 의미를 갖는다. 유아의 놀이에는 보다 심층적인 의미가 포함되어 있다. 유아들에 있어서 놀이는 단순한 즐거움을 넘어 놀이의 교육적 가치와 의미를 찾을 수 있다. 그러나 이러한 놀이를 단순하게 명료화시키는 것은 매우 어려운 과정이다.

유아들의 생활 자체가 놀이이고, 그 개념이 넓고 모호하기 때문에 학자들의 관점에 따라 다양한 견해를 보인다. 몇몇 학자들의 놀이에 대한 개념을 살펴보면 다음과 같다.

Fröbel(1887)은 놀이를 유아에게 가장 고귀하고 순수한 활동이며, 동시에 모든 인간이나 대상들 속에 잠재하고 있는 자연성의 발로이기도 하다. 그러므로 놀이는 세상에 즐거움, 자유, 만족, 휴식, 평화를 준다. 또한 Fröbel은 인간은 항상 창조하고 생산할 수 있는 능력을 지니고 있는데 이러한 창의력을 키워주기 위해서는 이상적인 놀잇감이 제공되어야 한다고 하였다. 이렇게 해서 만들어진 놀잇감이 프뢰벨 은물(gabe)이다.

Piaget(1962)는 동화(assimilation)와 조절(accommoddation)로 놀이를 설명한다. 동화란 새로 얻은 지식을 이미 있던 지식이나 개념에 맞추어 지식이나 개념이 확대되는 것으로 생물체가 주어진 사태를 자기 나름대로 양적으로 처리해 가는 것이다. 조절이란 새로운 지식이 기존 지식이나 개념을 변화시키고 수정해 나가는 것으로 생물체가 주어진 사태에 적응하기 위해 스스로를 질적으로 변화시켜 나가는 것이다. 또한, 놀이는 모방과는 달리 동화가 조절을 능가하여 외부의 환경에 구애

됨이 없이 기존의 쉐마(schema)를 자유로이 활용하는 활동이라고 정의한다. 놀이는 모방과 함께 지적인 적응 활동의 특수한 표현으로서 인지발달에 기여하므로 유아기의 주요 과업이라고 본다.

Hurlock(1978)은 놀이를 외부의 억압이나 강제에 의해서가 아니라 자발적으로 즐거움만을 추구하는 활동으로 보고, 스스로 놀이에 참여하는 즐거움을 얻는 적극적인 놀이와 방관자적인 입장에서 다른 유아의 놀이를 보거나 정적인 활동에 만족하는 소극적인 놀이로 제시했다.

Garvey(1977)는 놀이를 정의하면서 놀이란 기쁘고 즐거운 것으로 외재적 목적을 가지지 않고, 무의식적이고 자발적으로 놀이자가 능동적 참여를 하여, 놀이가 아닌 것과 어떤 체계적인 관계를 갖는다고 하였다.

이와 같이 놀이의 개념은 여러 관점에서 개념화되었으며 놀이가 다른 행동과 구분되는 특성을 다음의 일곱 가지로 제시하였다(이숙재, 2002).

첫째, 놀이는 재미있고 즐거운 것이다.

둘째, 놀이는 자발적이다.

셋째, 놀이는 융통적이다.

넷째, 놀이는 상상적이다.

다섯째, 놀이는 결과보다는 과정 중심적이다.

여섯째, 놀이는 능동적이다.

일곱째, 놀이는 외부 규칙에 구애받지 않는다.

따라서, 놀이는 놀이 자체로서도 즐거운 경험이 되어 유아의 전인적 발달에 중요하다. 특히 유아들의 놀이는 자유로운 선택으로 주변세계를 이해하고 재창조하게 된다. 유아의 놀이는 무엇보다 경험에 그 기초를 두고 있으며 무엇인가를 만들고 안정감을 느끼기 위한 중요한 수단으로 유아는 그 세계에 적응하고 변화시켜 나갈 수 있다. 유아가 놀이를 통해 만족감을 얻게 되므로, 놀이 그 자체가 목적이며 생활이다.

한편 놀이를 일(work)과 탐색(exploration)으로 비교하여 설명하기도 한다. 놀이는 재미있고 과정중심적이며 능동적이고, 자발적으로 이루어지는 활동으로 스스로 시작하며 진지하다고 한다. 그와 반대로 일은 수동적이고 강요적이며, 단조롭고 고되며 외부로부터 부가된 목표를 달성하기 위해 이루어지는 특성이 있다는 것이다. 그러나 서로 상반된 특성을 지닌 놀이와 일은 이분화되는 것이 아니라 연속선상에 있다는 것을 강조한다.

그래서 놀이와 일을 명확하게 구분하기란 어려우며 어떤 활동을 놀이 또는 일이라고 하기보다는 놀이에 가까운 활동 또는 일에 가까운 활동으로 설명할 수 있다(이숙재, 2006).

| 표 4-1 | 놀이와 일의 비교

구 분	놀 이	일
활동의 특성	• 자유롭게 놀잇감 탐색 • 조작적이거나 다른 놀잇감을 포함 • 과정 중심적 • 끝내기를 요구하지 않음	• 교사가 지시하고 계획한 활동 • 연필과 종이를 필요로 하는 활동 • 결과 중심적 • 끝내기를 요구함
유아의 참여	• 유아의 의도가 중요 • 신체적 활동이 많음 • 유아에게 정신적인 주의집중이나 인지적 활동을 요구하지 않음 • 또래와 자유롭게 상호작용함 • 언제나 즐거움	• 유아에게 정신적인 주의집중과 인지적인 활동을 요구함 • 언제나 비활동적임 • 때때로 또래와 상호작용함 • 때때로 즐거움
교사의 참여	• 교사의 기대가 거의 없음 • 교사가 거의 평가하지 않음	• 교사의 기대와 의도가 많음 • 교사가 결과를 평가함

출처: 박정옥 외(2011)

놀이는 자유롭게 즐기기 때문에 인간의 본성을 기쁘게 해주며, 자발적으로 이루어지고, 또래들과 함께 하기 때문에 즐거움을 더해준다고 본다.

한편 감각교육의 기초가 되는 것이 바로 놀이이므로 놀이는 매우 중요하며 놀이를 유아 생활에 필연적인 것으로 인정하고, 건전한 놀이를 장려하고, 모방놀이와 구성놀이를 중요시했다. 특히 놀이는 유아가 지닌 가능성과 잠재력을 발전시키는 유일한 수단이라고 보았으며, 바로 이것을 교육에 처음 적용시킨 사람이 바로 Fröbel이었다(김옥련, 1983).

Huizinga(1983)는 놀이의 본질과 의미를 문화현상으로 파악한다. 그는 문화란 놀이 속에서 놀이의 형태로 발생하고 전개된다고 보고, 놀이가 모든 문화에 선행한다고 한다. 놀이의 개념을 문화의 개념과 동질화하고, 놀이를 생물학적 기능이 아닌 문화적 현상으로 본다. 즉 놀이를 생활 속의 문화인자로 본다. 이처럼 문화사적 입장에서 Huizinga는 놀이의 특징으로 놀이는 자유로운 행동으로 이해관계를 떠나 반복 가능성을 지니고 있고 또한 놀이는 시 · 공간적 제한이 있으며, 놀이 자체가 질서이며, 놀이규칙은 절대적 구속력을 지니고 규칙이 위반될 때 놀이의 세계는 무너진다고 제시하고 있다(권영빈 역, 1991).

이와 같이 놀이에 관한 여러 견해를 살펴보았다. 한마디로 놀이의 개념을 명확히 규정짓기는 어려우며 보는 관점과 접근방법에 다양한 견해가 나올 수 있다. 종합해 보면 놀이의 보편적 특성은 자유성, 자발성, 과정중심, 규칙의 수용, 이해관계의 초월, 시간과 공간의 제한성 등으로 요약된다.

Seefeldt(1974)는 놀이의 가치를 인지적, 언어적, 탐구적, 상상력, 창의적 발달로 다섯 가지 측면에서 제시한다. 한편 Frank, Theresa와 Caplan은 놀이의 가치로 놀이는 성장을 돕고 활동의 자유를 주고, 상상의 세계를 제공하여 탐구적 요소를 지닌다고 한다. 그리고 언어학습의 기초를 제공하여 또래관계 형성에도 영향을 미치고, 신체발달도 촉진시키며, 호기심과 주의력으로 물질의 세계를 탐구하도록 한다. 또한 성인의 역할을 경험함으로써 역동적인 판단력과 지식의 구성을 가능하게 하여 생활을 윤택하게 한다는 등으로 제시하고 있다.

따라서 놀이는 유아의 성장과 발달을 이끄는 중요한 수단이며, 유아의 전인적 성장 · 발달에 중요한 매개체가 된다. 놀이를 통해 유아는 새롭게 직면하는 문제를 계획하는 기술과 태도가 형성되며, 창의성과 집중력이 향상되는 등 신체, 정서, 사회성, 인지, 언어, 창의성 발달을 이룬다.

이와 같이 놀이의 교육적 가치를 충분히 인식하고 놀이에 대한 개념 정립을 통해 놀이의 가치를 유아들에게 적용하는 것이 필요하다. 따라서 유아의 발달에 미치는 놀이의 교육적 가치는 다음과 같다(김나영 외, 2008).

첫째, 놀이는 유아의 정신건강에 도움이 된다.

자기 중심적 사고를 하고, 일상생활에서 여러 가지 갈등이나 좌절, 욕구불만, 불안, 공포를 경험하게 된다. 이러한 긴장은 놀이를 통하여 해소된다. 그리고 놀이를 하는 가운데 더 나은 적응행동을 학습하게 된다.

둘째, 놀이는 정서발달을 촉진한다.

유아는 또래관계를 통해서 자신의 정서를 통제하고 인내심을 키우며, 다양한 정서표현 방법을 배운다. 놀이는 관계를 맺는 매개체가 되므로 유아의 정서발달은 놀이에 의해 촉진되는 것이다.

셋째, 놀이는 지적 발달을 촉진한다.

유아는 상상력이나 공상력의 도움을 받아 여러 가지 사물을 놀이 도구로 사용하며 많은 경험을 하게 된다. 이러한 경험을 통해 사물들의 속성이나 사물과 사물 간의 관계성을 이해하게 된다. 따라서 놀이는 또래와 사회적 상호작용의 필요성을 절실하게 느끼게 하여 언어발달을 자극하며, 이것이 또 지적 발달을 촉진시킨다.

넷째, 놀이는 사회성 발달을 도와준다.

유아는 놀이를 매개로 하여 접촉할 수 있는 또래관계를 통해서 사회적 상호작용의 기술이나 원만한 인간관계를 맺는 방법, 집단에 참여하는 기술 등을 학습한다. 협동, 규칙 준수하기, 평등, 자기 주장의 중요성 등 여러 가지 사회적 규칙도 배운다.

다섯째, 놀이는 성격 형성에 영향을 미친다.

유아기는 자발성이 생기고, 자립되는 시기이므로 자아통제력, 협조성 등과 같은 특성이 놀이를 통해서 키워지는 부분이 상당히 많다.

여섯째, 놀이는 신체 · 운동발달을 촉진시킨다.

신체의 성장이나 건강을 증진시키기 위해서 필요한 운동은 놀이라는 활동을 통해서 이루어진다. 유아는 놀이 활동을 하면서 근육과 신체기능을 향상시킨다. 또 신체의 기능이 향상되면 운동기능이 발달하게 되고, 그 운동기능은 자발적으로 놀이의 형태로 사용되어 더욱더 운동기능은 발달하게 된다.

이상에서 기술한 바와 같이 놀이는 유아가 조화로운 인간으로 성장할 수 있도록 도와주기 때문에 놀이가 중요하다. 따라서 놀이를 이해하고, 깊이 통찰하는 것은 유아의 바람직한 발달을 위해서 필요하다.

2. 놀이의 특징

유아는 놀이를 통해 세계를 모방하고, 탐구 · 분석한다. 또한 놀이는 성취동기와 경쟁을 경험하게 하며 세계를 보다 깊이 이해하기 위하여 경험을 종합하게 한다(Sutton-Smith, 1986). 이와 같이 유아의 경험을 종합시키는 놀이의 특성을 정리해 보면 다음과 같다.

1) 비실제성(non-reality)

유아의 놀이 속에서 형성된 '내재적 실제'가 일상생활 속에서 형성된 '외현적 실제'보다 우선이다.

Smith와 Vollstedt(1985)은 놀이의 '비실제성'이 놀이를 증명하는 중요한 기준이 된다고 제시한다. '비실제적' 특성을 지닌 놀이는 상상적이며, '마치 ~처럼' 행동하는 가작화 요소를 포함한다. 이러한 특성은 일상적인 사물의 모든 의미는 놀이 속에서 새로운 의미로 대체되어 현실 세계에서의 '보자기'가 놀이 세계 속에서는 '마법의 양탄자'가 될 수 있으며, 현실 세계에서의 '나'는 비실제적인 놀이 세계 속에서 '슈퍼맨'이 될 수 있다는 것이다.

2) 내적 동기(intrinsic motivation)

놀이를 위한 동기는 개인의 내부, 즉 개개 유아의 내적 동기유발에서 시작된다. 다시 말하면, 유아는 놀이하고 싶을 때 외부의 규칙이나 구속에 얽매이지 않고 능동적으로 선택하고 참여한다. Green과 Lepper(1974)에 의하면, 만약 놀이의 결과에 대한 어떤 보상이 주어질 때, 유아는 그 활동에서 느끼는 즐거움이나 몰입의 정도가 감소된다고 하며, 결국 외적 자극이나 보상보다는 유아의 내적 동기가 놀이의 중요한 특성이 된다고 설명한다.

3) 과정지향성(process orientation)

유아는 놀이를 하면서 놀이의 결과보다는 활동 그 자체에 초점을 두고 놀이한다. 유아는 놀이의 목표에 대한 부담이 없으므로 활동이 다양하고 융통성이 있으며, 놀이하는 그 자체가 즐겁고 기쁘다. 즉, 유아의 놀이는 어떤 외적 목적을 지니지 않으며 실제 목적보다는 놀이의 과정이 중시되며, 과정지향적인 특성을 지닌다.

4) 자유로운 선택(free choice)

유아의 활동에서 자유로운 선택의 개념은 중요한 요소이다. King(1979)에 의하면, 유아는 블록 쌓기와 같은 활동을 자신이 자유롭게 선택하면 놀이라고 생각하는 반면, 교사의 지시에 의해 활동을 하게 되면 일이라고 생각한다. Garvey(1977) 역시 놀이는 무의식적이고 자발적인 특성의 것으로 규정하면서, 놀이는 유아에 의하여 자유롭게 선택되며 유아가 적극적으로 참여하는 것을 중요한 특성으로 보았다.

5) 긍정적 정서(positive affect)

놀이는 재미있는 즐거운 활동이다. 유아는 놀이를 하면서 굉장히 즐거워하고 기뻐한다. 때로는 놀이 진행과정 속에서 즐거움과 기쁨이 드러나지 않더라도 유아는 놀이를 통하여 즐거움과 기쁨을 경험한다. 만약 놀이가 즐겁지 않다면 유아는 바로 놀이하는 것을 멈추게 될 것이다. 유아가 신나게 웃으면서 놀이에 몰입하는 것을 보면 즐거움과 기쁨이 놀이의 중요한 특성이 됨을 알 수 있다.

3. 놀이의 발달단계

유아의 놀이는 발달과정에 따라 놀이의 내용과 놀이의 형태가 다양하게 나타난다. 놀이의 유형기준을 인지 및 사회성 발달의 요인으로 보고 놀이의 발달을 사회적 놀이와 인지적 놀이로 나누어 유아 연령의 변화에 따라 살펴보고자 한다.

1) 사회적 놀이

Parten(1932)이 제시한 놀이의 여섯 가지 유형을 중심으로 유아의 사회적 놀이의 형태를 살펴보고자 한다. 유아는 발달단계에 따라 놀이 활동의 사회적 상호작용이 달라진다.

(1) 비참여 행동

몰입되지 않는 놀이로서 놀이라고 볼 수 없고, 다만 순간적인 흥미에 따라 몰두해서 바라볼 뿐이다. 흥미 있는 것이 없을 때는 자신의 몸을 만지작거리거나 의자에 앉았다 일어섰다 하는 행동, 여기저기 서 있거나 교사를 따라다니거나, 장난감을 가지고 놀지 않고 만지작거리기만 한다. 주로 0~1.5세에 나타나는 형태이다.

(2) 방관자적 행동

다른 유아의 놀이를 지켜보면서 시간을 보낸다. 가끔 놀고 있는 친구에게 말을 걸거나 질문을 하거나 제안을 하기도 한다. 그러나 놀이에 직접 참여하지는 않는다. 특정한 집단의 유아들이 노는 것을 바라보기만 할 뿐 다른 유아들과 대화를 할 수 있는 거리 이내에 있어도 상호작용 없이 가만히 앉아 있거나 서 있다. 주로 1.5~2세에 나타나는 형태이다.

(3) 혼자놀이

주변에 있는 유아들과 이야기를 나눌 수 있는 위치에서 친구가 사용하는 놀잇감과 다른 놀잇감을 가지고 혼자 독자적으로 놀이하는 형태이다. 곁에 있는 친구와 가까워지려는 노력을 전혀 하지 않는다. 옆에서 다른 놀잇감으로 놀고 있는 유아에게 관심이 없으며 친구가 무엇을 하든지 상관없이 놀이에 열중한다. 주로 2~2.5세에 나타나는 형태이다.

(4) 병행놀이

같은 공간에서 유아가 주변의 다른 친구들과 동일한 놀이를 하지만 서로 접촉하거나 간섭하지 않고 혼자서 놀이하는 형태이다. 성인의 눈에는 서로 함께 노는 것으로 보이지만 실제로는 상대편 유아와 상호작용하지 않고, 다만 친구 옆에서 혼자 노는 것이다. 주로 2.5~3.5세에 나타나는 형태이다.

(5) 연합놀이

다른 유아들과 함께 어울려 노는 집단놀이의 일종으로 자기가 원하는 대로 놀이를 하면서 친구들과 놀이내용에 대해 이야기를 주고받거나 놀잇감을 빌려주기도 하지만, 역할을 분담하거나 놀이내용이 조직적으로 전개되지 못한다. 이런 형태는 주로 3.5~4.5세에 나타난다.

(6) 협동놀이

한두 명의 유아가 놀이 리더를 하여 역할을 서로 분담하며 공동의 목표를 달성하기 위해 진행하는 조직적이고 체계적인 놀이를 말한다. 놀이의 목표는 공동의 구조물 만들기, 극화놀이, 게임 등 조직된 집단에서 이루어진다. 이런 형태는 주로 4세 이후에 나타난다.

2) 인지적 놀이

유아기의 다양한 놀이 경험은 인지발달을 돕는다. 놀이 경험은 사물에 대한 지식과 개념을 발달시키고 놀이 활동을 통해 알고 있는 사실, 개념, 경험 등을 표현하면서 인지능력과 기술을 사용하고 발달시켜 나간다(심성경, 2013).

Piaget의 인지이론에 의하면, 놀이는 유아의 인지발달 정도를 나타내며 인지적 발달단계를 기준으로 놀이 형태를 볼 때 유아의 인지가 감각운동기, 전조작기, 구체적 조작기 및 형식적 조작기로 질적인 변화를 하면서 유아의 놀이 형태도 감각적이고 기능적인 연습의 수준에서 전조작기 특유의 상징적인 놀이시기를 거쳐 점차 규칙이 포함되는 높은 수준의 놀이로 변화하게 된다는 것이다(이은해 외 공편역, 1993).

유아의 인지적 놀이의 분류를 세분화하여 Frost와 Klein(1979)은 놀이 유형을 기능놀이, 구성놀이, 상징놀이, 사회극놀이, 규칙 있는 게임의 형태로 분류하였다.

(1) 기능놀이(functional play)

유아의 최초 놀이로서 감각운동기에 주로 나타나며, 영아가 반복적으로 되풀이하는 단순한 놀이행동으로 기능적인 즐거움을 준다. 인지능력을 요구하지 않고 특정한 놀이 기술이나 상징이 포함되지 않는다. 영아가 우연히 알게 된 행동을 신체 움직임으로 반복적으로 하며 재미있어 하는 놀이이다. 예를 들어, 물건을 반복적으로 떨어뜨리고 줍는 행동, 뛰기, 공굴리기, 모으고 부수기, 놀잇감을 움직이거나 소리 나게 하는 행동이다.

(2) 구성놀이(constructive play)

유아가 다양한 놀잇감을 활용하여 만들며 노는 놀이로 기능적 활동으로부터 창조적인 활동으로의 전환이라고 했다(Smilansky, 1968). 2세가 된 유아는 다양한 놀잇감을 이용하여 무엇인가를 만들어 보는 놀이를 시작한다. 크고 작은 블록을 이용하여 여러 가지 사물을 만들어 보며, 변형되는 자료 등을 이용하여 주변 사물과 유사하게 만들어 보고 새로운 사물을 만들어 보는 놀이를 구성놀이라고 한다(나하나 외, 1998).

(3) 상징놀이(symbolic play)

상상력을 이용하여 표상화하는 놀이로 가상놀이, 가장놀이, 환상놀이, 상상놀이, 역할놀이 등의 용어로 불리는데, 공통점은 가작화 요소가 내포되어 있다는 것이다. 유아들은 놀잇감이 구조화되고 사실적일 때 상상놀이를 더 많이 하고, 5~8세 유아는 구조화가 낮은 놀잇감을 주었을 때 상상놀이를 많이 하는 것으로 나타났다. 상징놀이는 유아의 지적 수준이 높아짐에 따라 발달하는데, 2세 전후의 영아는 실물과 유사한 모조 자동차가 있는 조건에서 가작화를 하고, 연령이 증가하면서 유사한 사물을 사용하여 자동차를 표상한다(Fein, 1975).

초기 가작화 활동은 신체와 일상생활에 관련된 가상행동을 하지만 점점 다른 사람이나 사물에 대한 가장행동도 보인다. 예를 들어, 물 따르는 흉내 내기, 아픈 흉내 내기, 인형 업어주기, 엄마 · 아빠 흉내 내기 행동을 한다. 상징놀이는 유아의 연령이 증가함에 따라 점차 범위가 넓어지고 논리적이며 통합적으로 이루어진다.

(4) 사회극놀이(socio-dramatic play)

사회극놀이는 상징놀이의 가장 발전된 형태로, 사회극놀이 경험은 유아의 창의성, 지적 성장, 사회적 기술 증진에 기여한다. 특히 유아가 자기 중심적인 존재에서 사회적 존재로 성장하는 데 도움을 준다(하정연, 2008).

Smilansky(1968)는 사회적 놀이를 여섯 가지 준거로 제시하였다. 첫째, 역할의 가작화로 가상적인 역할을 언어와 행동으로 표현한다. 둘째, 사물의 가작화로 사물의 용도를 다양하게 상상해서 언어나 행동으로 표현하거나 다른 사물로 대체한다. 셋째, 행동과 상황의 가작화로 상황이나 행동을 상상해서 언어로 표현한다. 넷째, 지속성으로 한 가지 놀이 주제를 10분 이상 계속한다. 다섯째, 상호작용으로 동일한 주제와 관련하여 두 명 이상이 상호작용을 한다. 여섯째, 언어적 상호작용으로 놀이 주제와 관련하여 놀이자 간에 언어적 의사소통이 있어야 한다.

(5) 규칙 있는 게임

구체적 조작기 유아가 주로 하는 가장 발전적인 놀이 형태로, 정해 놓은 규칙에 따라 두 명 이상의 또래와 경쟁하면서 승부를 겨루는 활동이다(Hughes, 1995). 유아는 전조작기의 인지발달로 인해 상징놀이가 발전하면서 표상적 내용 대신 놀이에 규칙을 만들어 게임의 형태로 놀이의 변화가 나타나게 된다. 게임의 종류는 신체적 기술을 요하는 게임과 인지적 기술에 영향을 받는 전략 게임, 우연에 의해 승부가 결정되는 우연 게임이 있다.

유아들은 규칙 있는 게임을 경험하면서 미리 정해 놓은 규칙에 따라 자신의 감정을 조절하고 행동방법을 터득하며, 유아들 집단의 요구를 수용하여 적합한 규칙을 정하거나 필요한 경우 합의를 통해 규칙을 변경하는 사회적 기술을 배우게 된다. 따라서 규칙 있는 게임은 가장 수준 높은 놀이 유형이라고 할 수 있다.

4. 놀이에 영향을 미치는 요인

유아의 놀이 환경은 여러 가지 요인의 영향을 받으며 이루어지고 있다. 유아에게 놀이는 생활이며 학습의 수단이므로 놀이행동에 영향을 주는 요인들을 살펴볼 필요성이 있다. 이 절에서는 각 요인들이 놀이에 미치는 영향과 놀이발달을 촉진시키는 방법에 대하여 살펴보고자 한다.

1) 연령

유아는 연령이 증가함에 따라 놀이의 형태나 유형, 내용이 다양해지고 복잡해진다. Tizard, Philps와 Plewis(1976)의 연구에서 연령에 따른 놀이 유형의 차이를 밝히고 있는데, 연령이 어린 집단의 유아는 상징놀이와 실외놀이 참여도가 낮고 혼자놀이를 많이 하는 반면, 연령이 높아질수록 놀이시간이 지속적이며 상징놀이를 많이 하고 혼자놀이 횟수가 감소하였다. Parten(1932)은 유아의 사회적 놀이가 연령의 증가에 따라 비참여행동, 방관자적 행동, 단독놀이, 병행놀이, 연합놀이, 협동놀이를 하며 친구의 수와 놀이 형태가 달라진다고 하였다. 따라서 유아의 놀이발달을 돕기 위하여 연령에 따른 놀이의 특징을 이해하여 영유아 개인의 발달적 수준에 알맞은 놀이 환경을 구성해 주는 것이 필요하다(정진, 성원경, 2004).

2) 성별

성별에 따라 놀이의 형태와 선호도, 놀잇감 선택 등이 차이가 있다. 놀이 자료와 활동들의 성역할 정형화는 생후 10개월경에 나타나기 시작하여 학령 전기까지 지속적으로 나타나며, 3세가 되면 놀잇감 선호가 깊게 고정화된다고 하였다(Sutton-Smith, 1990).

놀이 형태는 남아들이 여아와 비교해 볼 때 신체놀이에 더 많이 참여하고, 여아는 조용한 놀이를 선호한다. 여아들은 상상놀이에서 가정 중심적인 주제인 인형이나 소꿉놀이 등의 주제로 극놀이를 하고, 남아들은 모험적이고 위험이 따르는 주제인 교통놀이, 경찰놀이, 해적놀이 등의 극놀이를 주로 한다.

이처럼 놀이의 형태와 선호도의 성 차이는 생물학적 · 발달적인 요인도 있지만, 부모의 성 유형화된 기대와 이에 따른 상호작용, 성역할에 대한 학습과 모방, 성 유형화된 정보가 영향을 미치게 된다. 따라서 성역할에 구애받지 않는 다양한 놀잇감을 경험할 수 있는 기회를 많이 제공해 주어야 한다.

3) 인지능력

유아의 놀이와 인지발달 간의 관련성은 연구자들에 의해 연구되어 왔다.

Terman은 우수아와 정신지체아의 놀이와 인지능력 상관관계에서 우수아는 신체 활동이나 거친 게임보다 지적이며 조용한 게임을 선호하였으며, 우수아는 자기보다 나이가 많은 친구를 좋아하고 상상놀이를 많이 하였다고 제시하였다. 반면 정신지체아는 독창성이 적고 복잡한 규칙이 없는 게임을 선호하며 자신보다 어린 유아와 잘 노는 특징이 있다(Milar, 1977). 그러나 유아의 지능에 관련하여 Smilansky(1968)는 사회극놀이 훈련 효과가 유아의 지능에 따라 차이가 없는 것으로 제시하였고, 이숙재(1984)의 연구에서도 상상놀이 참여 빈도는 유아의 지능지수에 따라 차이가 없는 것으로 나타났다.

유아의 지능과 놀이의 상관관계의 연구들을 볼 때 유아의 지적 능력이나 인지양식이 유아의 놀잇감 선택과 활용방법에 관계가 있음을 알 수 있으나, 연구결과가 일관성 있게 나타나지 않으므로 유의해야 할 것이며, 인지적 자극을 줄 수 있는 놀잇감을 제공하여야 할 것이다.

4) 부모

부모의 양육태도는 유아의 놀이행동에 중요한 영향을 미친다. 현대사회는 부모들의 맞벌이 증가로 인해 유아들과 충분한 놀이를 하지 못하고 상업용 장난감이나 구조화된 놀이 프로그램이 제공되는 경향이 많다. 김수영(2007)은 부모가 가장 좋은 장난감이며 부모와 유아가 함께 시간을 보내며 놀이시간을 가질 때 유아들은 부모로부터 긍정적인 영향을 받는다고 하였다.

부모가 유아의 놀이에 개입하여 함께 놀이할 때 놀이 형태나 놀이수준이 달라진다. 또한 부모와의 긴밀한 상호작용이나 안정된 애착관계는 유아의 상상놀이 참여를 자극하거나 촉진시킬 수 있다. 부모가 의도적이고 직접적으로 유아에게 상징놀이를 위한 소품을 제공해 주거나 놀이를 제안하고 활동을 격려하는 부모의 태도는 유아의 놀이행동 발달에 지대한 영향을 미친다.

5) 사회 · 경제 · 문화적 배경

유아의 놀이행동에 사회 · 경제 · 문화적 배경은 밀접한 관련이 있는 것으로 나타났다. Smilansky(1968)는 사회 · 경제적인 수준이 낮은 취학 전 유아가 놀이를 적게 하며, 사회극놀이에 전혀 참여하지 않는다고 보고하였다. 사회 · 경제적 수준이 중류층 이상인 유아는 하류층 유아보다 상상놀이, 사회극놀이, 구성놀이를 더 많이 하는 경향을 보였고, 하류층의 유아는 상대적으로 낮은 수준의 기능놀이, 혼자놀이, 병행놀이를 더 많이 하는 경향이 있다고 하였다(하정연, 2008).

또한 문화적인 배경은 사회적인 요인들이 상호 밀접한 관계를 맺으며 유아의 놀이발달에 영향을 미친다. 유아의 놀이가 교육적이고 가치 있는 활동이 되기 위해 유아 주변의 사회 · 문화적 배경을 고려한 놀이 계획을 시도해야 할 것이다.

6) 교사

교사는 교육의 실행 주체로 매우 중요하다. 교사는 유아들에게 풍부한 환경을 마련해 주고, 알맞은 놀이 유형이나 놀잇감을 제공해 주어 놀이의 질을 높이는 중요한 요인이다. 즉, 교사는 유아들이 양질의 놀이에 참여할 수 있도록 환경을 조성하고 시간, 공간, 자료, 필요한 경험 등의 자원을 적절하게 제공하여야 한다. 또한 또래 간 상호작용 및 활동 자료와의 상호작용이 적극적으로 진행될 수 있도록 격려하면서 현재 진행 중인 유아들의 놀이 상황에서 적절한 지원을 하여 놀이에 긍정적인 영향을 주어야 한다(신은수, 1991). 교사의 적절한 놀이 개입은 유아들의 창의성을 증진시키고 놀이 활동과 내용, 놀이의 지속시간 증가를 가져왔다고 밝히고 있다(하정연, 2008). 따라서 교사는 놀이 상황 및 발달수준과 흥미에 따라 적절한 역할을 하는 것이 중요하다.

7) 놀이 공간

놀이를 위한 실내·외 놀이 공간과 공간의 배치방법은 놀이의 유형과 놀이의 질에 중요한 영향을 미친다. 놀이 장소가 실내인지 실외인지에 따라 놀이 활동 유형이 달라질 수 있다. 실내에서는 구성놀이를 주로 하고 실외놀이에서는 대근육을 활용한 기능놀이와 다양한 놀잇감을 통한 창의적 상상놀이 활동이 일어난다(진명희, 2015). 실외에도 놀이 영역을 구분하여 다양한 자료를 제공하여 실내놀이가 연계될 수 있도록 제시해야 한다.

8) 놀잇감

놀잇감은 질 높은 놀이를 위하여 필요한 요소로서, 놀이 자료의 특성에 따라 놀이 유형과 놀이행동에 영향을 준다(Rubin, Fein, & Vandenberg, 1983). 놀잇감의 사실성과 구조성에 주의를 기울여 제공하여야 한다. 2~3세 유아들에게는 가작화 놀이를 위해 모형 장난감, 주방용품, 소품 등 사실적인 자료를 제공하고, 4~5세 유아에게는 사실성이 적은 자료를 제공하며 덜 구조화된 소품으로, 특정한 모양이 없는 인형, 점토, 블록, 상자 등을 이용하여 창조적인 놀이를 하도록 제공한다.

놀잇감에 따라 유아의 사회놀이, 인지놀이가 관찰될 수 있다. 즉, 놀잇감의 양과 크기는 사회놀이 활동에서 발생하는 상호작용에 영향을 준다. 따라서 공간과 인원에 알맞은 놀잇감을 갖추고 놀잇감의 유형에 따라 공간을 구획하여 제공하면 놀이시간이 지속된다. 반면 놀잇감이 감소하면 유아의 놀이가 제한을 받게 된다(김수영 외, 2013).

유아의 놀잇감이 감소하면 혼자놀이가 감소하면서 병행놀이가 증가하고 공유하기와 긍정적인 접촉 등 긍정성이 증가하고 공격성 등 부정성 또한 증가한다(Smith & Connolly, 1980). 놀잇감은 놀이의 중요한 요인으로 효과적인 놀이를 위해 놀잇감의 선택과 활용에 지속적인 관심을 가져야 할 것이다.

5. 놀잇감의 조건

놀잇감이란 놀이에 대한 흥미를 유발하고 놀이를 효율적으로 진행하는 매체의 역할을 하는 모든 물건을 지칭한다. 유아는 놀이용으로 제작된 놀잇감 이외에 주변의 많은 것을 놀이에 사용한다. 놀잇감은 종류만 다양한 것이 아니라 질적인 수준도 다양하다. 교육적인 놀잇감이 있는가 하면 비위생적이거나 위험한 놀잇감도 있다. 놀이 경험을 통해 영유아가 성장하도록 돕기 위해서는 발달에 적합하며 흥미롭고 안전한 놀잇감이 제공되어야 한다.

수많은 놀잇감 가운데 어떤 놀잇감을 유아에게 제공할 것인가 하는 문제는 교사와 학부모가 해결해야 하는 중요한 과제이다. 놀잇감이 영유아에게 기쁨을 주고 영유아의 성장을 촉진시키는 기능을 발휘하기 위한 기본조건으로는 첫째, 영유아의 발달수준에 적합할 것, 둘째, 영유아의 흥미와 요구에 맞을 것, 셋째, 안전도가 높을 것, 넷째, 견고하며 내구성이 있을 것, 다섯째, 영유아가 혼자서 조작할 수 있고 이동 가능할 것, 여섯째, 상상력, 창의력, 문제해결력 등의 발달을 자극할 것, 일곱째, 여러 가지 용도로 활용할 수 있는 것, 여덟째, 저렴하고 경제적일 것 등이 지적된다(Johnson, Christie, & Yawkey, 1999).

따라서 놀잇감은 안전성, 적합성, 내구성, 경제성 등의 기능적 조건과 유아의 신체적, 지적 · 창의적, 사회 · 정서적 성장을 촉진시키는 교육적 조건 및 사회 · 문화적 조건을 갖추어야 한다. 이에 관해 구체적으로 살펴보면 다음과 같다.

1) 기능적인 조건

놀잇감의 안전은 유아의 놀이가치만큼 매우 중요하다. 아무리 좋은 놀잇감이라도 안전사고가 발생할 경우 그 교육적 가치는 감소되기 때문이다.

또한 영유아의 연령과 발달에 맞는 견고한 놀잇감이 우선이며, 지나치게 고가의 경우 용이하게 사용할 수 없으므로 경제적인 측면도 고려해야 한다.

(1) 안전성

놀잇감의 조건으로 무엇보다 중요한 것은 안전성이다. 유아는 위험 상황을 인식하는 능력과 자신을 보호하는 능력이 부족하므로 유아의 안전을 위협하는 놀잇감은 즉각 제거되어야 한다. 특히 재질 및 페인트, 강도, 크기 및 무게, 모양, 끝마무리 등은 안전과 관련하여 점검해 보아야 할 사항이다.

(2) 적합성

놀잇감은 사용자인 유아의 발달, 흥미 및 요구에 적합해야 교육적 기능을 발휘하고 활용도를 높일 수 있다. 특히 놀잇감의 형태, 크기, 난이도가 유아들의 신체적 · 인지적 · 사회적 발달에 적합해야 한다.

(3) 내구성

놀잇감은 여러 유아가 지속적으로 사용하므로 망가지기 쉽다. 놀잇감의 내구성은 재질이나 구조, 각 부품의 접착 등에 의해 결정된다. 특히 형태가 복잡하고 부착물이 많은 놀잇감은 반복 사용함에 따라 망가지기 쉬우므로 내구성이 높아야 한다.

놀잇감을 아무리 튼튼하게 만들었다 하더라도 잘 정리하고 보관하지 못한다면 고장나기 쉽다. 그러므로 놀잇감은 쉽게 보관하고 관리할 수 있도록 제작해야 한다.

(4) 경제성

놀잇감은 누구나 경제적 부담 없이 구입할 수 있어야 한다. 놀잇감의 경제성을 가격뿐 아니라 활용도 측면에서도 찾아볼 수 있다. 놀이방법이 제한되어 활용가치가 떨어지는 놀잇감보다는 다양하게 활용할 수 있는 놀잇감이 경제적이라고 할 수 있다.

2) 교육적인 조건

놀이를 효율적인 학습 수단으로 인식한 많은 심리학자와 교육학자들은 놀이를 유아교육방법으로 활용할 것을 주장하였다. 이상금(1987)은 놀이가 영유아기의 조화로운 발달과 종합적 학습을 성취시키는 최상의 방법이라고 놀이의 교육적 가치를 주장하였다. 이에 부합되는 놀잇감의 교육적 조건은 아래와 같다.

(1) 신체발달 증진

유아가 놀잇감을 가지고 다양한 동작을 해 봄으로써 대 · 소근육 운동 능력과 눈과 손의 협응력 발달이 증진되어야 한다. 또한 놀잇감을 통해 영유아가 신체활동에 자발적으로 즐겁게 참여하며 다양한 감각 경험을 할 수 있어야 한다.

(2) 언어적 · 지적 발달 증진

영유아는 놀잇감을 통해 언어적 · 지적 발달을 촉진시킬 수 있는 여러 경험을 한다. 호기심과 탐색 활동을 자극하는 놀잇감을 가지고 다양한 놀이를 하면서 언어능력, 확산적 사고력, 문제해결력을 증진시킬 수 있어야 한다.

(3) 정서 · 사회성 발달 촉진

놀잇감을 가지고 놀면서 성취감, 만족감, 즐거움을 느끼고 정서적 안정감을 얻으며 자유롭게 정서표현을 할 수 있다. 또한 놀잇감이 매개체가 되어 또래 간에 언어적 · 사회적 상호작용을 활발하게 촉진시키는 기능을 해야 한다.

(4) 창의성 발달 증진

놀잇감을 다양한 방법으로 융통성 있게 가지고 놀면서 상상력, 창의력을 발달시킬 수 있어야 한다.

3) 사회 · 문화적인 조건

놀이가 발생하는 맥락은 유아의 놀이의 질과 내용을 결정하는 중요한 요소로 인식된다(Johnson, Christie, & Wardle, 2005; Roopnarine, 1994). 유아들이 어떤 놀이를 하고 누구와 어떻게 노는지는 그 유아가 속한 사회의 생태학적 요소들과 관련이 깊다.

유아 삶의 관점에서 좀 더 넓게 보면 유아는 놀잇감을 통해 또래나 성인과 경험을 공유하고 각 사회 · 문화에서 요구하는 가치와 의미를 자연스럽게 습득하면서 세상에 대해 배워 나간다(박미경, 엄정애, 2010).

Sutton-Smith(1986)는 놀잇감은 유아가 단순히 놀이를 할 때 가지고 노는 매체로서의 의미를 초월하여 문화적으로 중요한 의미를 지닌다고 역설하였다. 그는 놀잇감을 문화로 간주하여 가족, 기술산업, 교육, 시장경제 등 네 가지 측면에서 논의하였다. 즉, 놀잇감은 가족에게 선물, 교환, 결속, 위로와 유대감 등의 의미를 지니며, 기술산업 측면에서는 기계 작동, 컴퓨터, 비디오 게임과 연계된다. 또한 교육적 맥락에서는 자극, 탐색, 학습, 인지 등의 의미를 함축하고 시장경제에서는 소비, 판매, 대량생산, 오락, 광고 등의 의미를 지닌다. 사회 · 문화적인 놀잇감의 조건을 살펴보면 다음과 같다.

(1) 편견 없는 놀잇감

유아들이 가지고 노는 놀잇감은 다양하다. 인형, 의상, 소꿉, 소품, 도구, 동화책 등 다양한 놀잇감을 가지고 논다. 다문화사회를 긍정적으로 살아가기 위해서는 다양한 인종의 인형도 필요하고 여러 나라의 동화책이나 의상이나 소품 등 우리나라 것만 아니라 여러 나라의 다양한 문화를 반영한 놀잇감이 요구된다. 특히 성인을 통하여 편견을 가질 수 있는 성역할, 인종, 외모, 직업, 가족, 장애들의 측면에서 편견의 영역을 고려하여 반편견 놀잇감으로 다양성을 갖추어야 한다. 무엇보다 고정된 성역할 개념을 강조하는 놀잇감, 공격성을 자극하는 놀잇감, 가족, 인종 등 사회 · 문화적 배경에 부적합한 놀잇감 등은 바람직하지 않다. 따라서 반편견적인 사고를 기르도록 편견 없는 놀이 환경을 제공하는 것이 중요하다.

(2) 인종의 다양한 수용

문화권에 따라 아이들의 놀이를 매우 중요하게 생각하는 부모들이 있는 반면, 놀이보다 학습을 중요시하는 부모들이 있다. 대표적으로 미국의 백인 중산층 부모들은 유아의 놀이를 매우 중요하게 생각하고 유아기에 충분히 놀게 하며 학습 위주의 프로그램을 유아교육기관에서 하는 것에 동조하지 않는다. 반면 아이들의 일과를 모두 부모들이 정하고 통제하는 우리나라를 포함하여 중국, 일본 등 아시아권 부모들은 학습에 대한 요구가 강하여 유아교육기관의 교육내용에까지 영향을 미친다. 그러므로 나라마다 놀이에 대한 인식이 다름을 알 수 있다. 하지만 다문화사회를 살아갈 모든 유아들이 다문화가정 친구들을 수용하고 함께 협력하여 친사회적 행동을 발달시키고 나아가 더불어 살아갈 수 있는 공동체 의식을 갖도록 한다.

(3) 가족의 유대감 강화

유아들의 놀이 유형과 부모의 사회계층의 연관성을 밝힌 연구에서, Smilansky (1986)는 극화놀이에 대한 부모의 계층 간 차이를 연구한 결과, 사회 · 경제적 수준이 낮은 가정의 유아들이 중산층 가정의 유아들보다 사회극화놀이 수준이 낮게 나타났다고 한다. 저소득층 유아들이 사회극화놀이에 참여하지 못하는 원인은 특정 놀이기술에 관한 지식의 결핍에서 비롯되는 것으로 보이며, 저소득층 부모들이 놀이보다 자녀의 학업성취에 더 관심이 있는 것과도 관련이 있는 것으로 해석된다.

부모의 놀이에 대한 인식과 양육태도는 유아들의 놀이의 질에 많은 영향을 끼치게 된다. 문화에 따른 가족 역할의 차이를 살펴보면, 미국을 비롯한 아시아권은 어머니들이 주 양육자로 자녀의 놀이에서 비계설정을 제공하는 반면, 멕시코의 경우 형제들이 어린 동생을 돌보아 주는 환경적 특성으로 인해 형제가 놀이에서 비계설정을 하는 것으로 보고되었으며, 멕시코와 마찬가지로 이탈리아 어머니 역시 자녀들과 놀이를 해 주지 않는 것으로 나타났다(Johnson et al., 1999; Frost, 2005).

이와 같이 문화권에 따라 아이들의 놀이에 대한 인식이 다름을 알 수 있다.

최근 다문화가정, 한부모가정, 조부모가정 등 다양한 가족이 공존하므로 조부모나 친척들이 양육에 참여하는 경우가 많다. 따라서 다양한 가족들이 놀이에 참여함으로써 가족만의 문화를 경험할 수 있는 기회로 특히 가족친화놀이를 장려하여 가족 간의 유대관계를 강화시키는 것이 중요하다.

(4) 다양한 놀이문화 조성

Dewey와 Vygotsky는 유아의 놀이는 사회적 맥락에서 제공되어야 함을 강조한다. Vygotsky(1978)의 사회 · 문화적 이론에 의하면, 인간 간 상호의존성은 인간의 발달을 구성하는 데 매우 필수적 요소이며, 대인 간 상호작용 과정이 개인의 내적 상호작용 과정으로 변형되는 것은 인간의 상호의존성과 새로운 의미와 지식의 구성에 중요한 역할을 하는 것으로 본다(Johnsteiner & Meehan, 2000). 즉, 유아 간 혹은 유아와 성인 간 사회적 상호작용은 유아 내부의 인지발달 과정의 재구성을 가져옴으로써 새로운 의미와 지식을 창출하는 효과를 지닌다. 따라서 유아 주변의 양육자와 또래는 유아의 놀이발달에 영향을 주는 매우 중요한 요소이다. Frost(2005)는 유아들에게 풍부한 놀이를 즐기도록 하기 위해 지역사회와 문화적 환경의 역할이 중요함을 강조하고, 가족, 또래, 미디어 등이 놀이의 사회 · 문화적 매개체로서 놀이양상에 직 · 간접적 영향을 주게 된다고 한다. 따라서 사회 구성원의 인식과 태도, 사회계층 등은 유아의 놀이행동에 직 · 간접적으로 많은 영향을 주게 되므로, 사회 구성원의 인식과 역할을 바탕으로 다양한 놀이문화를 조성하는 것이 우선시된다.

이와 같이 놀잇감의 조건을 정리하면 | 표 4-2 |와 같다.

| 표 4-2 | 놀잇감의 구비조건

기능적 조건	교육적 조건	사회 · 문화적 조건
• **안정성** – 재질, 페인트, 구조, 부품 안전 – 안전한 크기, 무게, 형태, 끝 마무리 • **적합성** – 유아발달 및 흥미 – 유아 요구에 적합 • **내구성** – 재질 및 구조의 견고성 – 간편한 보관 및 관리 • **경제성** – 저렴한 가격 – 다양한 활용도	• **신체발달 증진** – 대 · 소근육 운동 및 협응력 증진 – 다양한 감각 경험 제공 • **언어적 · 지적 발달 증진** – 언어능력 촉진 – 탐색 활동 자극 – 확산적 사고력, 해결력 증진 • **정서 · 사회성 발달증진** – 정서적 안정감 유지 – 자유로운 정서표현 장려 – 사회적 상호작용 촉진 • **창의성 발달 증진** – 상상력과 창의력 고취	• **편견 없는 놀잇감** – 성, 외모, 직업, 장애에 대한 반편견 – 편견 없는 놀이 환경 • **인종의 다양한 수용** – 다문화가정 친구 수용 – 친사회적 공동체 의식 • **가족의 유대감 강화** – 가족의 놀이 참여 자극 – 가족친화놀이 장려 • **다양한 놀이문화 조성** – 지역사회 문화 반영 – 시대적, 사회적 맥락

C H A P T E R 05

놀이와 교육에 대한 이해

1. 놀이와 교육의 관계

유아들은 하루 일과 중 대부분의 시간을 놀이하면서 보낸다. 유아에게 있어 놀이는 삶이자 생활이며 누군가 가르쳐주지 않아도 할 수 있는 본능과 같다. 놀이는 유아의 내부에서 스스로 동기유발되며, 결과보다 과정을 중요하게 다루고 여러 가지 선택의 자유를 갖는다. 그 과정에서 유아는 여러 가지 현상이나 행위, 사고 등을 반복하여 경험하고, 자신을 둘러싼 환경을 탐색하고 탐구한다. 때로는 자신의 상상을 놀이에 접목시켜 창의력을 발현하기도 한다. 이러한 놀이의 특성으로 인해 Platon 이후 많은 학자들은 놀이를 학습과 연결지어 설명하거나 교육을 위한 수단으로 놀이를 설명하고 있다. 유아놀이 연구(Dansky, 1980; Sawyers & Rogers, 1990; Williamson & Silvern, 1990)는 유아를 위한 최선의 교육방법으로 놀이를 언급하며 놀이가 유아의 발달에 긍정적인 영향을 주고 있음을 강조한다. 다시 말하면, 놀이는 교육 현장에서 유아들의 조화로운 발달과 총체적인 학습 성취를 위한 최상의 방법이 된다. 그러므로 놀이는 유아교육에서 중요한 학습 원리이자 교육적 수단으로 자리매김하고 있다.

NAEYC(Bredekamp & Copple, 1997)의 발달에 적합한 실제에서도 놀이와 교육의 밀접한 관계에 주목하고 있다. 놀이는 유아의 발달에 적합한 학습의 기회를 제공하는 가장 좋은 수단이 될 수 있음을 강조한다. 더불어 놀이는 유아의 사회 · 정서 · 인지발달 등을 촉진할 수 있으며, 그 과정과 상황을 반영한 의미 있는 정보를 제공한다. 현행 누리과정에서도 유아들이 직접 참여할 수 있는 다양한 방법들을 활용한 놀이중심 교육 활동을 실시하도록 제안하고 있다(교육과학기술부, 2012).

최근 개정된 누리과정에서도 놀이의 중요성이 재차 강조되고 있는 이유는 놀이가 유아의 생활일 뿐만 아니라 교육의 기본 형식이기 때문이다. 유아들은 놀면서 배운다. 놀이를 통해 자연스러운 방식으로 감각운동적 능력을 기르고 지식을 습득하게 된다. 또한 놀이를 통해 사회적 기술이나 규칙에 익숙해지고 풍부한 상상력과 창의력을 기를 수 있다. 유아교육에서 놀이와 교육은 하나의 유기체로 연결되어 있으며, 교사 혹은 성인이 어떠한 부분을 더 강조하느냐에 따라 다양한 모습으로 발현된다.

Deborah와 Leong(2005)은 유아교육기관에서 이루어지는 놀이에 대해 언급하며, 균형 있는 접근이 필요함을 강조하였다. 그들은 지나치게 교사와 유아 중 한 편만을 강조하여 이루어진 놀이들이 유아의 발달에 역효과를 줄 수 있음을 우려한다. 교실은 유아가 활동을 실행하는 곳이므로 활동이 가능하도록 해야 한다. 그러나 모든 수업이 대집단 위주로 이루어진다면 유아는 지나치게 교사의 통제하에 놓일 수 있다고 강조하였다. 이와 같이 놀이는 학습 간의 균형을 하나의 연속체로 설명하고 있다.

즉, 놀이를 통해 유아는 신체, 언어, 인지, 사회, 정서, 창의적 발달 측면에서 다양한 교육 기회를 얻을 수 있으므로 놀이는 효과적인 교육수단이 된다.

Samuelsson과 Johansson(2006)에 의하면 놀이와 교육은 유아가 주변 세계를 경험하고 의미를 창출하도록 도와주는 역할을 하기 때문에 서로 분리할 수 없는 관계라고 한다.

Singer, Golinkoff와 Hirsh-Pasek(2006)도 놀이가 곧 교육이라고 주장하였다.

또한 놀이가 유아들의 교육을 촉진한다는 사실을 통해 놀이와 교육의 관계를 몇 가지 측면에서 구체적으로 살펴보고자 한다.

첫째, 놀이는 자발적 동기를 전제로 한다. 이는 강요에 의한 놀이보다 자발적 동기에 의한 놀이가 교육에 효과적임을 뜻한다. 즉 놀이는 유아의 자발적 욕구에서 비롯되는 행동이기 때문에 이미 효과적인 학습의 기본 조건이 갖춰져 있다고 할 수 있다.

둘째, 놀이의 적극적인 행동은 교육의 효과를 높이는 데 필수적이다. 유아는 놀이 세계의 주인공으로 호기심을 가지고 탐색하며, 주변의 인적 · 물적 환경과 능동적인 상호작용을 하게 되므로 즐겁고 의미 있는 교육의 기회를 가질 수 있다.

셋째, 놀이에는 다양한 배움의 기회가 자연스럽게 만들어진다. 놀잇감을 직접 관찰 · 탐색하고 조작하는 경험을 하며 또래와 부모, 교사와 긴밀한 상호작용이 이뤄지고, 이를 통해 교육이 가장 이상적으로 실현된다고 볼 수 있다.

넷째, 놀이는 자유롭게 선택하는 특성이 있어 즐거운 교육이 이루어질 수 있다. 즉, 유아 스스로 의지를 가지고 시도해 보는 자기주도적 학습이 촉진될 수 있다. 또한 유아의 개별적인 흥미와 수준에 적합한 놀이에 참여하면서 의미 있는 개별 학습이 효율적으로 이루어질 수 있다.

다섯째, 놀이에서는 사건이나 행동이 반복되는 경향이 있어 경험이 심화되고 확장됨으로써 교육의 효과를 높일 수 있다.

2. 놀이와 교육에 관한 관점

놀이에 대한 관점은 시대적 상황에 따라 변해왔다. 고대 그리스 시대에는 놀이의 비합리성과 무질서에 초점이 맞춰졌으며 중세에는 유용한 놀이와 쓸모없는 놀이의 분류작업이 활발하게 논의되었다. 17, 18세기경에는 놀이를 유치하고 하찮은 것으로 생각했으나 현대에는 놀이를 영유아의 발달에 필수적인 활동으로 간주하는 견해가 지배적이다.

본 절에서 놀이의 관점을 학습, 평가, 치료의 세 가지 측면에서 고찰하고자 한다.

1) 놀이와 학습

아이들은 놀면서 배운다. 과거 아이들의 놀이는 아이들만의 장난으로 여겼지만 오늘날 놀이는 아이들이 세상을 알아가는 통로이며 어른들에게도 의미 있는 활동이 되었다. 놀이의 세계에서 우리는 현실과 다른 시 · 공간 속에 있으며 놀이세계는 우리의 상상력과 창의력을 자극하며 몰입의 즐거움을 맛보게 한다.

어른들의 놀이에 대한 패러다임은 변화하고 있지만 아이들의 생활에서 놀이가 차지하는 비중은 점점 줄어들고 있다. 무한경쟁사회에 진입하면서 인지적 학습이 필요하기는 하지만 그것이 어린 시절의 놀이 경험을 앗아갈 정도가 되어서는 안 된다. 아이들의 놀이는 곧 학습이기 때문이며 문자와 숫자만 학습이 아니다. 자신감을 갖고 긍정적인 자아개념을 형성하는 것, 사회적 인간관계를 적절하게 맺는 것, 활동에 몰두하는 것, 세상을 알아가는 것이 모두 학습이다. 이런 형태의 학습은 책을 통해서 획득되는 것이 아니라 놀이를 통해서 획득된다. 따라서 놀이를 유아기의 효율적인 교수 · 학습 수단으로 활용하고 있다.

이상금(1987)은 놀이가 유아기의 조화로운 발달과 종합적 학습을 성취시키는 최상의 방법이라고 놀이의 교육적 가치를 강조하였다.

누리교육과정에서도 교수 · 학습방법이 놀이중심으로 이루어지고 있다. 놀이가 더욱 교육적이고 가치 있는 활동이 되기 위해서는 정비된 놀이 환경을 제공하고 효율적으로 지도할 필요성이 있다.

2) 놀이와 평가

놀이의 중요한 의의 가운데 하나는 유아의 행동을 관찰하여 전반적인 발달을 평가하거나 진단하는 데 놀이를 활용할 수 있다는 점이다(안경숙, 2010). 유아는 놀이를 통해 자신의 모든 것을 표현한다. 자신의 정서, 내면의 문제는 물론이고 신체적 · 인지적 · 사회적인 발달이 놀이에 표출되기 때문에 유아교육기관이나 상담기관에서는 오래전부터 놀이를 유아의 평가, 진단 자료로 활용하였다. 특히 놀이는 자발적으로 참여하는 활동이기 때문에 인위적으로 조사하는 방법보다 자연스런 상황에서 있는 그대로를 관찰할 수 있어 타당도가 높은 장점이 있다. 또한 놀이에 기초한 평가는 한두 번의 평가로 끝나는 성취도 검사와는 다르게 다양한 놀이 상황에서 여러 번 반복하여 관찰이 이루어지기 때문에 신뢰도도 높음을 알 수 있다(Van Hoorn, Nourot, Scales, & Alward, 2003). 놀이를 통하여 평가할 수 있는 내용을 구체적으로 살펴보면 다음과 같다.

첫째, 놀이에 참여하는 유아의 전반적인 발달수준을 평가할 수 있다. 놀이하는 유아의 손동작과 움직임을 통하여 대 · 소근육 조절능력 및 눈과 손의 협응력 수준을 파악할 수 있다.

또한 놀이 중 언어표현이나 인지 반응을 근거로 언어능력과 지적 능력도 평가할 수 있으며 놀이 친구와의 상호작용 정도에 따라서 사회성 발달수준도 파악할 수 있다.

둘째, 놀이에는 유아의 정상적인 발달뿐 아니라 발달상의 문제점이 표출되므로 이를 진단할 수 있다. 놀이 중 신체적 장애나 사회 · 정서적 장애, 지적 장애 등을 진단하여 필요한 경우에는 전문상담가나 치료자에게 처치를 의뢰할 수 있다.

셋째, 놀이는 행동 자체가 평가 대상이 될 수 있다. 유아가 흥미롭게 참여하는 놀이 종류, 주로 사용하는 놀잇감, 놀이 집단의 구성, 놀이시간, 또래 간의 상호작용 등을 평가하여 효율적인 놀이 지도를 위한 참고자료로 활용할 수 있다.

3) 놀이와 치료

유아는 놀이하면서 자신의 기쁨, 슬픔, 불안, 좌절, 질투, 공포, 분노 등 모든 감정을 표현한다. 학자들은 감정의 표출을 통해 유아의 정서 부적응이나 문제행동이 자연스럽게 치료된다고 주장한다.

Guerney(1984)는 유아의 치료에 놀이가 유용한 이유를 다음의 세 가지로 지적하였다.

첫째, 놀이가 욕구를 만족시켜 주는 매체 역할을 한다.

둘째, 놀이에서 얻는 만족은 놀이 결과에 의한 것이 아니라 놀이 과정 중에 자연스럽게 얻게 된다.

셋째, 유아에게 인상 깊었던 사건이나 경험이 놀이 속에 반복적으로 재현되므로 그 상황에 숙달되거나 동화되어 해결된다.

한편 김광웅, 유미숙, 유재령(2004)은 놀이의 치료적 가치를 일곱 가지 측면에서 논의하였다.

첫째, 심리치료가 이루어지려면 기본적으로 유아와 치료자가 유대관계를 형성해야 한다. 이러한 유대관계는 유아가 즐겁게 놀이하면서 자연스럽게 형성될 수 있다.

둘째, 심리치료를 위해서는 무엇보다 유아의 정서문제를 정확히 파악하여야 한다. 유아는 놀이 과정에서 자연스럽게 자기표현을 하므로 유아의 문제를 이해할 수 있는 가장 강력한 통로가 될 수 있다.

셋째, 심리치료의 주요 목적은 유아의 손상된 자아존중감을 증진시켜 주는 것인데, 유아는 놀이에서 성취 경험을 통해 손상된 자아를 치유하고 자기 자신을 존중하는 마음을 키울 수 있다.

넷째, 심리치료의 핵심적 요소는 개인이 경험한 외상적 사건이나 이에 관련된 감정을 해소시키는 정화인데, 유아는 놀이 속에서 불안, 분노, 질투, 슬픔 등의 감정을 무의식적으로 표출하고 이를 통해 완화한다.

다섯째, 심리치료의 목적 가운에 하나는 현실에 대한 지나친 집착과 편견에서 벗어나도록 도와주는 것이다. 유아는 놀이에서 상상과 환상 경험을 통해 현실에서 좌절된 욕구를 충족시킬 수 있으며 자신의 한계, 편견 등을 극복할 수 있는 가능성을 시험해 볼 수 있다.

여섯째, 심리치료의 궁극적인 목적은 삶의 소망과 용기를 불어넣어 주는 것이다. 놀이에 동반되는 기쁨, 즐거움, 재미 등의 긍정적 정서를 통해 유아가 행복감과 희망을 갖고 삶의 여러 가지 불안을 해소할 수 있다.

일곱째, 심리치료는 유아가 현실에서 겪는 갈등을 해소하고 스스로 해결책과 통찰력을 갖도록 도와주므로 유아는 놀이 속에서 자기 자신이나 경험을 은유적으로 표현하고 동일시하면서 현실에 적응할 수 있는 능력을 키울 수 있다.

3. 놀이의 교육적 의의

유아들에게 놀이가 곧 학습이며 유아교육의 특성을 반영한 중요한 활동으로 하루 일과 중 가장 큰 비중을 차지한다. 유아에게 놀이에 대한 자유로운 선택의 기회를 최대한 보장해 주는 놀이야말로 학습의 효과를 극대화시킬 수 있는 기회가 된다.

놀이는 유아가 자신의 개별적인 흥미와 욕구 발달수준에 따라 스스로 활동을 계획 · 선택하여 놀이하는 것이다. 놀이는 교육과정 운영의 핵심으로 학습이 가장 역동적으로 이루어지는 시간이며, 교사로서의 전문성과 성실성이 가장 잘 나타날 수 있는 시간이기도 하다. 또한 놀이는 교사의 통제나 지시에 따른 활동과는 구별되는 것으로, 유아가 자율적으로 계획하고 선택하여 활동함으로써 유아의 학습과 발달에 가장 효과적인 교육이라 할 수 있다. 따라서 유아가 개별적인 흥미, 욕구 및 발달수준에 따라 스스로 선택한 놀이 활동에 자유롭게 참여하는 것을 의미한다.

이러한 놀이의 교육적 의의를 살펴보면 다음과 같다(이숙재, 2011).

첫째, 능동적 학습이 이루어진다.

유아 스스로 구체적인 사물을 가지고 직접 경험을 함으로써 효율적인 학습이 이루어진다. 교사가 주도하는 대집단 활동과는 달리 놀이는 유아의 개별적인 흥미와 요구에 따라 자발적으로 선택하고 참여하는 것으로, 놀이 경험을 통해 발달이 촉진된다.

둘째, 개별학습을 촉진한다.

다양한 놀이 영역에 유아가 개별적 또는 흥미와 요구가 비슷한 유아와의 소집단 활동이 진행된다. 또한 유아의 개인별 수준을 고려한 교사와의 개별적 상호작용이 이루어져 유아 개인의 발달과 수준에 맞는 개별 학습이 가능하다.

셋째, 통합교육이 이루어진다.

유아에 의해 자유롭게 선택하는 활동이지만 교사는 이에 앞서 각 영역의 활동을 선정된 주제와 연관성을 고려하여 체계적인 활동을 구상한다. 따라서 다양한 영역에서 반복적이고 체계적인 경험을 하여 주어진 활동보다 통합적인 이해와 학습이 이루어진다.

넷째, 사회성을 발달시키는 시간이다.

놀이시간은 또래나 교사와 상호작용이 긴밀하게 일어난다. 이러한 상호작용의 과정은 유아와 유아, 유아와 교사 간의 친밀감이 형성되는 기회를 제공하며 돕기, 협동하기, 함께 나누기, 공감하기, 순서 지키기, 양보하기와 같은 친사회적 기술 획득과 자기 주장을 적절하게 표현하는 방법을 배울 수 있게 한다.

다섯째, 기쁨을 주는 시간이다.

개인의 자유와 흥미를 최대한으로 존중하는 시간이므로 유아는 자유로운 놀이 활동 그 자체에서 즐거움을 느끼게 된다. 또한 친구들과 더불어 질서의 테두리 안에서 자유를 누릴 수 있는 시간이기에 더욱 기쁘다.

4. 놀이와 교육과정의 연계

놀이는 유아의 흥미나 호기심뿐만 아니라 국가수준의 교육과정 내용을 고려하여 계획하고 실행된다. 우리나라의 유아교육과정은 1969년 1차 교육과정 내용을 고려하여 계획 · 실행되었다. 2020년 3월부터 개정 누리교육과정은 유치원 · 어린이집 공통 적용되며 아이들은 놀면서도 성장하고 배울 수 있도록 내용을 구성하였으며, 미래 지향적인 교육과정으로 유아교육의 혁신을 이끌 것이라고 강조하였다. 특히 이번 누리교육과정 개정안은 실내 · 외 놀이공간을 재구성하여 '유아가 놀이문화를 주도하는 창의적 공간'으로 혁신방안을 제시하고 있다. 또한 누리교육과정에서 중요시하는 교사의 역할을 살펴보면 다음과 같다.

첫째, 유아 놀이중심 교육과정을 이해하고 실천하기 위해서 먼저 교사는 누리과정 5개 영역의 내용을 숙지하고 유아의 놀이, 일상생활 활동과 연계하여 교육과정을 운영하며, 일과에서 놀이시간을 충분히 제공해 주어 유아의 놀이를 지원하는 활동을 계획한다.

둘째, 유아의 놀이를 통한 배움을 지원하기 위해서는 유아의 놀이를 주의 깊게 바라보고 이해하려는 민감성을 갖추고 유아의 놀이를 직 · 간접적으로 지원한다.

셋째, 놀이와 배움을 기록하고 평가하기 위해서는 전개된 놀이와 일상생활, 활동에 대한 누적된 기록을 총체적으로 고려하는 것이 필요하고, 형식과 분량에 있어 기관별 · 학급별로 자율성을 부여하여 결과보다 과정 자체에 대한 평가를 강조한다.

넷째, 함께 배우며 성장하는 역할로 교사는 자신의 교육철학과 교육과정에 대한 이해를 지속적으로 점검하며 교육과정을 실행하면서 겪는 고민과 불안감 또한 자연스러운 과정으로 자율적인 학습공동체를 만들어 간다.

개정된 누리교육과정은 유아가 중심이 되고 놀이가 살아나는 공통교육과정으로 개정의 주요 특징을 살펴보면 | 표 5-1 |과 같다.

| 표 5-1 | 누리교육과정

① 유아 중심 충분한 놀이 경험

- **교사주도 활동**을 지양하며, 유아가 **충분한 놀이 경험을 통해** 몰입과 즐거움 속에서 자율 · 창의성을 신장하고, 전인적 발달과 행복을 추구할 수 있도록 하였다.

② 국가수준 교육과정으로서 구성 체계 확립

- 누리과정의 성격을 **국가수준 공통 교육과정**으로 명시하고, **미래사회 핵심역량**을 반영한 **인간상**과 목표를 밝혀 **교육과정**으로서 **구성 체계**를 확립하였다.
- 건강한 사람, 자주적인 사람, 창의적인 사람, 감성이 풍부한 사람, 더불어 사는 사람

③ 누리과정의 목표

- 자신의 소중함을 알고, 건강하고 안전한 생활습관을 기른다.
- 자신의 일을 스스로 해결하는 기초능력을 기른다.
- 호기심과 탐구심을 가지고 상상력과 창의력을 기른다.
- 일상에서 아름다움을 느끼고 문화적 감수성을 기른다.
- 사람과 자연을 존중하고 배려하며 소통하는 태도를 기른다.

④ 내용 구성의 간략화를 통한 현장 자율성 확대

- 교육과정의 5개 영역은 유지하되, 연령별 세부내용(369개)을 연령 통합(59개)으로 간략화하고 다양한 교육방식이 발현될 수 있도록 현장 자율성을 확대하였다.
- 신체운동 · 건강, 의사소통, 사회관계, 예술경험, 자연탐구

⑤ 교사의 누리과정 실행력 지원

- 교사의 과다한 일일교육계획 작성을 경감하고, 주제와 유아놀이를 일치시켜야 하는 부담감 등을 완화해 교사의 자신감 회복을 도우며 자율성과 책무성을 강조하여 누리과정 실행력을 지원하는 데 중점을 두었다.

유아는 발달 특성상 문자를 중심으로 한 추상적인 학습보다 생활 속에서 사물을 직접 다루는 놀이 활동을 통해 가장 잘 배우므로 유아가 흥미를 가지고 자발적이고 지속적으로 참여하는 놀이중심 교육 활동을 편성한다.

유아는 스스로 놀이를 주도해 가면서 신체운동 · 건강, 의사소통 사회관계, 예술경험, 자연탐구의 모든 영역에 걸쳐 통합적인 경험을 하게 된다. 이때 누리과정의 연령별 내용을 토대로 유아의 개인차를 고려하여 융통성 있게 교육 · 보육

활동을 전개해 나가는 것이 필요하다. 또한 유아 개인에게 의미 있는 일상생활 경험을 통한 지도는 누리과정의 개념이나 지식을 유아가 더 쉽게 받아들이게 하며, 학습에 대한 긍정적인 태도도 형성될 수 있도록 해준다.

따라서 유아의 흥미와 발달수준 및 실생활 경험을 고려하여 놀이를 중심으로 교육 활동을 실시하도록 하여야 한다.

놀이는 유아의 생활이자 학습 그 자체다. 유아는 놀이를 하면서 다른 사람과 관계를 맺고 주변에 대한 지적 호기심을 충족시키면서 삶에 필요한 지식, 기능, 태도를 익히고 사고를 확장해 간다. 놀이는 즐거워서 자발적으로 하는 것이므로 유아가 정서적 긴장이나 두려움 없이 많은 것을 배우고 익히는 학습의 기회가 된다. 따라서 놀이를 통해 가르치고 배우는 것이 유아기에 가장 적합한 교수 · 학습 방법이 된다.

놀이중심으로 교수 · 학습 활동이 이루어지기 위해서는 교사의 교육적인 의도가 중요하다. 유아의 자발적인 놀이는 교사가 사전에 염두에 두고 있는 교육목표와 부합할 수 있도록 놀이 환경을 제공하여 놀이가 자연스럽게 학습 경험으로 연계되도록 해야 한다. 교사는 유아의 발달수준을 고려하여 다양한 놀이를 준비하고 유아가 놀이를 통해 자연스럽게 교육 활동에 몰입하고 학습할 수 있도록 안내자 및 촉진자의 역할을 해야 한다. 또한 교사는 유아가 놀이 계획, 선택 및 수행, 평가의 기회를 가질 수 있도록 지도해야 한다.

놀이를 교육과정에 관련짓기 위해서는 무엇을, 어떻게 해야 하는가? 놀이 중심 교육과정이 무엇인지는 위에서 언급한 대로 '놀이'를 어떻게 정의하고 있는지, 놀이와 교육의 관계를 어떻게 규정할 것인지에 따라 다르게 나타난다. 따라서 외현적으로 '놀이중심 교육과정'을 실천하고 있다 하더라도, 실제 놀이를 보는 관점에 따라 놀이중심 교육과정의 실천 양상이 다르게 나타날 수 있다.

유아의 놀이와 교육의 조화로운 방향을 위하여 Van Hoorn, Nourot, Scales와 Alward(1993)는 놀이와 교육과정 사이의 두 가지 가능한 연계방법을 제안하고 있다.

첫째, 교육과정으로부터 형성된 놀이로 언어, 수, 과학과 같은 교육과정 영역 내에서 개념과 기술을 학습할 수 있는 놀이 경험을 유아들에게 제공하는 것이다.

교육과정으로부터 형성된 놀이는 교수와 관련하여 두 가지 기능을 제공한다. 하나는 초기 학습의 기회를 제공하는 것이며, 다른 하나는 연습과 강화의 기회를 제공한다는 것이다(Johnson, Christie, & Yawkey, 1999). 초기 학습의 기회란 교사는 유아에게 놀이의 기회를 제공한 후, 목표한 기술의 달성 여부를 평가하고, 놀이를 통하여 기술을 숙달하지 못한 유아에게 직접적인 교수를 제공하는 것이다. 전체 유아를 대상으로 직접적인 교수를 한 후에 놀이를 통해 학습한 기술을 연습할 수 있는 즐겁고 의미 있는 기회를 제공한다는 것이다.

둘째, 놀이로부터 형성된 교육과정으로 유아의 자연스러운 놀이 속에서 나타나는 주제와 흥미를 중심으로 학습 경험을 조직하는 것이다(Christe & Yawkey, 1999). 놀이로부터 형성된 교육과정이 잘 이루어지고 있는지에 대한 평가는 경험의 연속성과 상호작용 측면에서 고려될 수 있다. 교육과정으로서 놀이의 질을 평가할 수 있는 첫 번째 기준은 교실 환경이다. 놀이의 질은 교실 환경이 '유아 경험의 연속성'에 반응할 수 있도록 얼마나 잘 계획되어 있는가에 의하여 결정된다. 즉, 유아들이 스스로 경험을 연속적으로 재구성하는 것이 중요하다는 것이다. 유아들이 교육과정과 학습을 자발적이고 적극적인 경험 속에서 창의적으로 창조해 나갈 수 있도록 교육환경을 제공하는 것이 중요하다. 두 번째 기준은 상호작용이다. 유아가 놀이를 한 각본을 만들어 낼 때, 교사는 객관적 요소와 주관적 요소 사이의 균형 잡힌 상호작용을 격려해야 한다. 이를 위해 교사는 유아의 다양한 놀이 형태를 면밀히 관찰하며, 비계설정을 통하여 놀이가 확장되도록 적절한 지지와 개입으로 유아의 놀이를 지원해야 한다.

이상을 종합해 볼 때 놀이와 교육과정을 조화롭게 다시 구성하기 위하여 놀이와 교육과의 관계를 합리적으로 설정하고 효율적으로 연계하고자 하는 노력은 유아교육 현장에서 매우 중요하다. 따라서 2020년 3월 1일부터 시행될 교육과정도 놀이의 중요성을 재차 강조한다. 놀이와 교육과정을 연계하여 유아가 충분한 놀이 경험을 통해 몰입과 즐거움 속에서 자율 · 창의성을 신장하고 전인적 발달과 행복을 추구하는 것을 주요 내용으로 두고 있다.

CHAPTER 06

놀이와 다문화교육의 이해

1. 놀이와 문화의 관계

유아들은 놀이 속에서 배우고, 놀이 속에서 자라난다. 유아들은 놀면서 가장 잘 배울 수 있으며 놀이의 방식으로 문화를 전달받고 주변세계를 이해해 나간다. 놀이를 통한 다문화교육은 지식적인 교육이 아닌, 유아의 자발성에 기초하여 다양성에 대한 자연스러운 이해를 도울 수 있다. 다양한 문화 속에서 놀이를 주도적으로 탐색하며 주변과 상호작용하는 가운데 다양성을 이해하고 존중하는 태도를 기를 수 있다. 놀이를 통해 세계 여러 나라의 문화를 접해 봄으로써 다른 나라의 문화에 대한 관심과 이해를 높일 수 있다. 이렇듯 놀이와 문화는 깊은 연관성을 가지고 있다. 문화가 놀이에 미치는 영향은 다음과 같다(Jalongo, 1992).

첫째, 놀이는 자발적이고 유아들에게 내적 동기를 제공한다. 놀이를 통해 문화의 다양성을 자연스럽게 흥미를 갖고 이해하도록 하는 데 도움을 준다.

둘째, 놀이는 상징과 의미를 준다. 유아들은 놀이를 통해 현재의 모습이 반영되며 놀이에 다양한 의미를 부여한다.

셋째, 놀이는 활동성과 즐거움을 준다. 문화는 놀이의 종류와 형태에 영향을 미치게 되며 다양한 놀이를 통해 즐거움을 제공한다.

넷째, 놀이는 규칙에 의해 결정된다. 유아들이 만드는 규칙은 자신이 알고 있는 문화적 가치를 반영하며 의견에 차이가 있을 때 타인의 생각에 대해 배울 수 있다.

다섯째, 놀이는 다양한 이야기를 제공한다. 유아들은 상호작용을 통해 자신의 경험을 나타내고 놀이에 문화가 반영된다. 특히 역할놀이, 쌓기놀이 영역에서 유아들이 자신의 문화를 나타내고 자연스럽게 나와 다른 문화를 경험하게 된다.

놀이는 유아들의 자아중심성과 자민족 중심주의의 탈피를 가능하게 하며, 놀이와 게임은 인간의 다양성에 대한 인식을 증진시키고 발전시키기 위한 좋은 수단이 된다(Kendall, 1993).

놀이를 통한 다문화교육을 통해 다양한 문화 속에서 나타나는 놀이를 경험하고, 문화를 이해하고 다양성을 존중할 수 있는 태도를 기르게 된다.

서로 다른 문화라고 할지라도 놀이를 통해 유아들은 서로의 문화를 공유할 수 있다. 이러한 놀이의 장점은 다양성을 교육하는 데 풍부한 자원과 환경을 마련해 준다. 특히 유아교육기관의 교실 환경은 유아들에게 다양한 놀이 환경을 제공하며 또래들 간의 상호작용이 활발하고 자연스럽게 일어나는 곳이다. 역할 영역, 쌓기 영역 등 여러 영역에서 다양한 문화를 이해하고 경험해 볼 수 있는 놀이 환경이 마련되어야 한다.

Huizinga는 놀이를 문명의 바탕이라고 설명한다. 그는 놀이와 문화는 매우 밀접하게 연결되어 있으나 놀이는 문화에 종속되지 않는다고 주장하였다. 그의 저서인 『문화 기능으로서의 놀이와 경쟁(Play and contest as civilizing functions)』에서 "순수한 놀이는 문화의 중요한 바탕이 될 수 있으며, 놀이는 인생을 성장시키고, 확대시킨다. 놀이는 인간의 개인적 측면과 사회적 측면에서 매우 중요하다. 그리고 그 과정에서 놀이는 인간의 사회적 기능을 수행한다."라고 언급하며, 놀이가 한 문명의 기초적인 역할을 수행하고 있음을 강조하였다. 그는 진정한 문화란 특정한 놀이 요소가 반드시 포함되어야 한다고 언급하였다. 문화란 자신의 한계와 능숙함, 이상적인 목표의 추구뿐만 아니라 어떠한 사상이나 현상 등을 수용하고 이해할 수 있는 것이라고 보았다. 그러므로 문화는 항상 특정한 규칙에 따른 놀이처럼 발현되고, 그 안에서 진정한 문화는 항상 공정하게 이루어지는 놀이처럼 형성된다고 주장하였다.

Seefeldt(1974)는 놀이는 인지적이며 언어발달을 촉진하고 실험과 탐구의 대상이며 풍부한 상징성으로 창조적인 활동이라고 놀이의 가치를 제시한다.

한편 Frank, Theresa와 Caplan은 놀이의 가치에 대해 자유로운 활동으로 성장을 돕고, 탐구하고, 언어적 학습의 기초를 제공하며 관계형성을 구축하는 독특한 힘을 지닌다고 주장하였다. 또한 신체발달의 기회와 집중력을 조장하여 역동적인 학습으로 판단력을 길러주며 지식의 구성을 포괄적으로 가능하게 하여 생활의 윤택을 준다는 등으로 제시하고 있다(이영석, 1998). 이러한 놀이의 개념 및 가치를 통해 볼 때 유아의 놀이는 체계적이고 조화로운 인간으로 성장할 수 있는 통로 역할을 한다. 놀이의 흥미성, 자발성은 학습 교과에 큰 영향을 준다(채금숙, 2003). 이와 같이 놀이는 유아의 전인적 발달을 돕는다는 데 그 중요성과 의의가 있다.

2. 놀이의 교육적 가치

유아의 놀이는 주변세계와 관련된 지식, 기능, 태도 등을 학습하게 할 뿐 아니라 인지, 정서, 사회성, 언어, 신체, 창의성 발달에 큰 영향을 미친다. 유아 놀이의 종류는 무수히 많으며, 놀이는 그 나름의 개별적 특성과 교육적 의의를 지닌다. Russell은 유아로 하여금 새로운 능력을 얻게 하는 종류의 놀이는 모두 교육적 가치가 있다고 보았다(임한영 역, 1977). 놀이와 유아의 발달과의 관계를 살펴보면 다음과 같다.

1) 놀이와 인지발달

Piaget는 유아의 놀이와 인지발달을 밀접하게 연관시켰다. 놀이를 유아가 알고 있는 모든 것을 실천해 보고 강화시키는 수단으로 보고 유아가 현실에 대한 개념을 인식하고 현실에 맞게 수정하게 한다고 하였다. 따라서 놀이는 유아의 학습 패턴을 확립하기 때문에 인지발달에 필수적이라고 하였다.

유아의 인지발달은 유아와 환경 간의 상호작용에 의해 결정되며(Piaget, 1962) 유아의 사고와 대상물을 연결시켜 주는 주 활동은 놀이이다. 따라서 놀이는 유아의 타인에 대한 인지능력을 향상시킴으로써 유아의 감각운동적 사고수준에서 상징적 사고수준을 거쳐 성인의 사고수준으로까지 연결시켜 주는 기능적 연속체이며 인지발달을 이끈다(유승구 역, 1993). 이와 같이 놀이는 고도의 정신기능이며 보다 높은 차원의 인지수준으로 이행하는 데 중요한 역할을 한다.

2) 놀이와 정서발달

놀이는 개인의 정서적 · 내적 삶의 투영이다. 정신분석가와 심리분석에 기원을 둔 교육자들은 놀이가 유아들의 내적 · 외적 실재 사이의 매개 역할을 한다는 개념을 발달시켰다. 놀이가 정서표현을 강화시키는 역할을 위한 통로로 인식된 이후에 놀이는 교육적 도구로 중요한 역할을 하였다.

Hughes(1995)는 유아의 정의적 측면에서 놀이를 볼 때 재미있고 긍정적인 정서적 경험의 특징을 가진다고 했다. 놀이행동을 관찰하였을 때, 흥미와 기쁨을 느끼며, 특별히 유아는 탐색 활동보다 놀이 활동에서 기쁨을 더 많이 표현한다고 하였다. 한편, Phillips와 Sellitto(1990)는 혼자놀이에서는 기쁨의 정서보다 흥미가 가장 우세한 정서라고 하였다. 유아의 놀이행동은 비놀이행동에 비해 또래와의 상호작용을 통해 더 다양한 정서가 나타났다.

이와 같이 유아는 놀이를 통해 관계의 즐거움을 느끼고 자신의 감정을 표현할 수 있으므로 정서적인 순화를 이루게 한다. 그리고 역할전환을 통해 현실에서 불가능한 역할이나 행동을 상상의 세계 속에서 실현해 봄으로써 정서적인 만족감을 느낄 수 있다.

따라서 놀이는 유아의 정서를 반영시키고 표현하는 매개체 역할을 하면서, 대인관계 형성을 위해 적절한 정서를 이용하는 방법을 발달시키는 역할을 한다.

3) 놀이와 사회성 발달

유아는 주변의 또래들과 함께 놀이를 함으로써 타인과의 사회적 관계를 이해하고 사회적 기능을 학습하고 사회적 관계 속에서 초래되는 문제점들에 적절히 대처하고 해결해 나가는 기능을 배우게 된다(정금자, 1999). 친구들과 놀이를 하는 과정 속에서 대인관계에 스스로 참여하고 놀잇감을 나누어 쓰기도 하면서 협동하는 것도 학습한다.

또한 놀잇감을 나누어 쓰고 양보하며 협조하는 과정 속에서 사회적 상호작용의 기초기술을 습득하고 발달시켜 나가며, 놀이집단의 또래 유아와의 접촉을 통하여 사회적으로 중요한 학습 기회를 갖게 된다. 그리고 유아는 가정이나 유아교육기관에서 그 집단이 요구하는 태도나 도덕적 기술을 배우게 된다(Hurlock, 1978). 유아가 자신이 속한 놀이집단의 일원으로서 사회적 기술을 갖추어 자신과 타인의 사회적 관계의 학습, 즉 사회성을 개발하는 중요한 역할을 한다. 이러한 사회적 능력은 그들의 사회적 관계의 경험 속에서 강화되고 심화되어 간다.

4) 놀이와 언어발달

유아들은 놀이를 통해 말을 할 수 있는 동기가 부여된다. 놀이 중에 자신에게나 다른 유아들에게 말을 건네거나 놀이 대상들에 대해 명명하면서 경험과 관련된 용어들을 사용한다. 이와 같이 언어는 경험을 정리하도록 도와준다. 유아들이 성장하게 됨에 따라 다른 유아들과의 의사소통은 필수적이 된다. 다른 유아들과 함께 놀면서 유아들은 자신의 의사를 전달하는 방법, 또래들에게 협조를 얻는 방법, 또래들의 의사에 반응하는 방법 등을 알게 된다. 또래들과 어울려 놀 수 있기 위해 말을 해야 하는 압력을 받고 있는 유아들은 재빨리 필요한 언어를 습득한다.

유아의 놀이는 인간이 사용하는 최초의 의사소통 형태 중 하나로, 유아에게는 자연스러운 자기 표현과 의사소통 양식이 된다. 유아의 놀이언어는 성인의 말과 비슷한 것으로, 유아는 놀이를 통해 관계를 탐색하거나 자신의 감정을 표현하고, 자신이 이해한 것을 표현하며, 자신의 욕구를 충족시켜 나가게 된다. 그러므로 유아의 놀이를 관찰하다 보면 유아가 외부세계를 어떻게 인식하고 있는지, 사회적 상호작용을 위한 의사소통을 얼마나 잘 이해하고 사용하고 있는지 알 수 있다(Vygotsky, 1976).

5) 놀이와 신체발달

유아들은 놀이를 통해 대 · 소근육을 움직이게 되므로 신장, 체중 등의 신체 성장이 촉진되고 혈액 순환, 배설 등의 생리 기능도 증진된다. 다양한 놀이를 하면서 뛰기, 던지기 등의 기본 운동능력이 향상된다. 놀잇감을 보고, 만지고, 두드리는 등의 탐색 활동을 통해 감각 및 지각능력이 발달된다. 또한 놀이 경험을 통해 유아가 일상생활에서 접하는 사고를 예방하고 위험 상황에 적절히 대처하는 능력을 증진시킬 수 있다(이숙재, 2001).

6) 놀이와 창의성 발달

현재까지 많은 발달심리학자와 교육학자들은 놀이가 유아의 창의성 발달을 촉진시킨다고 주장해 왔다. 놀이와 창의성의 관계에 대해 Bruner(1974)와 Sutton-Smith(1967)는 놀이가 유아의 인지적 기술, 특히 창의성을 발달시킨다고 하였다.

Similansky(1968)는 사회극놀이가 유아의 인지적 · 창의적 · 사회적 기술이 발달

할 수 있도록 도와준다고 밝혔고, Sutton-Smith(1979)는 극놀이의 가상전환이 유아의 지적 융통성에 긍정적인 영향을 끼친다고 하였다. Dansky(1980)는 체계적인 사회극놀이 훈련을 받은 유아들이 여러 창의성 검사에서 유의하게 높은 점수를 얻음을 보여줌으로써 사회극놀이가 창의성을 촉진시켜 주고 물체를 독창적으로 사용하는 능력을 키워준다는 사실을 밝혔다. 또한 Dansky(1980)는 자유놀이에서 사회극놀이의 참여 빈도가 높은 유아들이 자료를 더 독창적으로 사용하였으며 유창성이 더 높은 것으로 나타났다고 하였다. Dansky와 Silverman(1973)은 놀이 자료를 제공받은 집단의 유아들이 익숙하지 않은 놀이 자료들에 다양하고 독창적으로 반응하며 더 놀이다운 태도를 가지고, 자발적으로 확산적 과제에 접근하고 있음을 밝혔다(김현주, 1983).

이와 같이 놀이와 창의성의 발달관계를 요약하면 놀이를 통해 창의성의 정의적인 요소인 호기심, 자발성, 민감성이 발달하며, 다각적인 탐색으로 확산적인 사고능력이 증진된다. 또한 놀이 가운데 가작화 요소가 내포된 상상놀이를 하면서 상상력이 발달되며, 무엇보다 새롭고 독특하게 생각할 기회들을 통해 독창성을 발달시킨다.

3. 놀이중심 다문화교육의 방향

놀이는 문화의 영향을 받아 다양한 놀이 형태로 계승되어 오고 있다. 놀이를 통해 주변세계를 이해하고 자연스럽게 많은 경험을 할 수 있게 된다. 유아들은 놀이를 통해서 자신만의 목표를 가지고 주도적으로 몰입할 수 있으므로 놀이는 교과와 흥미 영역의 경계를 넘나들면서 점차 확장되고, 학급의 유아들은 서로 협력하여 자신들만의 독특한 놀이세계를 구축해 나간다. 이를 통해 유아들은 자신의 노력과 성취에 대해 만족감을 느끼고 협력하는 기쁨을 만끽하며 뜨거운 우정을 경험한다(이정환, 김희진, 2007). 이렇게 유아들은 놀이를 통해 다양한 것을 경험하며 가장 잘 배울 수 있다. 많은 교사들이 놀이와 문화에 내재된 교육적 가치를 이해하지만 유아교육기관에서 유아의 놀이를 문화적으로 지원하기 위한 교수전략을 수립하는 것은 어려워한다. 유아의 흥미와 자발성을 해치지 않으면서 교육과정의 내용과 목표가 놀이문화에 자연스럽게 스며들도록 하기 위해선 매우 전문적이며 다문화적인 역량이 필요하기 때문이다.

이러한 역량을 갖추기 위해서 교사는 다양한 문화를 접하고 그에 대한 관심과 이해를 높여야 한다. 나아가 다양한 성, 인종, 장애, 연령, 가족 구성 등 편견을 보일 수 있는 여러 요소를 인식함으로써 다름을 이해하고 존중하는 태도와 실천적 능력을 키우기 위해 노력해야 한다.

그러나 매 순간 문화적 갈등이 발생하는 교육 현장에서 이를 꾸준히 실천하기 어렵다. 따라서 유아교육기관만의 특징적인 교수 · 학습 형태인 놀이를 통해 다문화교육을 실천할 수 있는 방향을 제시하고자 한다.

유아들은 놀이를 통해서 자신과 타인을 존중하는 태도를 배울 수 있다. 유아가 다양한 문화를 수용할 수 있도록 인식을 변화시키는 다문화교육은 놀이로써 제공하는 것이 적합하다.

이러한 점을 고려해 볼 때 유아를 위한 다문화교육의 출발은 유아의 흥미를 바탕으로 일과 속에서 자유롭게 선택할 수 있는 놀이를 중심으로 이루어져야 한다. 따라서 다문화교육의 방향은 다음과 같은 측면을 고려하여 구성해야 한다.

첫째, 다양성은 인정하고 차이와 다름을 이해할 수 있도록 한다. 즉, 다양한 문화이해교육을 통해 다문화이해의 폭을 넓혀주고 유아의 인식을 변화시킨다.

둘째, 다른 인종 및 문화를 다루는 방식의 변화가 필요하며 이를 연간교육계획과 연계하여 다양한 활동에 활용할 수 있도록 한다.

셋째, 활동내용에 다양한 문화적 소개를 고려하여 계획한다.

넷째, 인종과 민족에 대한 편견을 줄이고 민주적인 태도와 가치관을 길러줄 수 있는 교수방법에 대한 연구가 필요하다.

다섯째, 다문화가정 유아의 상황을 고려하여 인권과 교육의 평등을 지향할 수 있도록 한다.

여섯째, 다문화교육과 연간교육계획이 연계되어 다문화가정 · 비다문화가정 아이들 모두에게 통합적인 교육이 이루어질 수 있도록 한다.

일곱째, 다문화교육 프로그램의 개발 및 적용을 통하여 유아들의 포용력과 다문화적 역량을 발달시킨다.

여덟째, 프로그램을 운영함에 있어서는 다양한 교수 · 학습 방법을 활용하고 구체적이고 실질적인 교수 · 학습 자료를 활용할 수 있도록 한다.

4. 놀이중심 다문화교육의 목표와 내용

누리교육과정에서 추구하는 목적은 유아 · 놀이중심으로 놀이를 통해 건강한 사람, 자주적인 사람, 창의적인 사람, 감성이 풍부한 사람, 더불어 사는 사람으로 미래사회 핵심역량을 반영한 인간상이 교육과정의 목표로 설정되어 있다.

제시된 교육목표를 바탕으로 유아 다문화교육의 내용은 유아발달의 특성에 적합하고 유아의 이해와 태도 형성이 통합적으로 이루어질 수 있도록 구성되어야 한다. 이러한 내용을 근거로 다문화교육의 목표를 선정해 보면 다음과 같다.

첫째, 자신의 소중함을 알고 긍정적인 자아개념을 갖도록 한다.

둘째, 자신과 타인을 존중하고, 편견에 대해 비판할 수 있는 태도를 갖는다.

셋째, 가족, 또래, 공동체 내 다른 사람들과 더불어 생활하는 태도를 갖는다.

넷째, 다양한 놀이문화에 관심을 갖고 서로 협력하여 또래 간의 친사회적 행동을 증진시킨다.

다섯째, 일상생활을 통해 주변을 탐색하고 다양한 놀이를 통해 창의적인 표현능력과 반편견적 태도를 기른다.

이러한 목표를 바탕으로 다문화교육에 포함되어야 할 내용을 구체적으로 정리하여 본다.

첫째, 서로 다른 문화의 다름을 인정하고 차이점보다 공통점에 집중하여 수용하는 긍정적인 태도를 지향하는 문화 수용성 내용을 담아야 한다.

둘째, 자신과 타인의 문화에 대한 관심과 이해, 문화 간 유사점과 차이점, 다른 문화에 대한 긍정적인 경험, 다른 문화에 대한 존중과 수용에 관한 내용을 담아야 한다.

셋째, 유아의 긍정적 자아개념 및 정체성 형성에 관한 내용을 담아야 한다. 정체성은 자신이 누구인가에 대한 정의이며 자신의 성공적 통합이라 할 수 있다. 긍정적인 자신의 자존감과 정체성은 삶에서 만족감을 찾을 수 있다는 확신을 주며, 민족적 · 인종적 정체성에 대해 긍정적일수록 생활을 더 잘할 수 있기 때문이다(Tiedt & Tiedt, 2009).

넷째, 인종, 민족, 종교 등의 문화 다양성을 인정하고 이해 · 존중하며 수용하는 내용을 담아야 한다. 다양한 문화에 대하여 모든 문화는 존중할 가치가 있는 평등성에 기초하여 문화 다양성을 인정하는 내용 요소를 담아야 한다. 문화 다양성에는 국적, 종족, 인종, 종교, 사회 계층, 언어, 성, 연령 등이 포함될 수 있다(Melendez & Beck, 2000).

다섯째, 국가, 인종, 성, 능력, 계층 등의 배경에 대한 편견 없이 긍정적 태도와 평등적 가치 실현의 내용을 담아야 한다. 평등은 민주적 가치로서 자신이 속한 집단에 관계없이 교육 · 사회적으로 동등한 기회를 제공받을 수 있도록 보장하는 것이다. 교육과정의 설계와 전달에서 모든 인간을 위한 사회정의와 평등은 가장 중요한 요소이기 때문이다(Gollnick & Chinn, 2009).

여섯째, 문화적 다양성을 존중하고 차이에 대한 편견 없이 수용할 수 있도록 편견에 대한 비판적 사고를 형성시키고 문제 상황에 대처할 수 있는 능력을 기르는 내용을 담아야 한다.

일곱째, 문화적 배경이 다른 또래와 상호작용할 수 있는 능력, 친사회적 행동과 협력 능력을 증진시킬 수 있는 내용들을 담아야 한다. 협력은 유아의 상호작용과 의사소통 등 대인관계 능력과 관련된다.

다문화교육이 다양한 문화적 배경을 지닌 사회 구성원의 차이를 인정하고 존중함으로써 공동체적 삶을 살아갈 수 있도록 하는 교육이라는 점에서 의미가 크다.

이상과 같이 유아 다문화교육은 긍정적 자아개념과 정체성 형성, 문화의 다양성 인정과 수용, 다른 문화에 대한 존중과 수용 등 고정관념과 편견에 대한 대처와 문제해결력 증진을 위한 내용을 중심으로 실행되어야 한다.

1) 다문화교육의 운영

놀이중심 교육이라고 하면 일반적으로 활동적이며, 구체적인 사물을 조작하며 놀이하는 것이나 유아들이 재미있게 참여하는 교육 활동을 떠올린다. 그러나 유아의 발달과 학습에서 놀이의 중요성을 이야기하는 학자들(Piaget, 1962; Vygotsky, 1976)은 놀이는 정신적인 활동이며, 구체물의 조작을 통해 정신적인 조작과 사고의 협응이 일어나는 것이라고 이야기한다.

또한 놀이에서 유아의 흥미는 목적을 위해 집중하고 인내하게 하는 원동력(Dewey, 1966)이라는 점을 강조하고 있다.

교사들은 교수 · 학습에서 놀이가 강조되는 이유를 이해함으로써 사소한 재미만을 추구하는 놀이에서 벗어나 교육적 가치가 높은 놀이를 통해 쉽게 이해할 수 있도록 운영해야 한다. 다문화교육의 운영방법은 다음과 같다.

첫째, 유아의 놀이를 중심으로 각 기관의 문화적 특성을 고려하여 적합한 계획을 수립한다.

둘째, 하루일과에서 유아들이 바깥놀이를 하며 여러 나라의 전통 놀이를 포함한 다양한 놀이가 충분히 이루어지도록 운영한다.

셋째, 성, 신체적 특성, 종교, 가족 및 문화적 배경 등 차이에 대한 차별이 없도록 운영하며 유아가 반편견적 사고를 갖도록 운영한다.

넷째, 유아의 발달과 장애, 외모에 따라 교육과정을 조정하여 서로를 존중하고 협력할 수 있도록 운영한다.

다섯째, 문화적 특성을 고려하여 가정 및 지역사회와의 협력과 참여에 기반하여 운영한다.

여섯째, 교사 연수를 통해 다문화교육의 이해를 높이고 누리과정과 연계하여 운영할 수 있도록 한다.

2) 다문화교육의 편성

개정 누리교육과정에서 놀이를 강조하고 있는 것은 자명하다. 누리과정에서 놀이를 어떤 방식으로 강조하고, 기술하고 있는지 살펴봄으로써 놀이가 누리과정에서 차지하는 위치와 역할, 중요성, 교육과의 관계 등을 알 수 있다.

누리과정에서 놀이와 관련된 근거는 누리과정 편성과 운영, 교수 · 학습 방법의 측면에서 찾아볼 수 있다.

무엇보다 놀이를 통한 다문화교육을 접목시키는 데 있어 양자를 분리하는 것이 아니라 다문화교육에서의 내용 영역을 반영하여 놀이 활동이 자발적으로 이루어져야 한다. 이를 통해 유아교육 현장에서 다양성과 공존이라는 다문화교육의 목표를 달성할 수 있어야 한다.

다문화교육 실천을 위한 놀이중심 다문화교육은 현장에서 실시하고 있는 역할, 쌓기, 수 · 조작, 음률, 미술, 언어, 과학, 요리, 전통놀이, 신체놀이 등 다양한 놀이로 편성되어야 한다.

무엇보다 놀이중심 다문화교육의 접근방법은 놀이에 다양한 문화를 반영하여 흥미를 유발시킬 뿐만 아니라 다양한 영역의 놀이 활동으로 유아들의 전인적 · 통합적인 성장을 촉진할 수 있도록 편성해야 한다. 다문화교육의 편성방법은 다음과 같다.

첫째, 생활 속에서 사물을 직접 다루는 놀이 활동으로 유아 스스로 흥미를 가지고 자발적이고 지속적으로 참여하는 놀이로 편성한다.

둘째, 누리과정의 연령별 내용을 토대로 유아의 개인차를 고려하여 융통성 있게 교육·보육 활동을 전개한다.

셋째, 유아의 흥미와 발달수준 및 실생활 경험을 고려하여 놀이를 중심으로 교육·보육 활동을 실시하도록 한다.

넷째, 다문화적 환경을 구성하되 편견의 요소를 제거하여 놀이를 통해 반편견적 태도와 실천능력을 기를 수 있도록 편성한다.

다섯째, 지역사회의 특성과 부모 출신국 문화를 고려한 다양한 문화를 반영하여 자연스럽게 문화를 이해할 수 있는 활동으로 편성한다.

여섯째, 누리과정 편성 시 다문화교육의 내용 요소들이 5개 영역(의사소통, 신체운동·건강, 자연탐구, 사회관계, 예술경험)과 서로 연계될 수 있도록 통합적으로 편성한다.

일곱째, 다문화교육의 내용(문화, 협력, 평등, 다양성, 정체성, 반편견)을 지도요소로 편성한다.

여덟째, 편견이 나타날 수 있는 영역(문화, 능력, 종교, 신체, 가족 구성, 외모, 인종, 연령, 성, 계층)을 배제하여 편성한다.

3) 다문화교육의 교수·학습 방법

놀이중심 누리과정에서 놀이에 대한 교수·학습 방법은 교육과정의 내용을 어떻게 놀이 안에 자연스럽게 반영할 것인가에 대한 내용으로 기술되어 있다. 따라서 놀이의 본질적인 특성을 고려할 때, 놀이를 통해 교사가 유아 개인을 이해하고 성장을 돕도록 하는 교수·학습 방법이 필요하다.

교사는 유아의 자발적인 놀이가 자연스런 학습 경험이 될 수 있도록 사전에 교육목표와 내용을 설정하고 필요한 놀잇감, 시간, 장소 등을 고려하여 다양한 놀이를 준비해 주어야 한다.

또한 교사는 유아가 놀이에 대한 계획, 선택 및 수행, 평가의 기회를 가질 수 있도록 지원한다. 이와 같이 놀이를 교수 · 학습 방법으로 활용할 때 교사는 안내자, 촉진자로서의 역할이 강조된다. 교사는 안내자 촉진자로서 유아가 놀이를 통해 자연스럽게 활동 주제에 몰입할 수 있도록 안내해야 한다.

유아는 성인과 다르게 놀이를 통하여 학습한다. 유아에게 놀이는 배움 그 자체가 된다. 유아는 놀이하면서 주변의 다양한 사물들을 탐색하고, 상황을 이해하며 관련 지식, 태도, 기술 등을 발달시킨다.

놀이중심 교육의 원리는 유아가 놀이 활동에 자연스럽게 흥미를 가지고 참여함으로써 인지 · 정서 · 사회 · 신체 및 언어 그리고 상상력과 창의력 발달 등 전인발달을 이루도록 하는 원리이다.

최근 개정된 누리교육과정 내용을 보면 놀이중심 교육을 구체적으로 강조하고 있다. 세부 내용에서는 '유아가 충분한 놀이 경험을 통해 몰입과 즐거움 속에서 자율 · 창의성을 신장하고 전인적 발달과 행복 추구'를 중심내용으로 명시하여 유아의 충분한 놀이 경험을 강조하고 있다.

이전 교육과정에서는 경험과 놀이를 유사한 측면으로 다루고 있으나, 개정된 누리교육과정에서는 놀이에 경험이 반영되어야 함을 강조하며 놀이를 중심으로 교수 · 학습 활동이 이루어지도록 명시하고 있다.

또한 놀이를 위한 교사의 역할도 매우 중요하게 다루고 있다.

구체적으로 보면 '유아의 자발적인 놀이가 자연스럽게 학습 경험으로 연계되도록 하는 것도 교사의 교육적 의도가 있을 때 가능하므로, 교사는 교육목표와 내용에 부합하며 유아가 자발적이며 적극적으로 참여할 수 있는 놀이를 계획하여 제공하는 것이 필요하다'고 밝히고 있다.

즉, 교사가 교육과정의 5개 영역을 유지하며 연령별 세부내용을 연령통합으로 간략화하고 다양한 교육방식이 발현될 수 있도록 현장의 자율성을 확대하였다.

실제로 유아교육 현장에서는 많은 활동들이 놀이로 계획되어 실시되고 있다. 따라서 다문화교육의 원리는 기본적인 교수 · 학습 원리와 크게 다르지 않다. 현장에 적용해 볼 수 있는 다문화교육의 원리를 정리해 보면 다음과 같다.

이들은 다문화교육의 소재, 교수 · 학습 방법, 다문화교육의 확장 및 활동 방법의 근거가 될 수 있다.

교수 · 학습 방법을 정리하면 | 표 6-1 |과 같다.

| 표 6-1 | **교수 · 학습 방법**

교수 · 학습 방법	
◎ 유아의 흥미를 중심으로 활동을 선택하고 지속할 수 있도록 한다.	**◎ 놀이를 중심으로 자발적으로 활동이 이루어지도록 한다.**
가. 유아의 흥미와 관심에 따라 다양한 놀이에 자발적이며 적극적으로 참여하여 즐기도록 한다.	가. 자발적인 활동이 되도록 교사의 교육적인 의도가 중요하며, 놀이로 문화를 수용할 수 있도록 사전에 계획해야 한다.
나. 유아의 자유놀이부터 교사가 계획한 활동에 여러 문화권의 놀이를 지원하여 다양하게 배우도록 한다.	나. 다양성 속에서 동질성을 파악하기 위해 각기 다른 문화권의 소재에서 같은 소재를 찾거나 다른 장면으로 연계한다.
다. 유아가 다양한 놀이를 통해 문화를 긍정적으로 경험할 수 있도록 편견 없는 놀이 환경을 구성한다.	다. 인종, 성, 장애, 가족 구성, 종교, 외모 직업, 연령, 능력, 등 편견의 영역을 배제하여 다양한 활동으로 제공한다.
라. 문화적 배경이 다른 또래와 능동적인 상호작용, 친사회적 행동과 협력능력을 증진시키도록 한다.	라. 인성교육에서 다루는 긍정적인 자아개념, 감정이입, 타인 이해, 배려, 존중 내용이 포함되어 편견 없는 교육으로 접근한다.
마. 5개 영역의 내용을 다양한 유형으로 통합하여 유아의 놀이가 흥미롭게 다양한 문화를 경험할 수 있도록 한다.	마. 교사가 의도하는 교육내용에 부합하고 유아의 흥미와 요구를 반영하여 적극적으로 참여할 수 있도록 계획하여 제공한다.
바. 유아의 요구에 따라 놀잇감, 시간, 장소 등을 고려하여 다양한 놀잇감을 준비하여 놀이가 원활히 이루어질 수 있도록 한다.	바. 유아의 발달과 수준에 적합한 놀이를 안내하고 놀이가 활성화될 수 있도록 촉진자의 역할을 해야 한다.
사. 유아의 연령, 발달, 장애, 외모 등을 고려하여 개별 특성에 적합한 방식으로 편견 없이 평등한 시각으로 배우도록 한다.	사. 놀이로 문화를 쉽게 이해하기 위해 사진, 그림, 놀잇감, 생활소품, 예술품 등 다양한 자료를 활용한다.
아. 유아의 경험을 흥미 있는 놀이로 반복하고 생각할 기회를 제공하여 지식, 기능, 태도 및 가치를 형성하도록 한다.	아. 놀이중심 다문화교육이 될 수 있도록 유아가 놀이를 계획, 선택 및 수행, 평가의 기회를 가질 수 있도록 지도한다.

PART
02

놀이중심 다문화교육의 실제

CHAPTER 01

역할놀이와 다문화교육

역할놀이란 유아들이 흥미롭게 느꼈던 사건이나 인물, 역할, 상황, 자신이 알고 있는 정보들을 바탕으로 실제 놀이를 통해 표현해 보는 것을 말한다. 역할놀이를 통해 가족 구성원 및 다양한 사회 구성원의 역할을 경험할 수 있다. 유아들은 역할에 맞는 말과 행동 등을 생각하고 표현한다. 이러한 과정을 통해 유아들은 문화적 정체감을 확립하고 다른 문화에 대한 이해와 수용적 태도가 형성된다. 따라서 역할놀이는 다문화사회에 여러 나라의 문화에 대한 편견 없는 태도를 갖추는 데 도움을 주는 유용한 놀이가 될 수 있다.

1. 역할놀이의 교육적 가치

역할놀이는 유아기 발달에 중요한 시사점을 제공한다. 유아들은 소꿉놀이와 극놀이를 통해 서로를 이해한다. 또한 또래 간의 상호작용의 촉진으로 협동기술을 배울 수 있다. 역할놀이는 유아들이 가장 즐기는 놀이 중 하나로 일상생활과 밀접한 관련이 있어 자연스럽게 사회 · 문화적 역할이 학습으로 이어질 수 있다.

역할놀이의 교육적 가치를 살펴보면 다음과 같다.

첫째, 또래 간 역할을 나누고 이야기를 만들어 놀이하면서 다양한 형태의 상호작용을 경험할 수 있다. 이를 통해 친구 사귀기, 갈등을 긍정적으로 해결하기, 의견 조정하기, 타협하기, 협동하기 등 놀이에 적합한 여러 가지 사회적 기술을 배우며 원만한 또래관계를 형성하게 된다.

둘째, 다양한 역할과 상황에 적합한 어휘를 사용하고 친구와 이야기를 조직해 가면서 의사소통능력을 발달시킨다. 또래와 언어적 상호작용을 통해 자연스럽게 풍부한 어휘와 표현방법 등을 배워 나간다. 때로는 역할놀이에 필요한 소품을 만들기 위해 글씨를 쓰거나 컴퓨터를 활용하는 등 연령에 따라 다양한 방법으로 문자언어를 사용하기도 하므로 언어발달에 도움이 된다.

셋째, 역할놀이에 필요한 자료와 놀이내용을 전개하는 과정에서 유아들의 상상력과 창의력이 증진된다. 동일한 주제로 놀이를 하여도 가정에서의 경험이나 대중매체에서 보고 들은 경험에 따라 놀이의 전개나 언어 · 신체적 상호작용의 수준이 다를 수 있다. 즉 역할놀이는 유아의 상상력, 창의력, 자율성에 따라 자유롭게 구성된다. 이러한 놀이과정에서 유아가 새롭게 창조해 보고 적용해 보는 기회를 갖게 되어 상상력과 창의력이 발달하게 된다.

넷째, 유아들은 실제로 경험한 사건이나 인물을 모방하여 놀이하는 과정에서 다양한 역할과 상황을 상상하며 문제해결력과 함께 확산적 사고가 증진된다. 나아가 놀이를 통해 상대의 관점을 이해하는 조망수용능력이 발달하게 된다.

2. 역할놀이의 지도방법

역할놀이란 유아들이 흥미로운 사건, 상황, 역할, 대상 등을 모방하면서 놀이로 재연해 보는 것을 말한다. 교사가 역할놀이를 효율적으로 지도하기 위해서는 먼저 교실에서 일어나는 역할놀이 상황을 정확하게 파악하고 있어야 한다. 유아들이 많이 참여하는 역할놀이의 주제, 주로 맡는 역할, 역할놀이가 빈번하게 일어나는 영역, 가장 많이 사용되는 놀잇감, 그리고 집단구성 등에 관련된 정보를 관찰을 통해 수집하여야 한다. 그 밖의 역할놀이 수준을 높이기 위해 교사는 관찰한 내용을 토대로 사전에 계획을 세워야 한다. 이때 유아와 함께 의논하여 그들의 의견을 적극적으로 반영하여야 한다. 또한 유아가 역할놀이 과정에서 모든 의사결정이나 행동을 주도하도록 지원하는 안내자 역할을 해야 한다. 교사가 역할놀이를 촉진시키기 위해 적용할 수 있는 구체적인 지도방법을 살펴보면 다음과 같다.

첫째, 역할놀이에 필요한 놀잇감이나 자료 등 여러 문화를 편견 없이 반영한 놀이 환경을 제공하여 유아들이 놀이에 자발적으로 참여할 수 있도록 한다.

둘째, 유아들이 타문화에 편견을 갖지 않도록 놀잇감에 편견적 요소가 없는지 점검한다. 또한 구체적인 상호작용을 통해 타문화를 이해하고 존중하며 놀이할 수 있도록 지도한다.

셋째, 교사는 놀이 전 역할놀이에 나타나는 인물이나 사용되는 다양한 소품의 명칭을 구체적으로 알려줌으로써 유아들 간 적극적인 상호작용이 이뤄지기도 한다.

넷째, 유아들이 맡은 역할에 적합한 말과 행동을 생각해보도록 함으로써 교사는 유아의 놀이상황에 최소한으로 개입하도록 한다.

다섯째, 교사는 유아의 놀이를 관찰하여 필요한 자료를 적절히 제공해주도록 한다. 또한 역할놀이 중 편견이 나타날 수 있는 상황에 적절하게 개입하여 편견 없는 역할놀이가 될 수 있도록 지도한다.

3. 역할놀이 환경 구성 및 놀잇감

유아가 역할놀이를 통해서 가족의 역할, 다양한 직업의 기능, 다양한 인종을 경험하면서 자신의 여러 가지 생각이나 느낌을 재구성할 수 있다. 특히 이 영역에서 여러 가지 역할을 가작화하는 등 활동성이 높은 모습을 많이 보이므로 쌓기 영역 등 동적인 영역과 인접하게 배치하는 것이 좋다.

역할놀이가 풍부하게 일어나기 위해서는 유아들이 맡은 역할의 행위들을 재현하고 재구성할 수 있는 자료들이 필요하다. 어린 유아들일수록 실제성이 높은 놀잇감이 필요하며 연령이 높아질수록 실제와 유사한 놀잇감보다는 유아 스스로 가작화한 놀잇감들을 놀이에 사용하면 좋다.

역할놀이 영역을 구성할 때 고려할 사항은 다음과 같다(이숙재, 2001).

첫째, 역할놀이 영역은 동적인 영역에 배치하며 쌓기놀이 영역 가까이에 조성하여 놀이가 확장되도록 한다.

둘째, 교육과정에서 진행하고 있는 주제와 연관되게 조성해 줌으로써 유아들이 다양한 내용의 역할놀이를 할 수 있도록 한다.

셋째, 역할놀이 영역을 두 곳으로 나누어 배치하면 유아들의 상호작용을 촉진하고 놀이를 연계하고 발전시키는 데 도움이 된다.

넷째, 유아가 역할놀이를 확장시킬 수 있도록 실제 생활에서 자주 경험하는 익숙한 내용뿐만 아니라 덜 익숙한 내용에 관련된 놀잇감을 유아의 연령이나 놀이 경험에 따라 다양하게 제공해 준다. 또한 유아들이 다양한 문화를 경험할 수 있도록 세계 여러 나라의 놀잇감이나 소품을 제공한다.

다섯째, 역할놀이에 관련된 놀잇감을 종합적으로 제공하기 위해 소품 상자를 적극적으로 활용하여 교사나 유아가 내용물을 쉽게 찾을 수 있도록 겉면에 그림이나 사진을 붙이고 내용물의 목록을 붙여 용이하게 활용한다.

유아교육기관에서 역할놀이 영역 자료를 구비할 때에는 다음을 참고할 수 있다(신혜은, 고태순, 장세희, 2011).

- 세계 여러 나라 전통의상이나 축제의상 및 소품
- 세계 여러 나라의 생활소품이나 장식품, 예술품
- 세계 여러 나라의 음식 모형이나 사진
- 성역할을 나타낼 수 있는 자료
- 다양한 역할을 표현하는 의상 자료
- 다양한 인종 인형 및 모형들
- 다양한 가게놀이를 할 수 있는 소품
- 다양한 직업을 표현하기 위한 의상 자료
- 직접 경험한 사람들이나 실물과 유사한 자료

4. 역할놀이의 실제

(1) 국제 시장놀이

(2) 여러 나라 결혼식

(3) 모자 사세요

(4) 우리 동네 누들 가게

(5) 전통의상 패션쇼

(6) 캠핑놀이

(7) 옛날 신발을 찾아라

(8) 피시맨 캠페인

(9) 할로윈 데이

(10) 공항놀이

활동 1. 국제 시장놀이

활동 목표
- 다양한 시장의 모습을 통해 문화의 공통점과 차이점을 찾아본다.
- 국제 시장놀이에서 필요한 여러 나라의 다양한 화폐에 대해 안다.

지도요소
문화, 다양성

| 활동 자료 |

세계 여러 나라 시장 사진, 다양한 화폐, 과일, 채소, 빵, 과자, 음료수, 사탕류, 책상, 접시, 쟁반, 종이류, 사인펜, 색연필

| 활동 방법 |

1. 시장이 어떤 곳인지 이야기 나눈다.
   - 우리나라의 시장을 가 본 적이 있나요? 시장은 어떤 곳인가요?
   - 어떤 물건들을 팔았나요? 시장에는 어떤 사람들이 있나요?
2. 세계 여러 나라 시장의 모습을 살펴보며 공통점과 차이점에 대해 이야기 나눈다.
   - (사진을 보며) 시장마다 어떤 특징이 있나요?
   - 어떤 시장놀이를 해 보고 싶나요?
3. 국제 시장놀이를 위해 어떤 가게를 구성할지 이야기 나눈다.
   - 여러 시장 중 어떤 시장놀이를 해보고 싶나요?
   - 가게를 만들 때는 어떤 것이 필요할까요? (물건, 간판, 테이블, 화폐, 가격표 등)
   - 우리 교실에 있는 비품을 이용하여 가게들을 만들어 볼까요?
   - 채소, 과일, 슈퍼, 빵가게에는 어떤 재료들이 필요할까요?

한국: 동대문시장

태국: 국제시장

이집트: 낙타시장

네덜란드: 국제시장

4. 국제 시장놀이를 할 때 필요한 화폐에 대해서 이야기 나눈다.
    - 우리나라에서 쓰는 화폐를 다른 나라에서도 사용할 수 있을까요?
    - 화폐에는 어떤 종류들이 있을까요?
    - ○○가게에서는 어떤 화폐를 사용할까요?
5. 국제 시장놀이에 필요한 역할을 나눈다.
    - 시장놀이에 필요한 역할은 어떤 것이 있을까요?
    - 역할에 따라 지켜야 할 예절과 규칙이 있을까요?
6. 친구들과 놀이 규칙을 지키며 가게 주인과 손님 역할을 바꾸어가며 놀이해 본다.

| 활동의 유의점 |

- 여러 나라의 시장놀이 자료를 충분히 준비하여 관찰하도록 한다.
- 각 가게마다 화폐의 종류가 섞이지 않도록 유의한다.

| 확장 활동 |

- 다양한 가게 물건을 종류별로 분류하고 환전놀이를 해본다.
- 에코백에 시장의 모습을 그려 나만의 장바구니를 만들어 본다.

활동 2. 여러 나라 결혼식

활동 목표
- 과거와 현재의 결혼식 풍습이 다름을 안다.
- 결혼축하인사의 표현은 다르지만 뜻이 같음을 알아본다.

지도요소
문화, 다양성

| 활동 자료 |

결혼식 포토존, 카메라, 결혼식 모습 사진, 축하 배너, 각 나라 전통의상, 드레스, 턱시도, 화관, 부케

| 활동 방법 |

1. 결혼식 사진을 보며 결혼에 대해서 이야기 나눈다.
   - 결혼식을 본 적이 있나요? 누구의 결혼식이었나요?
   - 결혼식에 있는 사람들은 어떤 옷을 입고 있었나요?
   - ○○엄마와 아빠는 어디에서 결혼을 했을까요?
2. 결혼식 사진을 보며, 과거와 현재의 결혼식 풍습에 대해 이야기 나눈다.
   - 과거와 현재의 결혼식 풍습이 어떨까요?
   - 과거와 현재의 각 나라 신랑, 신부의 옷들의 특징이 있나요?
   - 과거와 현재의 축하하는 손님들의 모습은 어떤가요?
3. 여러 나라 결혼식 놀이에 필요한 준비물에 대해 이야기 나눈다.
   - 다른 나라 결혼식 모습은 어떨까요?
   - 결혼식 놀이에는 어떤 소품과 의상이 필요할까요?
   - 결혼식 놀이에 어떤 축하곡이 나올까요?
   - 축하해 주러 온 손님들을 위해서는 어떤 것을 준비할까요?

한국		결혼을 축하합니다.
미국		Congratulations on your wedding 컨그레츄레이션 온 유어 웨딩
중국		恭喜你结婚! 공시공시 니 지엔훈
일본		ご結婚おめでとうございます 고켁콘 오메데토~고자이마스
프랑스		Félicitations pour votre mariage 펠리씨따씨옹 뿌흐 보트흐 마리아주

4. 여러 나라의 결혼축하 인사말에 대해 이야기 나눈다.
    - 결혼식에는 어떤 인사를 하나요?
    - '결혼을 축하합니다'를 다르게 표현할 수 있나요?
    - 여러 나라의 언어로 결혼 축하 인사를 해볼까요?
5. 준비한 포토존에서 웨딩 사진을 찍고 역할놀이를 해본다.
    - 어느 나라 결혼식을 먼저 해 보고 싶나요?
    - 원하는 의상을 입고 신랑과 신부가 함께 서 볼까요?
    - 신랑과 신부의 표정과 포즈는 어떻게 하면 될까요?
6. 결혼식 놀이 후 느낀 점에 대해서 이야기 나눈다.

| 활동의 유의점 |

- 다양한 결혼 풍습을 영상, 사진 자료를 활용하여 충분히 알려준다.
- 결혼식에 사용되는 축하곡, 옷, 소품을 다양하게 준비해 준다.

| 확장 활동 |

- 결혼식 피로연 놀이를 한다.
- 결혼 사진 액자를 만들어 본다.

활동 3. 모자 사세요

활동 목표
- 나라마다 고유한 모자가 있음을 안다.
- 모자 모양은 달라도 모자의 기능이 같음을 이해한다.

지도요소
문화, 다양성

| 활동 자료 |

여러 나라의 모자 그림 자료 및 실물 자료, 신문지 및 종이 모자 만들기 재료
동화 '모자 사세요'(에스퍼 슬로보드키나, 시공주니어, 1999)

| 활동 방법 |

1. 동화 '모자 사세요' 동화를 듣고 모자 가게놀이를 교실에서 할 수 있는 방법에 대해 이야기를 나눈다.
   - 동화 속에서 주인공이 무엇을 팔았나요?
   - 모자 가게놀이를 한다면 어떻게 하면 좋을까요?
   - 모자 가게에 필요한 물건은 무엇이 있을까요?
2. 세계 여러 나라 다양한 모자를 보며 이야기 나눈다.
   - 모자의 모양이 어떤가요? 이 모자는 어느 나라의 모자일까요?
   - 이 모자의 이름은 무엇일까요?

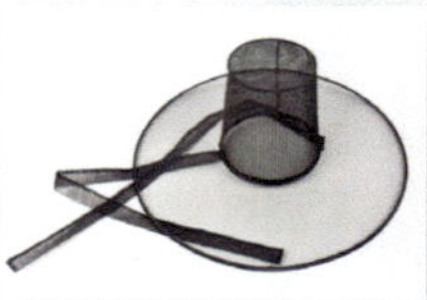
한국 : 갓(남자)

한국 : 조바위(여자)

베트남 : 농라

몽골 : 델

멕시코 : 솜브레로

미국 : 카우보이모자

영국 : 탑 헷

네덜란드 : 휼

인도: 터번

독일 : 볼렌훗

러시아 : 샤프카

사우디아라비아:케피야

출처 : 구글 세계여러나라 전통모자

3. 미술 영역에서 만든 모자와 가게 간판, 모자 사진 등을 이용하여 모자 가게를 구성한다.
   - 모자 가게라는 것을 알 수 있도록 하려면 어떤 것들이 필요할까요?
   - 모자들을 어떻게 전시하면 좋을까요?
4. 역할을 나누어 모자 가게놀이를 한다.
   - 주인이 모자를 팔려면 어떻게 해야 할까요?
   - 손님이 모자 가게에서 원하는 모자를 사려면 어떻게 하면 좋을까요?
5. 친구들과 모자 가게놀이를 해보고 느낀 점에 대해서 이야기해 본다.

| 활동의 유의점 |

- 사전에 모자 가게를 견학해 본다.
- 모자 이외에 가게놀이에 필요한 화폐, 봉투, 소품을 다양하게 준비해 준다.

| 확장 활동 |

- 모자를 활용한 동작(춤)을 음악에 맞춰 신체로 표현해 본다.
- 다양한 모자를 쓰고 패션쇼를 해본다.

활동 4. 우리 동네 누들 가게

활동 목표
- 우리 동네 누들(면) 파는 곳과 누들의 종류와 재료의 다양함을 안다.
- 나라마다 즐겨 먹는 누들이 있음을 안다.

지도요소
다양성, 정체성

| 활동 자료 |

다양한 면요리 그림 자료 / 쟁반, 접시, 메뉴판, 요리사 옷, 면요리 만들 재료

동영상 자료: 인사이트 아시아 – 누들로드 참고 (KBS) / 누들에 관한 영상들

| 활동 방법 |

1. 누들을 만드는 동영상과 그림 자료를 보며, 면요리에 대한 경험을 이야기 나눈다.
   - 면요리를 먹어 본 적이 있나요? 어떤 면을 좋아하나요?
   - 어디에서 먹어 보았나요? 만드는 과정을 본 적이 있나요?
2. 다양한 누들에 대하여 그림 자료를 보며 이야기 나눈다.
   - 이 누들의 이름은 무엇일까요? 어느 나라 사람들이 즐겨 먹는 누들(음식)일까요?
   - 이 음식을 먹어 본 적이 있나요? 맛은 어땠나요?
   - 각 나라 사람들의 입맛에 따라 들어가는 재료가 다르다는 것에 대해 알고 있나요?
3. 누들의 종류에도 그 나라만의 음식문화가 있음을 이야기 나눈다.

한국 : 칼국수

베트남 : 쌀국수

이탈리아 : 스파게티

싱가포르 : 호키엔미

일본 : 모리소바

태국 : 팟타이

중국 : 초마면

인도네시아 : 미고랭

몽골 : 추이왕

출처 : 구글 세계여러나라 면요리

4.누들 가게를 어떻게 구성할 것인지 이야기 나눈다.
  - 어느 나라의 누들 가게를 만들고 싶나요?
  - 다양한 누들을 소개하려면 어떻게 하면 좋을까요?
  - 누들 가게에는 어떤 것들이 필요할까요?
  - 완성한 누들 음식은 어디에 놓을까요?

5. 누들 가게놀이에 필요한 역할에 대해 이야기 나눈다.
  - 가게놀이를 하려고 하면 누가 있어야 할까요?
  - 역할은 어떻게 정하면 좋을까요?

6. 정해진 역할로 누들 가게놀이를 해본다.

| 활동의 유의점 |

- 우리 동네에 있는 면요리 가게들이 어느 나라 요리인지 연결지어 소개해 준다.
- 주문을 하면서 각 나라의 누들을 알 수 있도록 메뉴판을 준비해 준다.

| 확장 활동 |

- 실제 요리 활동을 통해 면이 만들어지는 과정을 관찰하고 먹어 본다.
- 다양한 면요리를 아이클레이로 만들어 본다.

활동 5. 전통의상 패션쇼

활동 목표	지도요소
• 여러 나라 전통의상에 대해 관심을 가진다. • 전통의상의 다름에 대해서 편견을 갖지 않는다.	문화, 반편견

| 활동 자료 |

패션쇼 영상과 사진, 세계 여러 나라 전통의상, 패션쇼 무대, 만국기, 소품, 음악

| 활동 방법 |

1. 패션쇼에 대한 사전 경험에 대해 이야기 나눈다.
   - 패션쇼는 무엇을 어떻게 하는 것이라고 생각하나요?
   - 패션쇼하는 것을 어디에서 본 적이 있나요?
   - 패션쇼를 준비하는 사람들은 어떤 일을 하나요?
2. 각 나라 전통의상에 대해 살펴본다.
   - 우리나라의 전통의상은 무엇일까요?
   - 남자의 한복과 여자의 한복은 어떤 차이가 있나요?
   - 이 의상은 어느 나라 전통의상일까요? 색깔과 무늬가 어떤가요?
   - 그 나라의 전통의상을 찾을 수 있나요?
3. 패션쇼 무대를 어떻게 구성할지 정한다.
   - 패션쇼 무대를 어떻게 구성하면 좋을까요?
   - 패션쇼 무대를 더 예쁘게 꾸미기 위해 어떤 것이 더 필요할까요?
   - 우리들만의 패션쇼 이름을 지어서 붙일까요?

전통의상 패션쇼

한복 패션쇼

웨딩드레스 패션쇼

파리 패션쇼

아동복 패션쇼

남성복 패션쇼

출처: 구글 다양한 컨셉의 패션쇼

4. 패션쇼에 필요한 소품을 준비한다.
   - 패션쇼에는 의상 이외에 어떤 것을 준비할까요?
   - 워킹을 할 때 어떤 음악이 나오면 좋을까요?
   - 패션쇼 안내 포스터도 만들어 볼까요?
5. 패션쇼 놀이방법에 대해 협의한다.
   - 패션쇼에 어떤 의상을 입고 싶나요?
   - 패션쇼에 나오는 모델의 순서는 어떻게 정할까요?
   - 모델은 의상을 결정하고 포즈 연습도 해볼까요?
6. 각자 맡은 역할을 하며 패션쇼 놀이를 해본다.

| 활동의 유의점 |

- 전통의상을 충분히 살펴보고 입고 싶은 옷을 고를 수 있도록 한다.
- 패션쇼 무대도 친구들과 함께 꾸며보도록 한다.

| 확장 활동 |

- 다양한 포즈의 사진을 찍어 패션쇼 사진 전시회를 해본다.
- 나라별 전통의상을 입고 전통춤을 따라 춰본다.

활동 6. 캠핑놀이

활동 목표
- 여러 종류의 캠핑문화에 대해 관심을 가진다.
- 친구와 함께 캠핑에 필요한 다양한 재료를 준비하여 놀이한다.

지도요소
다양성, 문화

| 활동 자료 |

캠핑 관련 사진 자료, 캠핑 텐트, 여러 가지 음식 모형, 그릴, 담요, 의자

| 활동 방법 |

1. 캠핑에 대해 이야기 나눈다.
   - 캠핑이 어떤 것인지 알고 있나요?
   - 캠핑을 가 본 적이 있나요? 누구와 어디로 갔었나요?
   - 사람들은 산, 바다, 계곡 중 어디로 가는 것을 좋아할까요?
   - 캠핑을 갈 때 가족들이 어떤 것을 준비하셨나요?
   - 캠핑을 가서 가장 재미있었던 것은 무엇이었나요?
2. 여러 종류의 캠핑문화에 대해 살펴본다.
   - 캠핑을 가서 어디에서 잤나요?
   - 캠핑을 하는 방법은 어떤 것이 있을까요?
   - 캠핑을 가기 위해서 어떤 준비물이 필요할까요?
   - 캠핑을 가서 식사는 어떻게 할까요?

오토캠핑

카라반캠핑

글램핑

백패킹

비박

오지캠핑

부쉬크래프트

바이크캠핑

3. 캠핑 갈 때 필요한 준비물에 대해 알아본다.
   - 캠핑 갈 때 어떤 것을 준비해야 할까요?
     (텐트, 테이블, 침낭, 랜턴, 조리도구, 버너, 그릇, 가위, 여벌 옷, 슬리퍼, 휴지, 우비, 음식 재료, 비상 약품 등)
4. 캠핑장을 어떻게 구성할지 정한다.
   - 여러 종류 캠핑장 중 어떤 캠핑장을 구성해 볼까요?
   - 텐트 안쪽은 어떻게 꾸밀까요?
   - 캠핑놀이를 하면서 어떤 음식을 먹고 싶나요?
5. 캠핑놀이를 역할을 나누어 해본다.

| 활동의 유의점 |

- 캠핑 준비물 용어가 어려울 수 있으니 사진과 매칭하여 이해를 돕도록 한다.
- 실제 간식을 준비하여 나눠 먹으며 더 재미를 느끼도록 해준다.

| 확장 활동 |

- 폐품을 이용하여 카라반 만들기를 해본다.
- 캠핑장에서 먹을 꼬치구이 요리를 해본다.

활동 7. 옛날 신발을 찾아라

활동 목표	지도요소
• 신발의 종류가 다양함을 안다. • 나라마다 전통신발이 있음을 안다.	다양성, 정체성

| 활동 자료 |

여러 나라 옛날 신발 실물 자료, 그림 자료, 의상, 책상

| 활동 방법 |

1. 우리나라와 다른 나라의 전통 신발에 대해 이야기 나눈다.
   - 우리나라 선조들이 옛날에 어떤 신발을 신었을까요?
   - 그 신발은 어떻게 만들었을까요?
   - 고무신(짚신, 나막신)을 신어 본 경험이 있나요?
   - 다른 나라 사람들은 어떤 신발을 신었을까요?
2. 여러 나라 신발의 이름과 특징에 대해 살펴본다.
   - 이런 신발을 본 적이 있나요?
   - 이 신발의 이름은 무엇일까요?
   - 이 신발은 어느 나라의 옛날 신발일까요?
   - 이 신발은 어떤 재료로 만든 것일까요?
   - 이 신발은 어떤 날씨에 신고 다녔을까요?
   - 요즘 우리가 신는 신발과 어떤 차이가 있나요?

오한국: 꽃신

한국: 나막신

한국: 짚신

한국: 고무신

아프리카: 샌들

인디언: 모카신

네덜란드: 클로그

일본: 게다

출처: 구글 세계 여러 나라의 옛날 신발

3. 놀이에 필요한 옛날 신발을 구성해 본다.
   - 옛날 신발을 나라별로 어떻게 전시할까요?
   - 옛날 신발 이외에 무엇이 필요할까요?
   - 신발에 맞는 의상은 어떤 것이 있을까요?
4. 역할놀이 방법과 역할에 대해 이야기 나눈다.
   - 어떤 신발을 신고 싶나요?
   - 왜 이 신발을 신고 싶나요?
   - 신고 있는 신발을 친구들에게 어떻게 자랑할 건가요?
5. 선택한 옛날 신발과 옷을 착용한 후 역할놀이를 해본다.

| 활동의 유의점 |

- 실제 다양한 옛날 신발을 신어 볼 수 있도록 준비한다.
- 상황에 맞게 신발을 신어 본 후 느낌에 대해 충분히 이야기 나누도록 유도한다.

| 확장 활동 |

- 세계 여러 나라 전통 신발을 그려본다.
- 신발을 이용해 같은 짝 신발 찾기 게임을 해본다.

활동 8. 피시맨 캠페인

활동 목표
- 세계자연기금이 하는 일에 대해 알아본다.
- 자연을 보호는 방법에 대해 알고 친구들과 함께 실천한다.

지도요소
문화, 협력

| 활동 자료 |

세계자연기금 영상 자료, 쓰기 도구, 색지, 피시맨 포스터, 물고기 머리띠, 물고기 가면

| 활동 방법 |

1. 지구의 환경 실태에 대해 알아본다.
    - 지구의 환경오염에 대해 생각해 본 적이 있나요?
    - 토양, 대기, 수질은 어떤 이유로 오염되고 있을까요?
    - 사람들은 환경 보존을 위해 어떤 노력을 하고 있을까요?
2. 세계자연기금에 대해 이야기 나눈다.
    - 환경 보존을 위해 많은 일을 하고 있는 기관은 어떤 것이 있을까요?
    - 세계자연기금이 어떤 기관이며, 어떤 일을 하고 있을까요?
    - 자연을 보존하기 위해 우리가 할 수 있는 일은 어떤 것이 있을까요?

WWF(세계자연기금)는?

WWF는 세계적인 비영리 환경보전기관으로, 우리의 푸른 별 지구의 자연환경을 보전하고 인간이 자연과 조화롭게 살아가는 미래를 만들고자 합니다. 이를 위해, 생물다양성을 보전하고 재생 가능한 자연자원의 이용을 지속 가능한 방식으로 유도하며, 환경오염 및 불필요한 소비 절감에 대한 의식을 고취시키는 데 힘쓰고 있습니다. 한국에서도 지난 10년간 환경보전 활동을 해왔으며, 2014년 공식적으로 WWF-Korea(세계자연기금 한국본부)가 설립되었습니다.

출처: 세계자연기금 홈페이지 | WWF Korea www.wwfkorea.or.kr

출처: 구글 피시맨

3. 피시맨 캠페인에 대해 이야기 나눈다.
    - (피시맨 포스터를 보며) 이 포스터는 무엇을 나타내는 것일까요?
    - 세계자연기금 회원들은 피시맨 캠페인을 어떻게 하였나요?
    - 피시맨 포스터를 본 느낌이 어떠한가요?
    - 피시맨 포스터에는 어떤 의미가 담겨 있을까요?
4. 피시맨 캠페인을 위해 필요한 것을 함께 준비한다.
    - 우리가 피시맨 캠페인을 하기 위해서는 어떤 것을 준비해야 할까요?
    - 세계자연기금 회원들처럼 피시맨 가면을 쓰고 밖으로 나가 보면 어떨까요?
5. 물고기 가면을 만들어 쓰고 구호도 외치며 피시맨 캠페인을 해본다.

| 활동의 유의점 |

- 세계자연기금이 하는 일에 대해 영상 자료를 활용하여 이해를 돕는다.
- 자연을 보호하기 위해 할 수 있는 일에 대해 서로의 생각을 나누도록 한다.

| 확장 활동 |

- 자연보호를 위해서 우리가 할 수 있는 일을 책으로 만들어 본다.
- 세계자연보호운동을 위한 포스터를 만들어 본다.

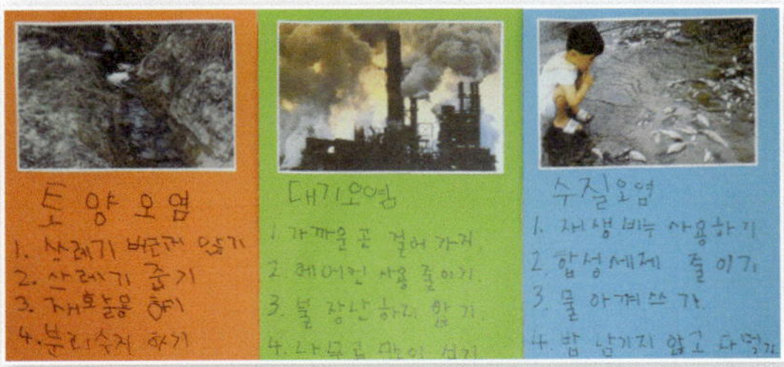

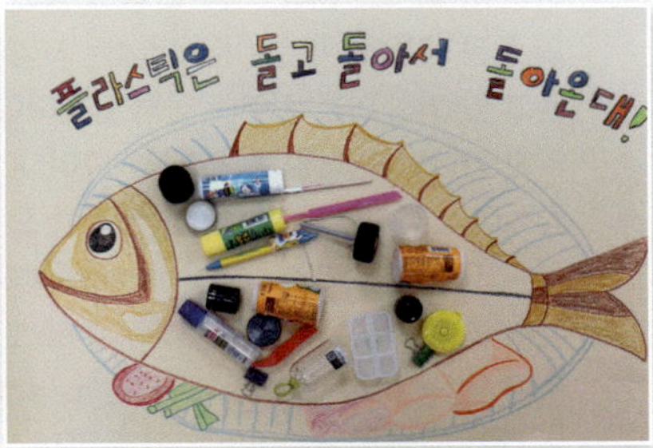

활동 9. 할로윈 데이

활동 목표

- 미국의 축제 할로윈 데이 유래에 대해 안다.
- 다양한 마녀 분장과 놀이 체험으로 미국의 문화를 이해한다.

지도요소

문화, 다양성

| 활동 자료 |

할로윈 유래에 관한 그림 자료, 마녀 망토, 치마, 머리띠, 풍선, 호박 바구니, 마녀 모자, 할로윈 글씨 배너, 스티커, 화장품, 페이스페인팅물감, 사탕

| 활동 방법 |

1. 할로윈 데이에 대해 이야기 나눈다.
   - 할로윈 데이에 대해 들어 본 적이 있나요?
   - 할로윈 데이는 어느 나라 축제인가요?
   - 할로윈 데이는 어떤 날일까요?
2. 할로윈 데이 유래에 대해 알아본다.
   - 할로윈은 언제부터 시작되었을까요?
   - 누가 만든 것일까요?
   - 할로윈 데이에는 무엇을 하나요?
   - 분장은 왜 할까요?
   - 어떤 분장을 하고 싶나요?

유래

할로윈은 미국에 이민 온 아일랜드인들이 들여온 풍습에서 유래되었다. 기독교가 유럽을 지배하기 이전 아일랜드, 영국, 북부 프랑스 등에 살던 켈트족은 11월 1일에 새해가 시작된다고 믿었으며 1년의 끝은 10월 31일로, 이날 밤에는 사망자의 영혼이 가족을 방문하거나, 정령이나 마녀가 나온다고 믿고 있었다. 마을 입구는 물론 집집마다 음식을 준비하고 악령들을 대접하면 악령들이 자신들에게 악한 장난을 하지 않는다고 믿었으며, 오랜 세월이 지나면서 아일랜드 원주민들은 귀신 복장을 하고 집집마다 돌아다니며 음식을 달라고 요구하는 재미있는 전통을 만들게 되었고, 이것이 Halloween의 대표적인 놀이인 Trick-or-treating의 유래가 되었다고 한다. 또, 유령, 마녀, 괴물 등을 가장한 아이들이 집집마다 돌며 Trick or treat!(맛있는 것을 주지 않으면, 장난칠 거야)라고 말한 뒤, 사탕을 주지 않으면 비누 등으로 유리창에 낙서를 한다. 하지만 대부분의 어른들은 아이들에게 사탕을 나눠 주는 것을 즐거워하며 미리 준비해 놓기 때문에 그런 일들은 별로 일어나지 않는다. 그리고 아이들은 어른들에게 받은 사탕을 모아 파티를 연다.

3. 할로윈 데이 놀이방법에 대해 이야기 나눈다.
    - 할로윈 데이에 아이들은 어떤 놀이를 할까요?
    - 사탕을 달라고 할 때 무엇이라고 외칠까요?
4. 할로윈 데이 놀이에 필요한 분장과 소품을 준비한다.
    - 어떤 캐릭터가 되어 보고 싶나요?
    - 왜 그 캐릭터가 되어 보고 싶나요?
    - 그 캐릭터가 되어 보기 위해서는 무엇이 필요할까요?
    - 사탕은 어떤 바구니에 담을까요?
5. 즐겁게 할로윈 데이 놀이를 해본다.

| 활동의 유의점 |

- 의상과 소품, 분장도구를 다양하게 준비하여 직접 선택할 수 있도록 한다.
- Trick or treat!의 뜻을 정확하게 알고 외칠 수 있도록 미리 연습한다.

| 확장 활동 |

- 할로윈 가면을 만들어 본다.
- 할로윈 분장을 하고 거리 퍼레이드를 해본다.

활동 10. 공항놀이

활동 목표

- 공항에서 하는 일이 다양함을 안다.
- 비행기를 타고 세계 여러 나라를 여행할 수 있음을 안다.

지도요소

편견, 문화

| 활동 자료 |

세계지도, 만든 여권, 여행가방, 공항 배경, 역할 이름표

| 활동 방법 |

1. 세계지도를 보며 여행하고 싶은 나라에 대해 이야기 나눈다.
   - 여행을 간다면 어느 나라에 가 보고 싶나요?
   - 왜 그 나라에 가고 싶나요?
   - 그 나라에 가면 무엇을 볼 수 있을까요?
   - 가고 싶은 나라가 어디에 있는지 지도에서 찾아볼까요?
   - 우리나라 사람들이 가장 많이 여행 가는 나라는 어디일까요?
   - 다른 나라를 여행하려면 어디에서 무엇을 타고 가야 할까요?
2. 공항에 대해서 이야기 나눈다.
   - 공항에 가 본 적이 있나요?
   - 누구와 언제 가 보았나요?
   - 공항은 무엇을 하는 곳일까요?
   - 공항에는 어떤 분들이 일하고 계실까요?
3. 공항에서 일하시는 분들에 대해 알아본다.
   - 공항에 있는 사람들은 어떤 일을 할까요?
   - 공항에 있는 분들은 우리를 어떻게 도와줄 수 있을까요?
   - 우리도 공항놀이를 해볼까요?
4. 공항놀이에 대해서 이야기 나눈다.
   - 공항놀이를 할 때 필요한 것은 무엇이 있을까요?
   - 여권과 여행가방은 왜 필요할까요?
   - 공항에서 일하는 사람들은 어떤 옷을 입을까요?
   - 공항 안에서 일하는 사람들 중 어떤 역할을 해보고 싶나요?
5. 공항놀이에 필요한 역할에 대해 이야기 나눈다.
   - 승무원은 어떤 일을 할까요?

- 기장은 어떤 일을 할까요?
- 출입국 심사관은 어떤 일을 할까요?
- 또 다른 역할은 어떤 것이 있을까요?

6. 역할을 나누어 공항놀이를 한 후 역할을 바꿔서도 해본다.
   - 어떤 역할을 해 보고 싶나요?
   - 왜 그 역할을 해 보고 싶나요?
   - 역할은 어떻게 정하면 좋을까요?
   - 역할을 바꿔서 공항놀이를 해 볼까요?
   - 공항놀이에서 여행을 해 보니 기분이 어떠했나요?
7. 공항놀이를 정리한 후 놀이를 평가해 본다.

| 활동의 유의점 |

- 여행하고 싶은 나라의 정보를 제공한다.
- 공항놀이 소품을 직접 만들어 놀이의 흥미를 높이도록 한다.

| 확장 활동 |

- 세계 여러 나라의 공항을 사진이나 영상으로 본다.
- 우리 반 친구들에게 가장 가고 싶은 나라를 조사해 본다.

CHAPTER 02

쌓기놀이와 다문화교육

쌓기놀이 영역은 유아들이 소재와 모양, 색, 크기, 형태 등이 다양한 블록을 이용하여 일상생활에서 직·간접적으로 경험하거나 상상한 것을 자유롭게 구성해 볼 수 있는 영역이다. 유아는 다양한 블록을 이용하여 추상적인 지식이나 경험 등을 구체화하여 자신만의 고유한 세계를 만들어 내며 이는 인지 및 창의성 발달을 촉진한다. 유아의 원활한 쌓기놀이 수행을 위한 발달적 특성을 살펴보면 다음과 같다.

먼저 유아는 무엇을 만들 것인가에 대한 계획을 세우고, 어떤 블록이나 재료를 사용할지 선택한다. 이러한 과정을 거친 후 유아는 계획한 구성물을 완성하기 위해 주의를 기울여야 하는 것이 무엇인지 인식하고 놀이를 진행해야 한다.

쌓기놀이 영역은 교실 내 넓은 공간에 위치하는 것이 좋으며, 소음 방지 및 유아의 안전을 위해 매트 등을 깔아놓는 것이 좋다.

쌓기놀이를 할 때 유아들은 신중하게 쌓기 위해 놀이에 몰입하고 쌓은 것을 무너뜨리며 즐거워하기를 반복한다. 유아들은 마치 자신이 예술가나 건축가가 된 것처럼 놀이에 몰입하여 무언가를 만들어 낸다. 쌓기놀이에 사용되는 블록은 유아의 의도에 따라 다양한 형태로 변형이 가능하며 어떻게 사용하는가에 따라 다양한 모양으로 구성될 수 있다는 점에서 개방적인 놀잇감이다. 쌓기놀이는 유아들에게 다양한 학습과 성장의 기회를 제공하는데 이를 발달의 제반 영역에 따라 살펴보면 다음과 같다.

1. 쌓기놀이의 교육적 가치

쌓기놀이는 유아들이 경험한 정보 위에 상상력을 더해 놀이를 진행하는데, 경험과 상상을 쉽게 표상할 수 있게 해주는 개방적이고 다목적적인 매체 중 하나인 블록과 여러 놀잇감을 통해 다양한 놀이가 이루어진다.

쌓기놀이의 교육적 가치를 살펴보면 다음과 같다.

첫째, 블록은 여러 가지 크기와 모양을 가지고 있으며 정해진 용도로만 사용하는 놀잇감이 아니라 유아들의 요구에 따라 자유롭게 활용할 수 있는 놀잇감이다. 유아들은 긴장과 부담이 전혀 없는 상황에서 자유롭게 블록을 쌓고 무너뜨리는 과정을 통해 정서적 안정감을 갖는다. 또한 자신이 완성한 구조물에 성취감과 자신감을 갖게 되어 궁극적으로 긍정적인 자아개념이 형성된다.

둘째, 유아들끼리 같은 공간에 있는 놀잇감과 재료를 서로 공유하면서 놀이하는 하나의 사회적 놀이다. 또래와 사회적 상호작용을 통해 다양한 블록놀이를 계획하고 구성하는 과정에서 서로 도움을 주고받으며, 상호 협조적인 놀이과정을 통해 친사회적 기술이 증진된다.

셋째, 쌓기놀이를 통해 블록의 형태, 크기, 위치, 상호관계 개념에 필요한 어휘들을 자연스럽게 학습하게 되며, 완성된 작품을 발표하고 설명하는 과정을 통해 자연스럽게 언어발달이 촉진된다.

넷째, 다양한 블록을 이용해 놀이를 하는 가운데 눈과 손, 손과 손, 손과 손가락의 협응력 및 조작력이 발달한다. 또한 블록을 들고 높이 쌓아올리거나 운반하여 복잡한 구성물을 만드는 과정을 통해 대 · 소근육의 운동능력이 발달한다.

다섯째, 블록으로 단순한 형태나 복잡한 형태의 구조물을 만들면서 대칭과 균형의 아름다움을 지각하게 되고 입체구성능력이 증진된다. 다양한 모양과 형태의 블록을 다루며 구성물에 필요한 블록을 적합한 공간과 위치에 찾아 맞추는 과정에서 공간지각능력 등이 향상된다.

2. 쌓기놀이의 지도방법

쌓기놀이란 여러 종류의 크기, 색, 모양, 형태의 블록과 소품을 이용하여 구성물을 창조하는 활동을 말한다. 유아들은 블록을 이용해 구성물을 만들고 부수는 과정 속에서 다양하고 창의적 방법으로 놀이하면서 신체, 언어, 인지, 정서, 사회성 및 창의성 발달 등 전인적 발달을 도모하게 된다. 교사가 쌓기놀이를 촉진시키기 위해 적용할 수 있는 구체적인 지도방법을 살펴보면 다음과 같다.

첫째, 유아를 개별적으로 관찰한다. 교사는 관찰을 통하여 쌓기놀이 발달단계 중 어느 단계에 속하는지 알 수 있으며, 개입 여부와 시기, 방법 등을 결정할 수 있다.

둘째, 유아가 쌓기놀이에 관심을 갖고 즐겁게 활동에 참여하도록 지원한다. 이러한 방법 중 하나는 교사가 직접 놀이에 참여하는 모습을 보여주는 것이다. 우선 교사 가까이서 직접 활동에 참여하는 모습을 지켜보게 하고, 관심을 보일 경우 놀이 활동 과정 중 유아에게 도움을 청해본다. 함께 놀이를 하면서 유아가 편안함을 느끼고 적극적으로 참여하게 되면 교사는 긍정적인 강화를 통해 성취감을 느낄 수 있도록 돕는다. 또한 일반적으로 쌓기놀이에 대한 참여도가 낮은 여아들의 참여를 높이기 위해서 여성 건축가의 작품을 보여주어 쌓기놀이가 남자만 하는 놀이라는 성에 대한 고정관념을 없애준다.

셋째, 교사는 유아들 간에 협동이 이루어질 수 있도록 적극적으로 격려한다.

예를 들어 쌓기놀이 영역에서는 유아들이 협력하여 하나의 구성물을 만드는 경우가 많이 있다. 이때 유아들 간에 종종 의견이 맞지 않아 갈등이 일어날 수도 있는데 이를 해결하기 위해 놀이에 필요한 규칙을 함께 토의하도록 한다. 또한 공동의 목표를 달성하기 위해 역할을 분담하고, 상호작용하면서 유아들이 놀이과정을 즐길 수 있도록 한다. 완성된 결과물을 함께 공유하는 시간을 통해 협력의 가치를 경험하게 된다.

3. 쌓기놀이의 환경 구성 및 놀잇감

쌓기놀이는 주로 실내에서 이루어진다. 쌓기놀이 영역의 바닥은 유아가 구조물을 안정감 있게 쌓을 수 있도록 편평해야 하며 블록이 떨어져서 발생하는 소음을 줄이기 위하여 부분 카펫을 깔기도 한다. 그 밖에 블록은 많은 수량이 필요하므로 어떤 방법으로 제공할 것인지 결정해야 한다. 블록 교구장의 크기는 블록의 종류와 양, 교실 면적 및 유아 인원수 등을 고려하여 결정한다. 쌓기놀이 영역을 조성하고 블록을 교구장에 보관할 때에는 다음 사항에 유의해야 한다(박희숙, 유지선, 2010; Provenzo & Brett, 1983).

첫째, 유아의 발달수준, 흥미, 주제, 교실 공간, 인원수 등을 고려하고 다양한 블록 종류에 변화를 주어 제공한다.

둘째, 블록의 형태와 크기를 한눈에 알아볼 수 있도록 보관한다.

셋째, 크고 무거운 블록은 사용하기 편리하도록 교구장의 아래칸에 보관한다.

넷째, 블록 종류 가운데 많은 수량이 제공되는 기본 단위 블록이나 두배 단위 블록은 별도의 교구장에 분리하여 보관하면 효율적이다.

다섯째, 전시 공간도 마련하여 유아가 만든 구조물을 전시하거나 미완성 구조물을 보관하는 장소로 활용한다.

유아교육기관에서 쌓기놀이 영역 자료를 구비할 때에는 다음을 참고할 수 있다.

- 다양한 블록, 단위, 공간 블록, 종이벽돌 블록, 스펀지 블록, 레고, 렉스 등
- 다양한 모형 자료(가족, 직업, 인종 관련 사람 모형, 교통기관, 건물 모형 등)
- 쌓기놀이에 아이디어를 주는 책, 화보 등
- 다양한 사람 모형, 우리 동네 여러 장소와 기관 등의 사진이나 화보
- 입체구조물을 만들 수 있도록 원기둥이나 널빤지와 같은 다양한 블록들
- 사회극을 위한 모형 자료: 교통기관, 간판 표시물, 가면, 운전대, 경찰모자 등
- 상호작용을 위한 모형 자료: 다양한 사람, 동식물, 건물, 교통기관, 표지판 등

4. 쌓기놀이의 실제

(1) 이탈리아 카니발 축제

(2) 세계의 건축물

(3) 세계의 교통기관

(4) 연탄 쌓기

(5) 세계의 성

(6) 음식 피라미드

(7) 집 짓기

(8) 온천 만들기

(9) 내 키만큼 쌓아요

(10) 이누이트의 집

활동 1. 이탈리아 카니발 축제

활동 목표
- 세계 여러 나라의 다양한 축제가 있음을 안다.
- 이탈리아 카니발 축제놀이를 친구들과 함께 경험해 본다.

지도요소
다양성, 협력

| 활동 자료 |

세계 여러 나라 축제 사진, 동영상 자료, 사각 블록, 다양한 가면, 가면 재료

| 활동 방법 |

1. 세계 여러 나라 축제에 대해 이야기 나누어 본다.
   - 세계 여러 나라에는 어떤 축제가 있나요?
   - 각 나라들의 축제는 언제 어떤 이유로 열릴까요?
   - 가 보고 싶은 축제가 있나요? 어떤 축제가 재미있어 보이나요?
2. 이탈리아 카니발 축제에 대해 알아본다.
   - 여러 축제 중 이탈리아 카니발 축제는 어떤 축제일까요?
   - 베네치아의 가면을 직접 관찰해 볼까요?

브라질: 리우삼바 카니발

독일: 뮌헨 맥주 축제, 옥토버 페스티벌

일본: 삿포로 눈축제

영국: 노팅힐 축제

몽골: 나담 축제

이탈리아: 베네치아 카니발

태국: 송크란 축제

스페인: 토마토 축제

한국: 보령 머드 축제

출처: 세계 10대 축제 https://terms.naver.com/tlist/list.nhn?listId=199475

3. 이탈리아 카니발 축제놀이 방법에 대해서 이야기해 본다.
    - 카니발 축제가 열리는 이탈리아를 상징하는 건축물에는 무엇이 있을까요?
    - 블록으로 이탈리아의 유명한 건축물 중 어떤 것을 만들어 보고 싶나요?
    - 콜로세움과 피사의 사탑을 친구들과 함께 만들어 볼까요?
4. 이탈리아 카니발 축제놀이에 필요한 소품을 블록으로 만들어 본다.
    - 어떤 소품이 필요할까요?
    - 어떻게 만들어 볼까요?
5. 이탈리아 카니발 축제놀이를 해본다.

| 활동의 유의점 |

- 세계 여러 나라 축제의 영상 자료를 충분히 보여주고 이해할 수 있도록 한다.
- 사각 블록이 무너져 다치지 않도록 안전하게 활동할 수 있도록 한다.

| 확장 활동 |

- 실제 이탈리아 가면을 쓰고 가면무도회 놀이를 해본다.
- 가면을 직접 만들어 본다.

활동 2. 세계의 건축물

활동 목표

- 세계 여러 나라의 다양한 건축물에 대해 안다.
- 친구들과 협동하여 다양한 건축물을 구성한다.

지도요소

다양성, 협력

| 활동 자료 |

그림 자료, 벽돌 블록, 안전모, 건축가 의상

| 활동 방법 |

1. 여러 나라의 다양한 건축물에 대해 이야기 나눈다.
    - (그림 자료를 보며) 이 건축물을 본 적이 있나요?
    - 어느 나라의 건축물일까요?
    - 이 건축물의 이름은 무엇일까요?
    - 건축물이 어떻게 생겼나요?

한국: 숭례문

중국: 만리장성

캄보디아: 앙코르와트

이탈리아: 콜로세움

프랑스: 에펠탑

인도: 타지마할

스페인: 성가족성당

러시아: 성바실리성당

이집트: 피라미드

출처: 네이버 세계의 건축물

2. 여러 나라 건축물에 대해서 알아본다.
    • 우리나라 건축물과 어떻게 다른가요?
    • 이런 건축물들은 어떤 방법으로 지었을까요?
    • 건축물을 짓기 위해서는 무엇이 필요할까요?
    • 어떻게 사용할까요?
3. 블록을 이용해 건축물을 만들어 본다.
    • 어떤 건축물을 만들고 싶나요?
    • 건축물을 만드는 현장에서는 무엇을 준비해야 할까요?
4. 안전장비를 착용하고 친구와 함께 협동하여 건축물을 만들어 본다.

| 활동의 유의점 |

- 친구와 협동하여 건축물을 구성할 수 있도록 지도한다.
- 건축물을 지을 때 안전모자, 안전조끼 등을 착용하여야 함을 지도한다.

| 확장 활동 |

- 만들기 재료를 이용해 건축물을 만들어 보는 조형 활동을 한다.
- 벽돌 블록으로 수세기 활동을 해본다.

활동 3. 세계의 교통기관

활동 목표
- 여러 가지 교통기관의 종류와 특징에 관심을 가진다.
- 교통기관마다 다니는 길이 다름을 안다.

지도요소
문화, 다양성

| 활동 자료 |

그림 자료, 우드블록

| 활동 방법 |

1. 교통기관을 이용해 본 경험에 대해 이야기 나눈다.
   - 교통기관은 무엇일까요?
   - 어떤 교통기관을 이용해 보았나요?
2. 여러 가지 교통기관에 대해 알아본다.
   - 육지에서 이용하는 교통기관에는 무엇이 있을까요?
   - 바다에서 이용하는 교통기관에는 무엇이 있을까요?
   - 하늘에서 이용하는 교통기관에는 무엇이 있을까요?

육상교통 기관

자동차

기차

오토바이

자전거

해상교통 기관

여객선

유람선

잠수함

요트

항공교통 기관

비행기

헬리콥터

제트기

열기구

3. 세계의 교통기관 만들기 활동을 소개한다.
    - 세계를 연결하는 교통기관은 어떤 것이 있을까요?
    - 어떤 교통기관을 만들고 싶나요?
    - 어디에서 다니는 교통기관일까요?
4. 우드블록을 이용해 다양한 교통기관을 만들어 본다.
    - 우드블록을 이용해 어떤 교통기관을 만들고 싶나요?
    - 어떤 방법으로 만들면 좋을까요?
    - 또 무엇으로 만들 수 있을까요?
5. 여러 가지 방법으로 교통기관을 만들어 본다.

| 활동의 유의점 |

- 육상, 해상, 항공 교통기관의 특징에 대해 바르게 설명한다.
- 블록을 던지지 않도록 하며, 활동 주제에 맞는 구조물을 만들 수 있도록 한다.

| 확장 활동 |

- 세계 여러 나라의 이색적인 교통기관을 조사해 본다.
- 색종이를 이용해 다양한 교통기관을 접어 꾸며 본다.

활동 4. 연탄 쌓기

활동 목표
- 여러 가지 난방 방법 및 연료에 대해 안다.
- 연탄에 대해 알고, 협력하여 다양한 방법으로 연탄을 쌓아본다.

지도요소
다양성, 협력

| 활동 자료 |

그림 자료, 연탄 모형

| 활동 방법 |

1. 여러 가지 난방 연료에 대해 알아본다.
   - 추운 겨울을 따뜻하게 보내기 위한 방법에는 무엇이 있을까요?
   - 난방 연료에는 무엇이 있을까요?
   - 다른 나라에는 어떤 방법으로 방을 따뜻하게 할까요?
2. 연탄에 대해 이야기 나눈다.
   - 연탄을 본 적이 있나요?
   - 연탄은 무엇으로 만들었을까요?
   - 연탄은 무슨 모양일까요?
   - 연탄에 구멍은 왜 있을까요?
   - 연탄은 무슨 색깔일까요?
   - 연탄을 피우고 나면 무슨 색깔로 변할까요?

연탄 보일러

기름 보일러

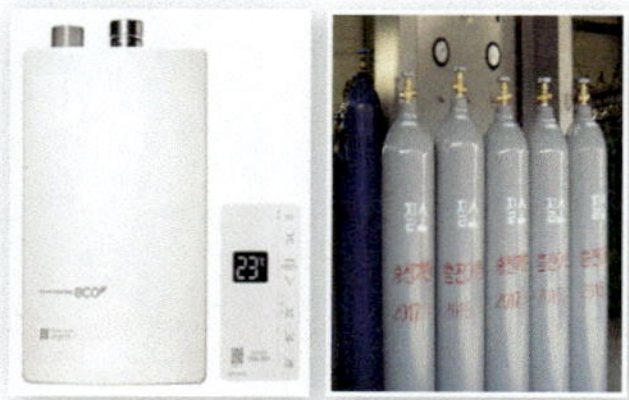
가스 보일러

전기 보일러

나무 보일러

히터

3. 연탄 쌓기 활동을 소개한다.
    - (연탄 모형을 보여주며) 이것은 무엇일까요?
    - 어떤 방법으로 놀이하면 좋을까요?
4. 연탄 모형을 이용해 자유롭게 쌓기 활동을 한다.
    - 연탄 모형을 다양한 방법으로 쌓아 보아요.

활동방법

- 연탄 구멍의 수를 세어본다.
- 연탄을 길게 쌓아본다.
- 연탄을 높게 쌓아본다.
- 나이만큼 연탄을 쌓아본다.
- 연탄을 탑처럼 쌓아본다.
- 연탄으로 건축물을 구성해 본다.

5. 혼자 연탄을 쌓을 때와 친구와 함께 쌓을 때 느낀 점에 대해 이야기 나눈다.

| 활동의 유의점 |

- 활동 규칙을 정하고 규칙을 지켜 놀이할 수 있도록 한다.

| 확장 활동 |

- 연탄집게로 집어서 나르기, 연탄 징검다리 건너기 등 신체 활동을 한다.

활동 5. 세계의 성

활동 목표

- 성(궁)의 기능에 대해 알고 나라마다 상징하는 성이 있음을 안다.
- 친구와 함께 색깔 컵을 이용해 세계의 다양한 성을 만들어 본다.

지도요소

문화, 협력

| 활동 자료 |

그림 자료, 색깔 컵

| 활동 방법 |

1. 성(궁)에 대해 이야기 나눈다.
   - 성은 어떤 곳일까요?
   - 누가 사는 곳일까요?
   - 성은 우리가 살고 있는 집과 어떻게 다를까요?
   - 성 앞에는 왜 높은 담을 쌓았을까요?
2. 세계의 성에 대해 알아본다.
   - 우리나라의 성과 다른 나라의 성은 어떻게 다를까요?
   - (그림 자료를 보여주며) 이 성은 어느 나라의 성일까요?
   - 성의 모양은 어떤가요?

한국: 경복궁

중국: 자금성

태국: 방콕 왕궁

영국: 버킹엄궁전

프랑스: 베르사유 궁전

독일: 노이슈반슈타인성

출처: 네이버 세계의 궁궐 성

3. 세계의 성 만들기 활동을 소개한다.
    - 세계의 성을 보면서 어떤 생각이 들었나요?
    - 어떤 성을 만들어 보고 싶나요?
    - 왜 만들어 보고 싶나요?
4. 친구와 협동하여 종이컵을 이용해 성을 쌓아본다.
    - 어느 나라의 성을 만들었나요?
    - 왜 그 나라의 성을 만들고 싶나요?
    - 어떻게 성을 쌓으면 높이 쌓을 수 있을까요?
5. 완성한 성을 소개하고 활동에 대한 평가를 한다.

| 활동의 유의점 |

- 서로 협동하여 성을 쌓을 수 있도록 지도한다.
- 무너지지 않도록 균형을 맞추어 성을 쌓도록 지도한다.

| 확장 활동 |

- 같은 색깔 컵끼리 분류해 본다.
- 성에 살고 있는 사람들이 되어 역할놀이를 한다.

활동 6. 음식 피라미드

활동 목표
- 나라마다 즐겨 먹는 음식이 있음을 안다.
- 나라에 맞는 음식을 분류하여 피라미드를 쌓아본다.

지도요소
문화, 다양성

| 활동 자료 |

그림 자료, 음식 피라미드 교구

| 활동 방법 |

1. 우리나라를 대표하는 음식에 대해 이야기 나눈다.
   - 우리나라를 대표하는 음식에는 무엇이 있을까요?
   - ○○음식을 먹어 본 적이 있나요?
2. 여러 나라의 음식에 대해서 이야기 나눈다.
   - ○○나라 사람은 어떤 음식을 먹을까요?
   - □□음식을 먹어 본 적이 있나요?
   - 어떤 맛이었나요?

한국의 음식	 발효음식: 김치, 된장	 설날: 떡국	 추석: 송편
아시아의 음식	 일본: 초밥	 중국: 딤섬	 베트남: 쌀국수
아메리카의 음식	 미국: 햄버거	 멕시코: 타코	 브라질: 슈하스코
유럽의 음식	 이탈리아: 피자	 프랑스: 라따뚜이	 독일: 학센

출처: 네이버 세계의 음식

3. 음식 피라미드 쌓기 활동을 소개한다.
   - (음식 피라미드 교구를 보여주며) 이것은 무엇일까요?
   - 어떤 모양인가요?
   - 피라미드에 어떤 그림이 있나요?
   - 그림에 있는 음식은 어느 나라 음식일까요?
4. 음식 피라미드 교구를 이용해 각 나라에 맞는 음식을 찾아 쌓아본다.
   - ○○나라의 음식 피라미드를 쌓아볼까요?
   - 이 음식의 맛은 어떨까요?
5. 음식 피라미드를 쌓는 활동 후 평가를 한다.

| 활동의 유의점 |

- 사전에 나라를 상징하는 것들에 대해 교육한다.
- 피라미드를 바르게 쌓는 방법에 대해 알려준다.

| 확장 활동 |

- 다른 나라의 음식이 우리나라에 들어와 어떻게 변했는지 알아본다.
- 나라를 정해 그 나라의 음식 가게놀이를 한다.

활동 7. 집 짓기

활동 목표
- 나라마다 집의 구조와 형태가 다양함을 안다.
- 다양한 형태의 집을 쌓아본다.

지도요소
문화, 다양성

| 활동 자료 |

그림 자료, 스펀지 퍼즐, 스펀지 망치, 벽돌 블록

| 활동 방법 |

1. 우리가 살고 있는 집에 대해 이야기 나눈다.
    - 우리는 어디에서 생활하나요?
    - 우리는 어떤 집에 살고 있나요?
    - 과거의 사람들은 어떤 집에서 살았을까요?
    - 다른 나라 사람들은 어떤 집에서 살고 있을까요?
2. 다양한 형태의 집에 대해 알아본다.
    - 기후와 그 나라의 문화에 따라 집의 모양이나 짓는 재료가 다를 수 있어요.
    - (그림 자료를 보여주며) 어떤 나라 사람들이 살고 있는 집일까요?
3. 살고 싶은 집에 대해 이야기 나눈다.
    - 어떤 집에서 살고 싶나요?
    - 왜 그 집에서 살고 싶나요?

한국: 초가집

중국: 토루

일본: 갓쇼 가옥

터키: 동굴 집

독일: 목조 집

에티오피아: 고조 벳

출처: 네이버 세계의 집

4. 다양한 집을 스펀지 퍼즐을 이용해 지어본다.
   - (재료를 보여주며) 이것은 무엇일까요?
   - 어떻게 지으면 좋을까요?
   - 어떤 도구를 이용해 지을까요?
   - 집을 튼튼하게 지으려면 어떻게 해야 할까요?
5. 만든 집에 대해서 이야기 나눈다.
   - 어떤 집을 만들었나요?
   - 왜 이 집을 만들었을까요?
6. 친구와 함께 집을 지어 본 후 느낀 점에 대해 이야기 나눈다.

| 활동의 유의점 |

- 집을 짓기 전 친구들과 어떤 집을 지을지 상의한다.
- 서로 협동하여 집을 지을 수 있도록 지도한다.

| 확장 활동 |

- 재활용품을 이용하여 다양한 모양의 집을 만들어 본다.
- 완성된 집에 친구를 초대해 역할놀이를 한다.

활동 8. 온천 만들기

활동 목표	지도요소
• 온천의 의미와 온천이 유명한 나라가 있음을 안다. • 친구와 함께 블록을 이용하여 여러 형태의 온천을 구성한다.	문화, 협력

| 활동 자료 |

그림 자료, 벽돌 블록

| 활동 방법 |

1. 온천에 대해 알아본다.
   - 온천이 무엇인지 알고 있나요?
   - 온천에 가 본 적이 있나요?

온천

지열로 땅속에서 평균 기온 이상으로 물이 데워져서 땅 위로 솟아오르는 샘을 말한다.
그 물은 여러 가지 광물질이 녹아 있어 의학적 효과가 많다.

2. 온천으로 유명한 나라에 대해 이야기 나눈다.
   - 온천이 유명한 나라는 어디일까요?
   - 왜 그 나라의 온천이 유명할까요?

한국

일본

대만

터키

아이슬란드

헝가리

출처: 네이버 세계의 온천

3. 온천을 만들기 위해 필요한 재료를 알아본다.
    - 다른 나라의 온천은 어떻게 생겼나요?
    - 온천탕의 종류는 어떤 것이 있을까요?
    - 온천을 만들기 위해서는 무엇이 필요할까요?
4. 준비된 재료를 이용해 온천을 만든다.
    - 어떤 모양의 온천을 만들고 싶나요?
    - 또 어떤 모양의 온천을 만들어 볼까요?
    - 무엇으로 만들면 좋을까요?
5. 친구와 함께 온천 만들기 활동 후 느낀 점을 이야기해 본다.

| 활동의 유의점 |

- 온천수는 자연적으로 뜨거워졌다는 것을 알려준다.
- 탕의 모양이 다양하고 성별 구분 없이 이용할 수도 있음을 알도록 한다.

| 확장 활동 |

- 친구들과 함께 온천놀이를 한다.
- 온천수가 나오는 원리에 대해 알아본다.

활동 9. 내 키만큼 쌓아요

활동 목표
- 사람마다 가지고 있는 신체적인 특징이 있음을 안다.
- 친구와 함께 블록을 이용해 나와 친구의 몸을 만들어 본다.

지도요소
다양성, 협력

| 활동 자료 |

그림 자료, 다양한 블록

| 활동 방법 |

1. 그림 자료를 보며 우리의 신체에 대해 알아본다.
    - (그림 자료를 보여주며) 누구의 모습일까요?
    - 어떤 자세로 있나요?
    - 생김새와 피부색은 어떤가요?
    - 나이가 들면서 우리 몸은 어떻게 변할까요?
    - 또 무엇이 변할까요?
    - 남자와 여자의 몸은 어떤 점이 다를까요?
    - 나와 친구의 몸은 어떻게 다를까요?
2. 나와 친구의 몸을 비교해 본다.
    - 나와 친구의 몸은 어떻게 다를까요?
    - 나는 친구보다 무엇이 더 큰가요?
    - 친구는 나보다 무엇이 더 큰가요?
    - 또 다른 것은 무엇이 있을까요?

남자

여자

3. 나와 친구의 키를 비교해 보고 이야기 나눈다.
   - 나와 친구 중 누구의 키가 더 큰가요?
   - 누가 우리 반에서 키가 제일 클까요?
4. 키만큼 쌓기 활동을 해본다.
   - 어떻게 키만큼 쌓을 수 있을까요?
   - 블록 몇 개를 쌓으면 친구의 키가 될까요?
   - 나의 키만큼 블록을 쌓았을 때 몇 개의 블록을 사용했나요?
   - 친구의 키만큼 블록을 쌓았을 때는 몇 개의 블록을 사용했나요?
5. 활동 후 느낀 점을 이야기해 본다.

| 활동의 유의점 |

- 사람마다 신체적 특징이 다르다는 것을 인지할 수 있도록 한다.
- 신체적 조건(키, 피부색, 생김새 등)을 비교해서 놀리지 않도록 지도한다.

| 확장 활동 |

- 블록으로 몸을 따라 연결해 본다.
- 키만큼 쌓은 후 블록의 개수를 알아본다.

활동 10. 이누이트의 집

활동 목표
- 이누이트 집의 특징이 있음을 안다.
- 친구와 협동하여 블록을 이용해 이누이트 집을 구성해 본다.

지도요소
문화, 협력

| 활동 자료 |

그림 자료, 블록, 인형

| 활동 방법 |

1. 이누이트 집에 대해 알아본다.
   - 이누이트 사람들은 어디에 살고 있나요?
   - 집을 무엇으로 만들었을까요?
   - 이런 집을 본 적이 있나요?
   - 어디에서 보았나요?
   - 어떤 모양이었나요?
2. 이누이트 집의 형태에 대해서 이야기 나눈다.
   - 이누이트 집의 형태는 어떻게 구성되어 있나요?
   - 이누이트 집에는 출입문이 어디에 있을까요?
   - 우리나라에서 이누이트 집을 짓고 살 수 있을까요?
   - 이누이트 집을 짓는다면 어느 계절에 짓고 살 수 있을까요?

이누이트 집

눈으로 만든 집을 말하며 그 형태는 반구상이며 남쪽에 출입구를 내고, 내부는 벽을 따라 빙설의 대를 설치하고 그 위에 작은 가지로 엮은 깔개를 깐다. 그리고 그 위에 몇 장의 수피를 깔아 침대로 사용한다.

이누이트 집의 재료인 눈은 그 알갱이에 많은 산소를 가지고 있어 녹지 않고 그대로 얼어붙어 열이 새는 것을 막는 데 효과적이다. 또한 이누이트 집의 내부 바닥에 찬물을 뿌리면 물이 얼면서 열을 방출하여 더 따뜻하게 지낼 수 있다.

출처: 네이버 이글루

3. 이누이트 집 만들기 활동을 소개한다.
    - 무엇으로 이누이트 집을 만들면 좋을까요?
    - 어떻게 쌓으면 좋을까요?
    - 튼튼한 이누이트 집을 만들려면 어떻게 해야 할까요?
    - 어떻게 쌓으면 무너지지 않을까요?
4. 친구와 함께 블록을 이용해 이누이트 집을 만들어 본다.
    - 어떤 블록으로 만들어 볼까요?
    - 어떤 모양으로 만들어 볼까요?
5. 친구와 협동하여 이누이트 집을 만든 후 느낀 점에 대해 이야기 나눈다.

| 활동의 유의점 |

- 기후에 따라 사는 집이 다르다는 것에 대해 사전에 알려준다.
- 이글루의 형태가 나올 수 있도록 이글루 모양에 대해 알려준다.

| 확장 활동 |

- 스티로폼을 이용해 이누이트 집을 만들어 본다.
- 이누이트족의 얼음집 놀이를 해본다.

CHAPTER 03

언어놀이와 다문화교육

언어는 말하기 또는 글쓰기의 형태로 나타나는 관습적 기호의 체계로서 유아기의 의사소통 방법 중에서 자신의 감정이나 신상을 표상하는 가장 우선적인 수단이다. 언어는 선천적 능력도 있지만 환경에 많은 영향을 받으므로 유아 스스로 표현할 수 있는 기회를 많이 제공하는 것이 언어능력을 발달시키는 데 도움이 된다. 언어는 유아의 사회적 상호작용, 갈등 및 문제해결, 다양한 정보, 교육환경 및 사회 · 정서발달과 밀접한 관계를 갖고 있다. 따라서 유아가 언어를 사용하여 자신의 감정이나 생각을 적절하게 표현하거나 다양한 사회적 문제를 경험하고 해결할 수 있는 풍부한 기회를 제공해야 한다.

1. 언어놀이의 교육적 가치

유아의 놀이에서 언어의 가치는 대단히 크다. 언어는 유아가 놀이하면서 타인의 생각을 이해하는 수단의 역할을 함과 동시에 자신의 생각을 표현하는 과정을 경험할 수 있기 때문이다. 놀이하면서 의견충돌이 있을 경우 서로 토의 과정을 제공하는 것이 바람직하다. 또한 언어는 듣고, 읽고, 말하고, 쓰는 네 가지 기능이 통합적으로 이루어져야 균형 있는 언어발달이 가능하므로 언어놀이를 계획할 때 이를 세심하게 고려해야 한다. 몬테소리는 유아기를 언어발달의 결정적 시기로 보고 이 시기를 언어에 대한 민감기라 하여 교육적 · 신경학적으로 모국어와 외국어를 습득하기에 적절한 시기로 보았다. Penfield는 언어 시작의 이상적 시기를 유아기로 보고 이 시기를 놓치면 좋은 결과를 기대하기 어렵다고 주장하였다. 이와 같이 유아기는 모든 성장이 급속히 이루어지는 시기이며, 신체 및 운동 기능의 발달뿐만 아니라 언어, 인지, 정서, 사회성 발달이 골고루 이루어지기 때문에 이 시기에 문화적 경험은 다양한 어휘와 구문을 발달시켜 유아의 언어능력을 보다 확장시킬 수 있다(유승연, 1991). 언어놀이의 교육적 가치를 살펴보면 다음과 같다.

첫째, 또래 및 교사와의 언어적 상호작용을 통해 자기중심적 언어에서 탈피할 수 있다. 나아가 타인과 적절하게 대화를 주고받는 의사소통능력을 기르게 되므로 언어발달이 촉진된다.

둘째, 자신의 생각과 느낌을 글자나 글자와 비슷한 형태로 표현하는 과정을 통해 눈과 손의 협응 및 소근육 조절이 활발하게 이뤄져 신체발달이 촉진된다.

셋째, 동화의 주인공과 동일시하며 이야기 상황에 다양한 정서를 경험하고 표현해 봄으로써 정서발달이 촉진된다.

넷째, 다른 사람과 자신의 생각, 느낌을 적절한 낱말과 문장으로 표현하는 능력을 기를 뿐만 아니라 다른 사람의 의견을 바르게 듣는 태도 등을 기르게 되어 사회성 발달이 촉진된다.

다섯째, 음률이 있는 동시나 자신의 경험과 느낌에 따라 이야기를 지어보는 경험을 통해 창의성 발달이 촉진된다.

2. 언어놀이의 지도방법

유아의 주변은 온통 음성언어와 문자언어로 가득 차 있다. 가족이나 또래와 말을 주고받고, 가게 간판이나 그림책, 과자 봉지 등의 환경인쇄물을 읽고 써보는 경험 속에서 언어와 항상 함께하고 있는 것이다. 언어놀이는 언어 영역과 단위활동에서만 이루어지는 것이 아니라 놀이 영역 전반에서 통합적으로 다루어진다.

교사가 언어놀이를 촉진시키기 위해 적용할 수 있는 구체적인 지도방법을 살펴보면 다음과 같다.

첫째, 교사는 유아의 발달수준 및 흥미를 고려하여 다양한 언어활동 자료를 제공한다. 환경인쇄물, 교실 내의 게시판, 생일판, 출석표, 놀이 이름표, 영역 표시, 지켜야 할 규칙, 달력, 하루 일과표, 활동 설명서 등 다양한 언어 자료를 비치하도록 한다.

둘째, 교사는 언어발달의 모델이 되고 촉진자로서의 역할을 해주어야 한다. 적절한 속도와 정확한 발음, 문장으로 이야기하고, 영유아의 발달수준에 적합한 발문을 해주어야 한다. 또한 다른 사람의 말을 주의 깊게 듣기, 상황과 대상에 맞게 적절한 낱말과 문장으로 말을 할 수 있도록 구체적인 모델링을 보이는 것이 중요하다.

셋째, 언어활동이 활발하게 이뤄질 수 있도록 자연스럽고 편안한 분위기를 조성해 주어야 한다. 문해발달이 느린 유아가 자발적으로 읽기 및 쓰기 활동에 관심을 갖도록 격려하고, 정확한 철자쓰기 지도를 지양하여 좌절감을 느끼지 않도록 배려한다.

넷째, 유아가 자신의 생각과 느낌을 자유롭게 표현하고 또래 간 언어적 상호작용이 활발하게 일어날 수 있도록 토의 활동, 동극 등 다양한 언어 활동을 제공한다.

다섯째, 언어놀이에 필요한 말하기, 듣기, 읽기, 쓰기와 관련된 자료가 골고루 제공되도록 자료를 충분히 제공한다.

3. 언어놀이 환경 구성 및 놀잇감

언어 영역은 다문화적 관점을 포함하는 다양한 교수 자료를 제공하고, 유아들이 방해를 받지 않고 안정된 분위기에서 듣고, 말하고, 읽고, 쓰는 활동 네 가지가 모두 이루어질 수 있도록 구성되어야 한다(조정숙, 김은심, 1996).

첫째, 듣기 활동은 모든 언어 소통기능의 기초가 되는 활동이다. 듣기 과정을 거쳐서 말을 하게 되므로 유아가 활동에 자발적으로 참여할 수 있도록 흥미로운 듣기 활동 및 자료를 풍부하게 제공한다.

둘째, 말하기 활동은 유아 스스로 말하는 활동을 직접 경험하여 다양한 어휘를 획득하고 문장으로 표현해 보도록 하며 또래 친구들과 함께 활발한 언어적 상호작용을 경험하도록 하는 것이 중요하다.

셋째, 읽기 활동은 읽기 · 쓰기에 필요한 기초적 문해 능력을 향상시킨다. 교실에서 유아가 글씨를 읽고자 하는 동기를 충분히 줄 수 있는 효과적인 환경과 흥미로운 교재 · 교구를 제공한다. 또한 문자 사용이 유아 개인에게 어떤 의미가 있고, 문자를 사용해야 한다는 필요성을 느낄 수 있는 상황을 마련해 주는 것이 필요하다.

넷째, 쓰기 활동은 글자에 대한 관심과 흥미를 갖도록 유도하는 활동 자료, 글씨를 쓸 수 있도록 소근육 발달을 증진시킬 수 있는 활동 자료, 눈과 손의 협응력 발달을 위한 활동 자료를 준비해야 한다.

다문화교육에서 언어놀이 환경에 다양한 성역할에 대한 도서류, 다양한 속담, 인종, 관습 및 생활 장면이 담긴 이야기 테이프나 문자언어, 여러 나라의 그림책 등을 제공하는 것이 좋다. 말하기, 듣기, 읽기, 쓰기에 따라 언어놀이 자료를 정리해 보면 다음과 같다.

- 말하기 놀이를 위한 자료

  여러 나라의 언어와 글자카드, 그림책, 동화책, 스펀지책, 헝겊책, 촉감책,

퍼즐책, 이야기를 꾸밀 수 있는 다양한 그림 자료, 손인형, 막대인형, 자석 인형, 인형극 등

- 듣기 활동을 위한 자료

  여러 나라의 동화 테이프나 CD, 헤드폰, 녹음기, 테이프, 전화기, 다양한 소리상자

- 쓰기 활동을 위한 자료

  다양한 색과 크기의 종이, 독서카드 용지, 긁적거리기 도구, 종이, 화이트보드, 보드펜, 모양종이, 글자 바느질, 글자상자, 단어카드, 고무 글자판과 스탬프, 잉크

- 읽기 활동을 위한 자료

  다문화 관련 동화책, 문화 반편견, 정체성 가족 구성에 대한 책, 주제에 따른 화보 모음책, 잡지류, 사전, 글자카드, 다양한 문화권의 문학작품 그림책, 지식과 정보 그림책, 수수께끼책, 속담책, 이름카드, 게임용 글자 등

4. 언어놀이의 실제

(1) 사랑해요

(2) 자막이 달라요

(3) 기상캐스터

(4) 이름이 다양해요

(5) 꽃으로 글자 만들기

(6) 아름다운 야경

(7) 세계 여러 나라 문화유산

(8) 인사말이 달라요

(9) 자석 글자

(10) 세계 명작동화

활동 1. 사랑해요

활동 목표
- 마음을 표현하는 말이 다양하게 있음을 안다.
- 같은 뜻이라도 나라마다 사용하는 언어가 다름을 알고 표현해 본다.

지도요소
문화, 다양성

| 활동 자료 |

그림 자료, 다양한 나라의 글자 팻말, TV모형

| 활동 방법 |

1. 그림 자료를 보며 어떤 상황인지 이야기 나눈다.
   - (그림 자료를 보여주며) 어떤 상황인 것 같나요?
   - 이럴 땐 어떻게 말해야 할까요?
2. 사랑을 표현하는 말에 대해서 이야기 나눈다.
   - 부모님들은 사랑을 어떻게 표현하고 있나요?
   - ○○엄마(아빠)는 사랑한다는 말을 어떻게 하고 있나요?
   - ○○는 어떤 말을 많이 듣고 싶나요?
3. 사랑한다는 표현이 다양하지만 뜻이 같음을 이야기 나눈다.

나라	'사랑해요'를 나타내는 글자		나라	'사랑해요'를 나타내는 글자	
한국		사랑해요.	프랑스		Je t'aime 즈 뗌므
미국		I love you 아이 러브 유	이탈리아		Ti amo 띠 아모
중국		我爱你 워아이니	독일		Ich liebe dich 이히 리베 디히
일본		愛(あい)している 아이시떼이루	네덜란드		Ik hou van je 이크 아후 반 예
베트남		Tôi yêu bạn 토 요 반	헝가리		Szeretlek 쎄레뜰렉
태국		ฉนรกคุณ 찬 라쿤	루마니아		Te iubesc 떼 이유베스크
아랍 에미레이트		انا احبك 안나흐부키	체코		Miluji tě 밀루에 떼
인도네시아		Aku cinta kamu 아쿠 씬따 빠다 무	터키		Seni seviyorum 세니 세비요룸

4. 사랑해요! TV 방송놀이 방법을 소개한다.
   - (다양한 나라의 글자 팻말을 보여주며) 이것은 무엇일까요?
   - 어느 나라의 말일까요?
   - 어떻게 표현할까요?

> ① 좋아하는 나라의 글자 팻말을 고른다.
> ② TV 모형 속에 들어가 어느 나라의 말인지 친구에게 소개한다.
> ③ 친구들에게 그 나라의 말로 사랑한다고 말해본다.

5. TV 모형 속에 들어가 여러 나라 말로 사랑을 표현해 본다.

| 활동의 유의점 |

- 같은 의미를 가지고 있지만 나라마다 표현하는 방법이 다르다는 것을 알려준다.
- 다른 나라 언어에도 관심을 가질 수 있도록 지도한다.

| 확장 활동 |

- 사랑하는 마음을 신체를 이용해 표현해 본다.
- 우리 가족 사랑해요! 동화를 들어보고 엄마를 찾아본다.

활동 2. 자막이 달라요

활동 목표
- 다양한 언어가 있음을 안다.
- 의미를 전달하는 글자가 다름을 이해한다.

지도요소
문화, 다양성

| 활동 자료 |

그림 자료, 여러 나라 글자 카드, 종이, 연필, 색연필, 무대 모형

| 활동 방법 |

1. TV를 본 경험에 대해 이야기 나눈다.
   - TV를 본 경험이 있나요?
   - 어떤 프로그램을 보았나요?
   - 외국 사람이 나오는 프로그램을 본 적이 있나요?
   - 그 사람들은 어떤 언어를 사용했나요?
   - 우리나라 말이 아닌 외국어를 사용했을 때 그 말을 이해할 수 있었나요?
2. 외국 영화에서 나오는 자막이 무엇인지에 대해 알아본다.
   - 외국 영화를 볼 때 화면 아래에 적힌 글자를 본 적이 있나요?
   - 화면 아래에 적힌 글자를 무엇이라고 할까요?
   - 자막을 통해 외국어를 이해할 수 있었나요?
3. 우리나라의 TV프로그램이 해외로 수출되는 것에 대해 이야기 나눈다.
   - 한류라는 말을 들어 본 적이 있나요?
   - 외국 사람들은 우리나라의 음악이나 드라마, 예능을 어떻게 볼까요?
   - 우리나라 사람들이 하는 말을 이해하기 위해서는 무엇이 필요할까요?
   - ○○나라는 어떤 언어로 자막을 써야 할까요?

	한국어	만나서 반갑습니다.		베트남어	Rất vui được gặp bạn 젓 부이 드억 갑 아잉
	영어	Nice to meet you 나이스 투 밋 유		프랑스어	Enchante: 엉셩테
	중국어	见到您很高兴 찌엔 따오 닌 헌 까오 씽		이탈리아어	Piacere di conoscerti 피아체레 디 꼬노세르띠
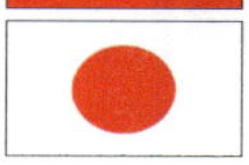	일본어	はじめまして 하지메마시떼			

4. 여러 나라의 언어로 자막을 만들어 본다.
   - (여러 나라의 글자 카드를 보여주며) 어떤 나라의 글자일까요?
   - 어떻게 읽어야 할까요?
   - 만약 자막을 만든다면 어떤 나라의 말로 만들고 싶나요?
5. 친구들이 적고 싶은 나라의 글자로 자막을 만들어 활동해 본다.

> ① 무대 모형 안으로 들어가 우리나라 말로 이야기한다.
> ② ○○나라에 해당하는 자막을 찾아 무대 아랫부분에 붙인다.
> ③ 다함께 ○○나라의 언어로 말해본다.

| 활동의 유의점 |

- 스스로 글자를 적기 어려워할 경우 글자를 따라 적어 볼 수 있도록 한다.
- 외국 영화를 이해할 수 있도록 자막을 만드는 사람이 있다는 것을 알도록 한다.

| 확장 활동 |

- 영화관 놀이를 해본다.
- 여러 나라의 글자를 비교해 본다.

활동 3. 기상캐스터

활동 목표

- 나라마다 기후에 따라 날씨가 다름을 안다.
- 날씨에 대한 정보를 알려주는 사람이 있음을 안다.

지도요소

다양성, 문화

| 활동 자료 |

그림 자료, 마이크, 카메라, TV모형

| 활동 방법 |

1. 오늘 날씨에 대해 이야기 나눈다.
   - 오늘 날씨는 어떤가요?
   - 이런 날씨에는 어떤 옷을 입나요?
2. 여러 나라의 날씨에 대해 알아본다.
   - 다른 나라도 우리나라 날씨와 같을까요?
   - 다른 나라도 우리나라처럼 봄, 여름, 가을, 겨울의 날씨를 느낄 수 있을까요?

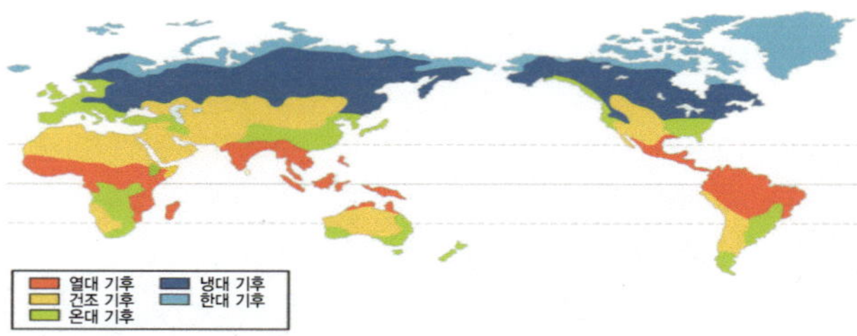

열대 기후	열대 우림	적도 부근으로 지구 생물의 반 이상이 여기에서 살고 있으며 기온이 높고 비가 많이 내리며 햇볕이 강하고 습도가 높다.
	사바나 기후	연중 몇 개월 동안 집중적으로 비가 많이 내리는 우기와 비가 전혀 내리지 않는 건기로 뚜렷하게 구분된다.
건조 기후		강수량보다 증발량이 많아 식생이 자라기에 불리하므로 주로 사막이나 키가 작은 풀들이 자라는 초원이 발달하며 낮과 밤의 기온차가 크다.
온대 기후		뚜렷한 사계절의 변화, 적절한 강수량, 온화한 기온 등 사람이 살기에 좋은 기후 조건으로 오늘날 세계 인구 절반 이상이 살고 있다.
냉대 기후		온대와 한대의 중간 기후로 겨울이 길고 매우 춥지만, 여름에는 비교적 따뜻하여 식물이 자랄 수 있다.
한대 기후		일 년 내내 눈과 얼음으로 덮여 있고 생명이 살기에는 혹독한 기후로 북극에는 이누이트 등 소수 민족이, 남극에는 펭귄과 같은 동물이 산다.

3. 기상캐스터에 대해 알아본다.
    - 날씨는 어떻게 알 수 있을까요?
    - TV에서 날씨를 알려주는 것을 본 적이 있나요?
    - 날씨를 알려주는 사람을 무엇이라고 할까요?
    - 기상캐스터라는 말을 들어본 적이 있나요?
4. 기상캐스터 놀이를 하기 위해 필요한 것에 대해 알아본다.
    - 기상캐스터 놀이를 하기 위해서는 어떤 것이 필요할까요?
    - 기상캐스터가 되어 친구들에게 날씨를 소개해 줄 수 있나요?
5. 기상캐스터 놀이를 한 후 느낌에 대해 이야기 나눈다.

| 활동의 유의점 |

- 기상캐스터가 어떤 일을 하는 사람인지 알 수 있도록 지도한다.
- 지역에 따라 날씨가 다르다는 것에 대해 인식할 수 있도록 한다.

| 확장 활동 |

- 여러 나라의 날씨를 보고 그림으로 표현해 본다.
- 환경보호 방법에 대해 알아보고 세계의 탄소 성적 표시 마크를 비교해 본다.

활동 4. 이름이 다양해요

활동 목표

- 사람마다 가지고 있는 고유한 이름이 있음이 안다.
- 이름은 달라도 모든 사람들은 평등하다는 것을 안다.

지도요소

정체성, 평등

| 활동 자료 |

그림 자료, 언어 카드, 나라별 머리띠, 이름 글자 카드

| 활동 방법 |

1. 친구의 이름을 불러보며 나와 친구의 이름에 대해서 이야기 나눈다.
   - 나와 친구들의 이름은 어떻게 다를까요?
   - ○○이의 이름은 몇 글자인가요?
2. 모든 사람의 이름이 다름에 대해서 이야기 나눈다.
   - 선생님 이름과 친구들 이름은 어떤가요?
   - 같은 성을 가지고 있는 친구가 있나요?
   - 같은 이름을 가지고 있는 친구가 있나요?
3. 같은 의미를 다르게 표현하고 다르게 말하는 것에 대해 알아본다.
   - 우리 교실에서 찾을 수 있는 것은 무엇이 있을까요?
   - 달력에는 어떤 글자들이 있나요?
4. 달력에 표시해 놓은 글자를 보고 이야기 나눈다.
   - 요일을 어떤 글자로 표시해 놓았나요?
   - 이것은 어느 나라의 글자일까요?
   - 우리나라의 글자와 어떻게 다른가요?
5. 글자는 달라도 의미는 같음을 이야기 나눈다.

나라		요일을 나타내는 글자
한국		월요일, 화요일, 수요일, 목요일, 금요일, 토요일, 일요일
일본	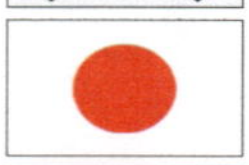	げつようび, かようび, すいようび, もくようび, きんようび,どようび, にちようび
중국		月, 火, 水, 木, 金, 土, 日
미국		Monday, Tuesday, Wednesday, Thursday, Friday, Saturday, Sunday

6. 이름 적기에 대해 이야기 나눈다.
   - 자신의 이름을 적을 수 있나요?
   - 다른 나라의 글자로 자신의 이름을 적을 수 있나요?
   - 다른 나라의 글자로 친구들의 이름을 나타낼 수 있을까요?
7. 이름 글자 카드를 보고 자신의 이름을 익힌다.
   - (여러 나라의 글자로 적은 이름 카드를 보여주며) 누구의 이름일까요?
   - 어떤 나라의 글자로 적은 이름일까요?
   - 여러 나라의 글자로 적은 자신의 이름을 찾을 수 있나요?
8. 나라별 머리띠를 하고 그 나라의 글자로 적은 자신의 이름을 찾아본다.

| 활동의 유의점 |

- 나라별로 적은 자신의 이름을 익힐 수 있도록 한다.
- 나라마다 이름을 나타내는 방법은 다르지만 의미는 변하지 않는다는 것을 인식한다.

| 확장 활동 |

- 이름 맞추기 게임을 해본다.
- 다른 나라의 글자로 자신의 이름을 디자인해 본다.

활동 5. 꽃으로 글자 만들기

활동 목표
- 계절에 따라 피는 꽃이 다름을 안다.
- 사람마다 좋아하는 꽃이 다양함을 안다.

지도요소
다양성, 문화

| 활동 자료 |

그림 자료, 글자 카드, 꽃 모양

| 활동 방법 |

1. 다양한 꽃에 대해 알아본다.
- 봄(여름, 가을, 겨울)에 볼 수 있는 꽃은 무엇일까요?
- 어떤 색깔과 모양인가요?
- 다른 나라에서 볼 수 있는 꽃은 어떤 것이 있을까요?

봄	 벚꽃	 진달래	 민들레	 개나리
여름	 수련	 수국	 능소화	 해바라기
가을	 국화	 구절초	 꽃무릇	 코스모스
겨울	 매화	 동백꽃	 군자란	 시클라멘
다른나라 꽃	 자스민	 바나나꽃	 라플레시아	 플루메리아

출처: 네이버 꽃

2. 계절에 맞는 꽃 이름을 찾아본다.
   - (봄꽃 그림을 보여주며) 이 꽃의 이름은 무엇일까요?
   - 꽃의 모양과 색깔은 어떤가요?
   - 이 꽃 이름과 같은 글자 카드를 찾을 수 있나요?
3. 글자를 보고 똑같이 만들어 본다.
   - (봄꽃 글자를 보여주며) 여기에 뭐라고 적혀 있나요?
   - 꽃모양을 이용해 똑같이 글자를 만들 수 있나요?
   - 또 어떤 글자를 만들 수 있을까요?
4. 꽃으로 글자를 만든 후 활동에 대해 평가한다.

| 활동의 유의점 |

- 꽃 이름을 알고 바르게 말해 볼 수 있도록 한다.
- 글자를 보고 똑같이 만들어 볼 수 있도록 한다.

| 확장 활동 |

- 팝콘, 한지, 종이를 이용해 꽃을 만들어 꽃나무를 꾸민다.
- 같은 계절에 피는 꽃끼리 분류해 본다.

활동 6. 아름다운 야경

활동 목표
- 낮과 밤의 차이가 있음을 안다.
- 나라마다 야경이 다양함을 안다.

지도요소
문화, 다양성

| 활동 자료 |

사진 자료, 글자 카드

| 활동 방법 |

1. 사진 자료를 보며 세계 여러 나라의 명소에 대해 알아본다.
   - 어떤 건물들이 있나요?
   - 이 건물을 본 경험이 있나요?
   - 이 건물의 이름은 무엇이라고 할까요?
   - 이 건물은 어떤 특징을 가지고 있나요?
   - 이 건물은 어느 나라에서 볼 수 있을까요?
2. 낮과 밤에 차이에 대해 이야기 나눈다.
   - 낮과 밤은 어떤 차이가 있을까요?
   - 밤에는 주변이 어떻게 변하나요?
   - 밤에 가로등이나 불빛이 없다면 어떻게 될까요?

서울의 낮과 밤

파리의 낮과 밤

부다페스트의 낮과 밤

뉴욕의 낮과 밤

출처: 네이버 야경

3. 여러 나라의 야경 사진을 보며 이야기 나눈다.
   - 우리나라 야경은 어떨까요?
   - 이 사진은 어느 나라 야경일까요?
   - 어디에서 볼 수 있는 야경일까요?
4. 낮과 밤의 모습을 이야기 나눈다.
   - 낮과 밤의 모습 중 어떤 모습이 더 아름답나요?
   - 그 이유는 무엇인가요?
5. 야경이 아름다운 나라의 사진을 보며 느낀 점을 말해본다.

| 활동의 유의점 |

- 낮과 밤의 차이에 대해 비교해 볼 수 있도록 한다.
- 여러 나라의 야경을 함께 보며 이야기 나눈다.

| 확장 활동 |

- 사포 위에 크레파스로 밤 풍경 그림을 그려본다.
- 주변을 어둡게 만든 후 불빛을 통해 교실을 관찰해 본다.

활동 7. 세계 여러 나라 문화유산

활동 목표

- 세계 여러 나라의 문화유산이 다양하게 있음을 안다.
- 나라마다 고유한 문화유산이 있음을 안다.

지도요소

정체성, 다양성

| 활동 자료 |

그림 자료, 세계지도, 문화유산 글자 카드, 화이트보드, 보드마카

| 활동 방법 |

1. 문화유산에 대해 이야기 나눈다.
   - 문화유산이란 무엇일까요?
   - 문화유산을 본 적이 있나요?

> **문화유산** 옛 조상들의 문화 중에서 후손들에게 물려줄 만한 가치가 있는 것을 말한다. 문화유산으로는 생활도구, 유물과 유적, 성터와 궁터, 전통음악과 춤, 놀이 등이 있으며 이를 통해 조상들의 생활모습을 알 수 있다.

2. 세계 여러 나라의 문화유산에 대해 알아본다.

아시아

불국사

앙코르와트

타지마할

사가르마타국립공원

아메리카

마추픽추

자유의 여신상

테오티와칸

옐로우스톤국립공원

아프리카와 오세아니아

마라케쉬 메디나

누비아유적

블루마운틴

멤피스와 네크로폴리스

유럽

부다섬

런던타워

아크로폴리스

베르사유궁원

상트페테르부르크

알타미라동굴벽화

출처: 네이버 세계의 문화유산

3. 우리나라와 세계 문화유산에 대해서 이야기 나눈다.
    - 우리나라에는 어떤 문화유산이 있을까요?
    - 어디에서 볼 수 있을까요?
    - 이 문화유산은 어느 나라의 것일까요?
    - 나라마다 문화유산의 모양이 어떤가요?
4. 지도에 있는 세계 문화유산을 보고 알맞은 이름 카드를 찾아 올려놓는다.
    - (지도 위에 있는 문화유산을 보며) 이 문화유산의 이름은 무엇일까요?
    - 글자 카드를 보고 문화유산의 이름을 찾을 수 있나요?
5. 세계 여러 나라의 문화유산의 이름을 적어 본다.

| 활동의 유의점 |

- 여러 나라의 문화유산에 대해 알 수 있도록 자료를 제공한다.
- 문화유산의 소중함을 알도록 지도한다.

| 확장 활동 |

- 문화유산을 보호하는 방법에 대해 알아본다.
- 문화유산 퍼즐을 맞춰 본다.

활동 8. 인사말이 달라요

활동 목표
- 다른 나라의 인사말에 관심을 갖는다.
- 여러 나라의 인사 방법에 대해 안다.

지도요소
문화, 다양성

| 활동 자료 |

가사판, 다문화송 음원, 인사 방법 그림 자료

| 활동 방법 |

1. 다문화송을 함께 불러 본다.
   - 음악에 맞춰 다문화송을 함께 불러 볼까요?
2. 여러 나라의 인사말에 대해 이야기 나눈다.
   - 다문화송에는 어떤 나라들이 나오나요?
   - 나라마다 인사말을 어떻게 하였나요?
   - ○○나라는 어떤 말로 인사를 하나요?

다문화송

한국 친구 만나면 안녕 안녕
베트남 친구는 신짜오 신짜오

몽골 친구 만나면 세 노 세 노
인도 친구 나마스떼

미국 친구 만나면 헬로헬로
러시아 친구는 브리벳 브리벳

일본 친구 만나면 곤니찌와
프랑스 봉주르 중국은 니하오

인사말과 생김새는 서로서로 다르지만
사이좋게 함께 지내는 우리는 지구촌 한 가족

케냐 친구 만나면 잠보잠보
스리랑카 친구는 아유보안

이스라엘 친구는 샬롬샬롬
필리핀은 구무스따까

인사말과 생김새는 서로서로 다르지만
사이좋게 함께 지내는 우리는 지구촌 한 가족

출처: 네이버 다문화송 가사

3. 여러 나라의 인사말에 대해 알아본다.
    • 우리나라는 어떤 인사말을 사용하나요?
    • ○○나라 사람들은 어떤 인사말을 사용하나요?
4. 그림 자료를 보며 다른 나라의 인사 방법에 대해 알아본다.
    • (인사 방법 그림 자료를 보며) 어떤 나라일까요?
    • 어떤 방법으로 인사를 하나요?
    • 왜 이렇게 인사할까요?
5. 친구와 함께 여러 나라의 인사말과 인사 방법에 맞춰 인사해 본다.

| 활동의 유의점 |

• 나라에 따라 인사예절이 다르다는 것에 대해 알려준다.
• 다양한 나라의 언어로 인사해 볼 수 있도록 한다.

| 확장 활동 |

• 여러 나라의 전통의상을 입고 다양한 방법으로 인사를 해본다.
• 스킨십을 하면서 인사해 본다.

활동 9. 자석 글자

활동 목표

- 우리나라와 다른 나라의 글자에 관심을 갖는다.
- 자석을 이용해 다양한 글자를 만들어 본다.

지도요소

정체성, 다양성

| 활동 자료 |

자석판, 자석 글자, 글자 카드, 그림 카드

| 활동 방법 |

1. 그림 카드를 이용해 여러 나라에 대해 알아본다.
   - (나라 이름 글자를 보여주며) 이 나라의 이름은 무엇일까요?
   - ○○나라의 국기는 어떤 것일까요?
   - ○○나라의 인사말은 무엇일까요?
   - ○○나라의 전통의상은 어떤 것일까요?
2. 여러 나라의 글자에 대해 이야기 나눈다.
   - 우리나라의 글자를 무엇이라고 할까요?
   - 한글은 누가 만들었을까요?
   - 다른 나라도 우리나라처럼 한글을 사용할까요?
   - 다른 나라 사람들은 어떤 글자를 사용할까요?
3. 글자를 쓰는 다양한 방법에 대해 알아본다.
   - 글자는 어떻게 쓸 수 있나요?
   - 종이에 연필이나 색연필을 이용해 쓰는 방법 말고 다른 방법은 없을까요?
4. 자석 글자에 대해 이야기 나눈다.
   - (자석 글자를 보여주며) 이것은 무엇일까요?
   - 자석 글자를 붙이기 위해서는 무엇이 필요할까요?
   - 자석판과 자석 글자를 이용해 어떻게 활동할 수 있을까요?

① 자음과 모음, 알파벳을 분류해 놓는다.
② 그림 카드를 보고 나라의 이름과 문화적 특징에 대해 알아본다.
③ 자석을 이용해 한글 또는 영어로 나라의 이름을 만들어 본다.
④ 자석을 이용해 그 나라의 인사말을 만들어 본다.
⑤ 만든 글자를 읽어본다.
(자음과 모음, 알파벳 정형화된 자석 글자 이외에도 다양한 모양의 자석을 제공하여 여러 나라의 글자를 만들어 볼 수 있다.)

5. 자석 글자를 만들어 본다.
   - 자석을 이용해 어느 나라의 이름을 만들어 볼까요?
   - ○○나라의 글자를 만들기 위해서는 어떤 자음과 모음(알파벳)이 필요할까요?
   - 자석을 이용해 □□나라의 인사말을 만들어 볼까요?
6. 고무 자석으로 만든 글자판 위에 철가루를 넣어 만든 교구로 나라 이름을 맞추어 본다.
   - 어떤 글자를 만들어 보았나요?
   - 글자와 국기, 인사말과 전통의상을 맞출 수 있나요?
7. 자석으로 글자를 만들어 읽어본다.

| 활동의 유의점 |

- 다양한 방법으로 글자를 만들 수 있다는 것을 알려준다.
- 한글은 자음과 모음이 합쳐서 글자가 된다는 것을 인지할 수 있도록 한다.

| 확장 활동 |

- 신체를 이용해 글자를 만들어 본다.
- 나라의 이름을 디자인해 꾸며본다.

활동 10. 세계 명작동화

활동 목표
- 동화 속 주인공과 등장인물에 대해 편견을 갖지 않는다.
- 세계 명작동화에 관심을 갖는다.

지도요소
편견, 문화

| 활동 자료 |

그림 자료, 동화책

| 활동 방법 |

1. 동화에 대해 이야기 나눈다.
   - 동화란 무엇일까요?
     (동화: 동심을 바탕으로 어린이들을 위해 쓴 책)
   - 동화책을 읽어 본 경험이 있나요?
   - 어떤 동화책을 읽어 보았나요?
   - 기억에 남는 동화책이 있나요?
2. 우리나라 동화에 대해 알아본다.
   - 우리나라 전래동화에는 어떤 것이 있을까요?
   - 어떤 동화를 읽어 본 적이 있나요?
3. 세계 여러 나라의 동화에 대해서 알아본다.
   - 세계 여러 나라의 동화책을 읽어 본 적이 있나요?
   - 어느 나라 동화책을 읽어 보았나요?
   - 동화 속에는 누가 나왔나요?
   - 동화는 어떤 내용이었나요?
   - 동화를 통해 어떤 생각을 할 수 있었나요?
4. 동화책의 내용에 대해서 이야기 나눈다.
   - ○○동화책에서는 내용이 어떠했나요?
   - □□동화책에서는 내용이 어떠했나요?
5. 착하게 살면 복을 받고 악하게 살면 벌을 받는 내용에 대해서 이야기 나눈다.
   - 왜 착하게 살아야 할까요?
   - 내가 만약 주인공이었다면 어떻게 행동했을까요?
   - 그렇게 하면 내 마음은 어떨까요?
6. 세계의 동화 중 읽고 싶은 동화에 대해서 이야기해 본다.
   - 어떤 동화를 읽고 싶나요?

- 그 이유는 무엇인가요?
- 어떻게 하면 행복하게 살 수 있을까요?

7. 동화를 읽고 난 뒤 동화 내용에 대해 이야기 나눈다.
   - 어떤 동화책을 읽었나요?
   - 어떤 장면이 생각나나요?
   - 동화 속 인물들은 어떻게 되었나요?
8. 동화를 읽은 후 친구의 생각을 들어본다.
   - ○○는 어떻게 생각하나요?
   - □□는 어떻게 생각하나요?
9. 동화 내용을 바탕으로 한 ○×퀴즈대회를 해본다.

| 활동의 유의점 |

- 유아들이 흥미를 가질 수 있는 동화책을 제공한다.
- 유아 스스로 동화책을 읽을 수 있도록 격려해 주고, 스스로 읽는 데 어려움을 보이는 유아의 경우 교사가 도움을 줄 수 있도록 한다.

| 확장 활동 |

- 동화 속 등장인물이 되어 역할놀이를 해본다.
- 비슷한 교훈을 얻을 수 있는 동화끼리 분류해 본다.

CHAPTER 04

수·조작놀이와 다문화교육

수 · 조작놀이는 유아가 퍼즐이나 구슬 꿰기, 도미노, 카드와 같은 놀잇감으로 놀이하며 손과 손가락 근육을 사용해서 맞추고, 끼우고, 재배열하는 등 다양한 방법으로 다루는 놀이다. 수 · 조작놀이는 다른 놀이에 비하여 정적이고 탐색적 · 구조적인 특징을 지니며, 특히 수, 과학 등 특정 개념 및 지식의 학습에 효과적이다.

수 · 조작놀이는 성장기에 있는 유아들의 눈과 손의 협응, 소근육 운동능력 증진에 도움을 준다. 놀이하는 과정을 통해 놀잇감의 형태, 크기, 무게, 질감에 대한 개념을 습득할 수 있다. 또한 친구들과의 게임 활동을 통해 사회성 발달을 이룰 수 있게 된다. 구체적인 수 · 조작놀이의 가치를 정리하면 다음과 같다.

1. 수 · 조작놀이의 교육적 가치

수 · 조작놀이는 소근육 발달 및 수학적 개념을 형성하고 발달시켜 나가는 데 기여한다. 함께 놀이하는 과정에서 언어와 사회성도 발달하게 되는데 이를 발달의 제반 영역에 따라 살펴보면 다음과 같다.

첫째, 수 · 조작놀이는 주로 작은 조각의 놀잇감을 섬세한 손동작으로 끼워 맞추고 조작하는 놀이이다. 이런 놀이를 통하여 유아의 손목, 손가락의 소근육 운동능력과 눈과 손의 협응력이 증진되며 다양한 조작놀이를 하면서 시각, 촉각 등의 감각능력이 발달한다.

둘째, 놀잇감을 탐색하고 조작하면서 분류, 순서짓기, 수세기, 일대일 대응, 부분과 전체, 공간과 도형 등의 수학적 개념을 자연스럽게 학습한다. 또한 퍼즐 조각이나 그림 카드를 다양한 방법으로 조작하는 과정을 통해 탐구력, 관찰력, 집중력, 문제해결 능력 등이 증진된다. 나아가 놀이과정 속에서 문제를 해결하고 목표를 달성하기 위해 계획을 세우고 다양한 방법으로 시도하는 과정을 통해 문제해결력을 기른다.

셋째, 다양한 종류의 조작놀잇감의 명칭을 자연스럽게 익힐 수 있어 어휘력이 풍부해지며 친구와 함께 놀이하는 과정에서 의사소통 방법을 익히게 된다.

넷째, 스스로 깊이 사고하며 다양한 문제 상황을 탐색하고 해결하는 과정을 통하여 자신감과 성취감을 느끼게 된다. 또한 목표를 달성하기 위해 지식의 사고 및 행동을 적절하게 조절하면서 자기조절능력이 증진된다.

2. 수 · 조작놀이의 지도방법

수 · 조작놀이는 사물의 수 세기, 양 측정하기, 조각그림 맞추기, 끼우기, 바느질하기, 그룹게임 등 소근육을 활용한 다양한 활동을 경험할 수 있는 놀이이다. 유아들이 이러한 과정 속에서 활동에 포함되어 있는 규칙성을 파악하거나 사물의 속성에 준거하여 분류를 할 수 있다. 더불어 또래 유아들과 함께 그룹게임을 하며 의사소통 능력 및 사회성을 증진시킬 수 있다. 수 · 조작놀이에서 지도 내용을 살펴보면 다음과 같다(이경우 외, 2001).

첫째, 수 · 조작놀이 영역은 유아 스스로 물체를 조작하거나 변형해 볼 수 있는 경험을 제공할 수 있도록 다양한 놀잇감과 조작물을 제공해야 한다.

둘째, 유아들 스스로 수학적 사고를 향상시킬 수 있도록 수학적 기본 개념 어휘를 사용한 질문을 통해 유아의 논리적 사고를 촉진해야 한다.

셋째, 수 · 조작놀이의 결과보다는 과정이나 유아의 반응과 설명에 관심을 가져야 한다.

넷째, 수 · 조작놀이 영역은 동일 연령의 경우라도 반드시 개별 유아의 발달 정도 등을 고려하여 다양한 수준의 활동을 제시해야 한다.

다섯째, 수 · 조작놀이 영역은 대부분 소근육을 이용한 놀이로 이루어진다. 교사는 유아들이 다양한 소근육 관련 활동에 참여할 수 있도록 여러 가지 활동을 준비하여 제시하여야 한다.

3. 수 · 조작놀이의 환경 구성 및 놀잇감

유아가 수 · 조작놀이를 이해하고 즐기도록 하기 위해서는 일상생활 속에서 스스로 탐색하고 조사하는 활동을 통하여 여러 가지 개념을 발견하도록 도와 문제해결에 대한 자신감을 가질 수 있도록 이끌어야 한다(Pelmutter, Bloom, & Burrell, 1993). 유아가 지닌 기존의 다양한 경험을 새로운 학습의 기초로 활용하고 실제 문제 상황에 활용할 수 있도록 교사는 주변에서 자연스럽게 발생하는 일상생활의 문제를 수 · 조작놀이로 연결지을 수 있는 환경을 제공해야 한다(홍혜경, 1995).

수 · 조작놀이는 유아들이 소근육을 이용하여 조작하고 구성하는 정적 활동이므로 조용하고 왕래가 많지 않은 장소에 배치한다. 수 · 조작놀이 영역에서 다양한 탐색 활동을 할 수 있도록 편안하고 안락하며 다른 친구들의 방해를 받지 않는 놀이공간이 필요하다. 도형놀이, 수놀이 자료, 게임자료 등이 모두 포함되어야 하며 다양한 성질을 가진 재료, 모양, 크기, 색에 따라 분류할 수 있는 환경이 좋다.

놀잇감 전시 시 유아의 눈높이를 맞추는 것이 필요하며 유아 스스로 가지고 놀던 조작 놀잇감을 정리정돈할 수 있도록 정리바구니 등을 준비해 주는 것이 필요하다. 수 · 조작놀이 환경으로 고려할 점은 다음과 같다.

첫째, 유아들이 소근육을 이용하여 조작하고 구성하는 정적 활동을 주로 하므로 조용하고 유아들의 왕래가 많지 않은 장소에 배치한다.

둘째, 유아의 발달수준과 흥미에 적합한 놀잇감을 제공하되, 유아의 눈높이에 맞추어 진열하며 진열대가 혼란스럽지 않도록 한다.

셋째, 수 · 조작 놀잇감에 흥미를 보이지 않으면 등원하기 전에 책상 위에 한두 개의 조작 놀잇감을 꺼내 호기심을 유발한다.

넷째, 퍼즐처럼 작은 조각 등이 서로 섞여도 쉽게 분류할 수 있도록 조각의 뒷면에 같은 색칠을 하거나 일정한 표시를 해 놓는 것이 효과적이다.

다섯째, 수 · 조작놀이 시 다양한 탐색을 할 수 있도록 편안하고 안락하며 다른 친구들의 방해를 받지 않는 독립된 놀이공간이 필요하다.

여섯째, 일상 자료와 게임 자료, 도형놀이, 수놀이 자료 등이 모두 포함되어야 하며 다양한 특성을 가진 놀잇감, 재료, 모양, 크기, 색 등 여러 특성에 따라 분류할 수 있는 환경이 좋다.

일곱째, 유아가 조작놀이에 계속 흥미를 가질 수 있도록 놀잇감을 주기적으로 교체한다. 기관에서 보유한 놀잇감의 종류를 한 번에 모두 제공하기보다는 유아의 발달수준, 생활 주제 등을 고려하여 조작 놀잇감 종류를 선별하여 제공한다. 유아교육기관에서 수 · 조작놀이 놀이 자료를 구비할 때 다음을 참고할 수 있다.

- 비교 · 분류: 동물, 식물, 음식과 같은 주제에 따른 그림 자료, 여러 가지 색과 모양으로 된 단추, 분류 카드
- 서열화: 크기가 다른 막대, 책, 옷, 여러 가지 다양한 소품

- 수세기: 숫자판, 숫자가 적힌 주사위, 시계, 수만큼 끼우기 자료
- 부분과 전체: 동물 그림 퍼즐이나 동물, 신체 부분 맞추기 그림판(8~32조각)
- 측정: 키재기 띠, 길이를 잴 수 있는 다양한 끈, 무게를 잴 수 있는 저울과 물건, 크기를 비교할 수 있는 다양한 크기의 우유팩, 단위가 다른 저울이나 자
- 공간관계: 미로, 도형 막대, 그림자 맞추기를 할 수 있는 놀이 자료
- 패턴: 패턴이 있는 옷이나 담요 등과 같은 실물 자료, 전통문양이나 스탬프를 이용한 패턴놀이, 패턴 모양판
- 통계: 원이나 막대 모양의 그래프판
- 조작 활동: 열쇠 · 자물쇠 맞추기, 볼트 · 너트 맞추기, 옮겨 담기(물, 콩, 쌀 등)의 경우 핀셋, 나무젓가락 등을 사용하도록 하여 난이도 수준을 높여줌

4. 수 · 조작놀이의 실제

(1) 여러 나라의 음식 맞추기

(2) 여러 나라를 알아봐요

(3) 전통의상 퍼즐

(4) 화폐놀이

(5) 과일 수세기

(6) 세계를 알아요

(7) 글자 맞추기

(8) 세계 여행을 떠나요

(9) 낚시놀이

(10) 그 나라 인형을 찾아라

활동 1. 여러 나라의 음식 맞추기

활동 목표
- 나라마다 고유의 음식이 있음을 안다.
- 여러 나라의 다양한 음식 퍼즐을 맞추고, 분류한다.

지도요소
문화, 다양성

| 활동 자료 |

그림 자료, 음식 모형 퍼즐, 그림 카드

| 활동 방법 |

1. 여러 나라의 다양한 음식에 대해 이야기 나눈다.
   - (그림 자료를 보며) 이 음식을 먹어 본 적이 있나요?
   - 음식의 이름은 무엇일까요?
   - 어떤 나라의 음식일까요?
   - 어떤 재료를 넣어서 만들었나요?

한국: 비빔밥

섞고 비비는 한국식 요리 특징을 잘 보여주는 대표적인 전통음식으로, 갖가지 나물과 밥을 비벼서 먹는다.

일본: 초밥

초와 소금을 친 흰밥을 갸름하게 뭉친 뒤에 고추냉이와 생선 쪽 따위를 얹어 만든다.

베트남: 월남쌈

투명하고 얇은 라이스페이퍼에 새우, 돼지고기 그리고 신선한 채소를 곁들여 먹는 음식이다.

인도: 카레와 난

밀가루 반죽을 넓게 펴서 노릇하게 구운 난을 카레에 찍어서 먹는다.

이탈리아: 피자

도우 위에 치즈와 소스, 그 밖의 다양한 토핑을 올려 화덕에 구운 요리이다.

터키: 케밥

작게 썬 고기 조각을 구워 먹는 음식으로, 고기를 피데에 싸 먹기도 한다.

출처: 네이버 여러 나라의 전통음식

2. 그림 카드를 보고 나라에 맞는 음식을 찾아본다.
    - 이 음식의 이름은 무엇일까요?
    - ○○나라의 전통음식은 무엇인가요?
    - □□나라의 전통음식은 무엇인가요?
3. 음식 모형 퍼즐을 맞춰 본다.
    - ○○○ 요리를 만들기 위해서는 어떤 재료가 필요할까요?
    - (음식 모형 퍼즐을 맞춘 뒤) 어느 나라 음식일까요?
    - □□□ 음식 이름은 무엇일까요?
4. 음식 모형으로 퍼즐의 개수를 알아본다.

| 활동의 유의점 |

- 세계의 음식이 다양함을 알고 음식마다 고유한 특성이 있음을 알도록 한다.
- 각 나라의 음식 이름을 그 나라 언어로 말해 볼 수 있도록 한다.

| 확장 활동 |

- 여러 나라의 식사예절에 대해 알아보고 역할놀이를 한다.
- 좋아하는 음식 그래프를 만들어 본다.

활동 2. 여러 나라를 알아봐요

활동 목표
- 세계 여러 나라에 관심을 가진다.
- 세계 여러 나라를 상징하는 것이 다름을 안다.

지도요소
문화, 다양성

| 활동 자료 |

그림 자료, 활동판

| 활동 방법 |

1. 세계 여러 나라에 대해 이야기 나눈다.
   - 우리나라의 이름은 무엇일까요?
   - 친구들이 알고 있는 나라가 있나요?
2. 세계 여러 나라를 상징하는 것에 대해 알아본다.
   - 우리나라를 상징하는 국기(국화, 전통음식, 의상)는 무엇이 있을까요?
   - ○○나라를 상징하는 국화는 무엇이 있을까요?

나라	국기	국화	전통의상	음식
한국	 태극기	 무궁화	 한복	 비빔밥
베트남	 금성홍기	 연꽃	 아오자이	 월남쌈
일본	 일장기	 벚꽃	 기모노	 초밥
인도	 간디 플래그	 연꽃	 사리	 카레와 난

출처: 네이버 세계의 국기, 여러 나라의 국화, 여러 나라의 전통 의상, 여러 나라의 음식

3. 우리나라와 다른 나라를 상징하는 것들의 차이점에 대해 알아본다.
    - 나라를 상징하는 것들에는 무엇이 있었나요?
    - 나라마다 상징하는 것은 왜 다를까요?
    - 나라마다 상징하는 것은 또 어떤 것이 있을까요?
4. '세계 여러 나라를 돌려 보아요' 활동을 소개한 뒤 놀이한다.
    - (교구를 보여주며) 어떻게 놀이하는 것일까요?
    - 교구를 돌리면 어떤 그림이 나올까요?
    - 교구를 돌려 나라를 상징하는 것을 찾을 수 있을까요?
5. 활동 후 알게 된 점에 대해 이야기 나눈다.

| 활동의 유의점 |

- 나라별로 상징하는 것들에 대해 사전에 숙지할 수 있도록 한다.
- 교구를 바르게 사용하는 방법을 알려주고 규칙을 지켜 활동할 수 있도록 한다.

| 확장 활동 |

- 각 나라를 상징하는 것끼리 분류해 본다.
- 다른 나라의 전통음식을 만들어 본다.

활동 3. 전통의상 퍼즐

활동 목표
- 나라마다 전통의상이 다름을 안다.
- 각 나라를 대표하는 전통의상에 대해 알고 의상을 바르게 맞춘다.

지도요소
문화, 다양성

| 활동 자료 |

그림 자료, 세계의 의상 교구

| 활동 방법 |

1. 우리나라의 전통의상에 대해 알아본다.
    - 우리나라의 전통의상은 무엇일까요?
    - 언제 한복을 입을까요?
2. 다른 나라의 전통의상에 대해 알아본다.
    - 우리나라에 한복이 있듯이 다른 나라에도 전통의상이 있을까요?
    - ○○나라는 어떤 전통의상(옷)이 있을까요?
    - □□나라는 어떤 전통의상(옷)이 있을까요?

한국: 한복

중국: 치파오

일본: 기모노

베트남: 아오자이

태국: 쑤타이

몽골: 델

인도: 사리

멕시코: 판초

미국: 카우보이

그리스: 튜닉

스코틀랜드: 킬트

알래스카: 이누이트복

출처: 네이버 세계 여러 나라의 전통의상

3. 세계 여러 나라의 전통의상을 사진을 보고 비교해 본다.
    - 세계 여러 나라의 전통의상은 어떻게 생겼을까요?
    - 나라마다 전통의상 모양이 왜 다를까요?
4. '의상 맞추기' 교구를 보며 활동을 소개한다.
    - 어떤 활동일까요?
    - ○○ 나라 사람들은 어떤 전통의상을 입나요?
    - ○○ 나라의 전통의상은 어떤 특징이 있나요?
    - 나라에 맞는 전통의상을 찾아 맞출 수 있나요?
5. 국기를 보고 그 나라에 맞는 전통의상 퍼즐을 맞춰 본다.

| 활동의 유의점 |

- 나라마다 날씨와 환경에 따라 입는 옷이 다르다는 것을 알려준다.
- 각 나라의 전통의상 특징에 대해 알려준다.

| 확장 활동 |

- 현재 여러 나라 사람들은 어떤 옷을 입고 다니는지 알아본다.
- 세계 여러 나라의 전통의상을 입고 패션쇼를 연다.

활동 4. 화폐놀이

활동 목표
- 화폐의 기능과 다양함에 대해 안다.
- 나라마다 사용하는 화폐가 다름을 안다.

지도요소
문화, 다양성

| 활동 자료 |

그림 자료, 화폐 퍼즐, 돋보기

| 활동 방법 |

1. 화폐에 대해 이야기 나눈다.
   - 화폐는 무엇일까요?
   - 화폐는 언제 사용하나요?
   - 화폐를 사용해 본 적 있나요?
2. 여러 나라의 화폐에 대해 알아본다.
   - 우리나라는 어떤 화폐를 사용할까요?
   - 다른 나라는 어떤 화폐를 사용할까요?

화폐: 상품의 교환 · 유통을 원활하게 하기 위한 일반적 교환수단이다.

한국
단위: 원

북한
단위: 원

일본
단위: 엔

중국
단위: 위안

태국
단위: 바트

대만
단위: 대만달러

인도
단위: 루피

필리핀
단위: 페소

영국
단위: 파운드

스웨덴
단위: 크로나

스위스
단위: 스위스프랑

크로아티아
단위: 쿠나

유럽
단위: 유로

미국
단위: 달러

뉴질랜드
단위: 달러

캐나다
단위: 달러

출처: 네이버 세계 여러나라의 화폐

3. 여러 나라의 화폐 속 그림에 대해 이야기 나눈다.
   - 화폐를 부르는 이름이 다른 이유는 무엇일까요?
   - 나라마다 화폐 속 그림이 다른 이유는 무엇일까요?
4. 활동 방법에 대해 알아본다.
   - (교구를 보여주며) 어느 나라의 국기와 인물일까요?
   - ○○나라의 화폐를 찾을 수 있나요?
5. 교구를 이용해 화폐놀이를 한다.
   - ○○나라는 어떤 화폐를 사용할까요?
6. 나라마다 사용하는 화폐가 다르다는 것을 알고 화폐 퍼즐놀이를 해본다.

| 활동의 유의점 |

- 사전에 각 나라의 국기에 대해 알아보는 시간을 가진다.
- 나라별로 사용할 수 있는 화폐가 다르다는 것에 대해 알 수 있도록 한다.

| 확장 활동 |

- 화폐를 들고 시장에 가서 물건을 사 본다.
- 화폐 속에 있는 위인들에 대해 알아본다.

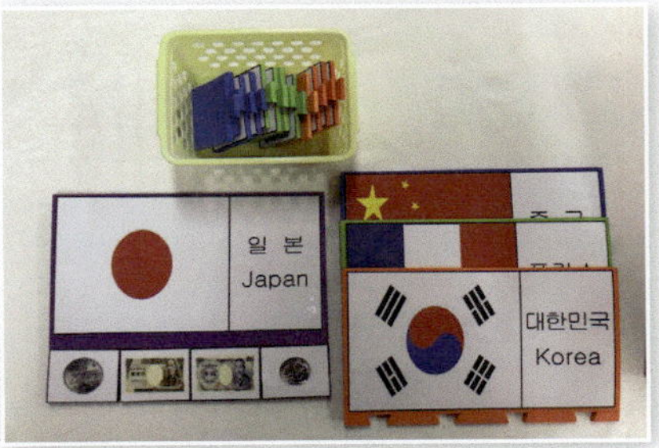

활동 5. 과일 수세기

활동 목표
- 세계 여러 나라 언어로 수를 센다.
- 과일을 다양한 방법으로 세어 보고 담아 본다.

지도요소
문화, 다양성

| 활동 자료 |

숫자 카드, 과일 모형, 바구니, 돌림판

| 활동 방법 |

1. 숫자 카드를 보며 1~10까지 수를 세어 본다.
   - (숫자 카드를 보여주며) 이것은 무엇일까요?
   - 일에서 십까지 수를 바르게 셀 수 있나요?
2. 다른 나라의 수세기에 대해 알아본다.
   - 다른 나라에서는 숫자를 어떻게 셀까요?
   - ○○나라는 어떤 언어로 숫자를 셀까요?
3. 과일 수세기 활동에 사용한 돌림판에 대해 이야기 나눈다.
   - 돌림판에는 어떤 그림이 있나요?
   - 국기를 보고 어떤 나라의 국기인지 알 수 있나요?
   - 돌림판을 돌려서 나온 숫자를 바르게 셀 수 있나요?
   - 돌림판에 나온 숫자를 ○○나라 말로는 어떻게 세어 볼까요?
   - 돌림판에 나온 수만큼 과일 모형을 세어 바구니에 담을 수 있나요?

숫자 나라		1	2	3	4	5	6	7	8	9	10
한국		일	이	삼	사	오	육	칠	팔	구	십
중국		一 이	二 얼	三 싼	四 쓰	五 우	六 리우	七 치	八 빠	九 지우	十 스
일본		いち 이찌	に 니	さん 상	よん/し 욘/시	ご 고	ろく 로쿠	なな/しち 나나/시찌	はち 하찌	きゅう/く 큐우/쿠	じゅう 쥬우
베트남		một 못	hai 하이	ba 바	bốn 본	năm 남	sáu 싸우	bảy 바이	tám 땀	chín 찐	mười 므이
미국		ONE 원	TWO 투	THREE 쓰리	FOUR 포	FIVE 파이브	SIX 식스	SEVEN 세븐	EIGHT 에잇	NINE 나인	TEN 텐

4. 과일 수세기 활동 방법에 대해 알아본다.

> ① 돌림판을 돌릴 술래를 정한다.
> ② 술래는 돌림판을 돌려 나온 나라와 숫자를 본다.
> ③ 돌림판을 돌려 나온 나라의 언어로 수를 말한다.
> ④ 술래가 말한 수만큼 과일을 바구니에 담는다.

5. 과일 수세기 활동을 한다.
   - 술래는 돌림판을 돌려서 나온 나라의 말로 그 수를 세어 볼까요?
6. 여러 나라 말로 숫자를 세어보고 과일을 담아 본다.

| 활동의 유의점 |

- 사전에 다른 나라의 언어로 숫자를 읽을 수 있도록 지도한다.
- 술래를 바꿔가면서 다양하게 활동할 수 있도록 한다.

| 확장 활동 |

- 돌림판을 돌려서 나온 수만큼 숫자를 적어 본다.
- 제철 과일을 이용해 과일 주스를 만들어 본다.

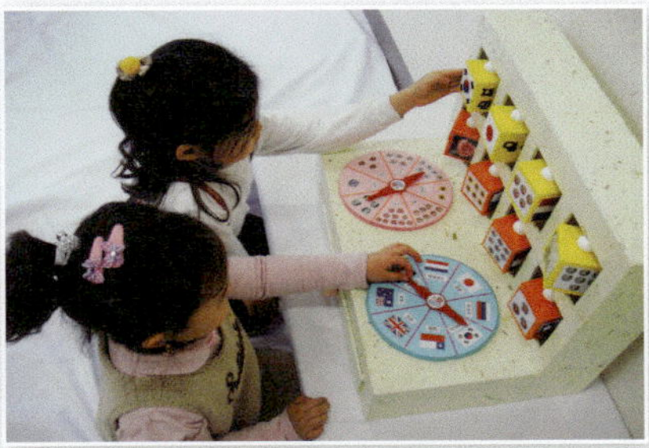

활동 6. 세계를 알아요

활동 목표	지도요소
• 세계 여러 나라의 다양한 문화에 관심을 가진다. • 세계 여러 나라의 상징물에 대해 알고 분류한다.	문화, 다양성

| 활동 자료 |

그림 자료, 집 모형, 그림 카드(국기, 국화, 건축물, 음식, 스포츠, 동물), 질문 카드

| 활동 방법 |

1. 대륙에 대해 알아본다.
   - 지구에는 몇 개의 대륙이 있을까요?
   - ○○나라는 어떤 대륙에 속할까요?

> **대륙** 지형학적으로 지구 표면에 있는 광대한 육지로 아시아와 유럽(유라시아), 아프리카, 북아메리카, 남아메리카, 오세아니아, 남극대륙의 7대륙이 있다.

나라	국기	국화	건축물	음식	스포츠	동물
한국	 태극기	 무궁화	 숭례문	 불고기	 태권도	 호랑이
프랑스	 삼색기	 아이리스	 에펠탑	 에스카르고	 빼땅크	 수탉
이집트	 삼색기	 수련	 피라미드	 하맘 마슈	 볼링	 고양이
호주		 골든와틀	 오페라하우스	 미트파이	 크리켓	 캥거루

출처: 네이버 세계의 국기, 국화, 세계의 건축물, 세계의 전통음식, 스포츠, 동물

2. 그림 자료를 보며 한국, 프랑스, 이집트, 호주에 대해 알아본다.
   - 이것은 어느 나라의 국기(국화)일까요?
   - 이것은 어느 나라의 건축물일까요? 이 스포츠의 이름은 무엇일까요?
   - 이 동물의 이름은 무엇일까요? 어느 나라의 동물일까요?
3. '세계를 알아요' 활동 방법에 대해 알아본다.

> ① 문제를 낼 친구와 맞출 친구를 정한다.
> ② 질문 카드에 적힌 질문에 해당하는 그림 카드를 찾아 붙인다.
> ③ 4개의 나라를 상징하는 것들에 대해 소개한다.

4. '세계를 알아요' 활동을 한다.

| 활동의 유의점 |

- 각 나라가 상징하는 것에 대해 충분히 익힌 후 활동할 수 있도록 한다.

| 확장 활동 |

- 각 나라의 대표적인 건축물을 부직포로 구성해 보고 음악을 들어본다.
- 건축물 찾아서 이름 글자를 찾아 붙여 본다.

활동 7. 글자 맞추기

활동 목표	지도요소
• 여러 나라의 국가 이름과 대표하는 것에 대해 안다. • 자음과 모음을 이용해 글자를 만든다.	문화, 정체성

| 활동 자료 |

그림 자료, 계란판 국기, 계란판, 탁구공 자음 · 모음

| 활동 방법 |

1. 나라를 대표하는 스포츠에 대해 알아본다.
   - ○○ 나라는 어떤 스포츠가 유명할까요?
   - □□□운동을 해 본 적이 있나요?
2. 계란판 국기를 보여주며 이야기 나눈다.
   - 이것은 어느 나라의 국기일까요?
   - 이 국기의 이름은 무엇일까요?
3. 국기판을 보여주며 나라마다 사용하는 글자에 대해 이야기 나눈다.
   - 우리나라는 어떤 글자를 쓰나요?
   - 한글에서 사용하는 자음과 모음에 대해 알고 있나요?

> 세종대왕이 처음 글자를 만들고 훈민정음이라는 이름을 붙였는데 이것이 오늘날의 한글입니다. 한글은 자음자 열네 자와 모음자 열 자로 이루어져 있습니다. 한글은 자음과 모음이 만나야 글자를 만들 수 있습니다.
> 자음: ㄱ, ㄲ, ㄴ, ㄷ, ㄸ, ㄹ, ㅁ, ㅂ, ㅃ, ㅅ, ㅆ, ㅇ, ㅈ, ㅉ, ㅊ, ㅋ, ㅌ, ㅍ, ㅎ
> 모음: ㅏ, ㅐ, ㅑ, ㅒ, ㅓ, ㅔ, ㅕ, ㅖ, ㅗ, ㅘ, ㅙ, ㅚ, ㅛ, ㅜ, ㅝ, ㅞ, ㅟ, ㅠ, ㅡ, ㅢ, ㅣ

4. '글자 맞추기' 교구 및 활동 방법에 대해 알아본다.
   - (계란판을 보여주며) 이것은 무엇일까요?
   - (탁구공 자음 · 모음을 보여주며) 이것은 무엇일까요?
   - 탁구공에 어떤 글자가 적혀 있나요?
   - 계란판과 탁구공 자음 · 모음을 이용해 어떤 글자를 만들 수 있을까요?

> ① 계란판 국기를 보고 어느 나라의 국기인지 이야기한다.
> ② 계란판에 자음과 모음을 이용해 나라의 이름을 완성한다.
> ③ 그림 카드를 보고 그 나라의 대표적인 운동을 찾는다.
> ④ 계란판에 자음과 모음을 이용해 대표적인 운동 이름을 만든다.
> ⑤ 나라의 이름과 운동 이름을 바르게 만들었는지 확인한다.

5. '글자 맞추기' 활동을 한다.
   - 국기를 보고 어느 나라의 국기인지 말해 볼까요?
   - 그 나라의 이름을 자음과 모음을 이용해 만들어 볼까요?
6. 여러 나라의 대표적인 운동경기에 대해서 이야기 나눈다.
   - ○○나라의 대표적인 운동경기가 무엇인지 알고 있나요?
   - □□나라의 대표적인 운동경기가 무엇인지 알고 있나요?
   - 나라의 특징적인 운동경기를 글자로 만들어 볼까요?
7. 자음과 모음을 이용해 여러 가지 글자를 만들어 본다.

| 활동의 유의점 |

- 자음과 모음을 이용해 글자를 만드는 방법을 익힐 수 있도록 한다.
- 글자를 잘 모르는 유아의 경우 교사와 함께 글자를 만들어 볼 수 있도록 한다.

| 확장 활동 |

- 여러 나라의 언어로 글자 만들기를 해 본다.
- 여러 나라의 언어를 따라 말하고 써 본다.

활동 8. 세계 여행을 떠나요

활동 목표
- 대륙은 오대양 육대주로 다양하게 있음을 안다.
- 세계 여행을 통해 여러 나라 문화에 대해 안다.

지도요소
문화, 다양성

| 활동 자료 |

그림 자료, 세계지도, 세계 여러 나라를 여행해요 활동판, 말, 주사위

| 활동 방법 |

1. 세계지도를 보며 오대양 육대주에 대해 이야기 나눈다.
   - (세계지도를 보여주며) 이것은 무엇일까요?
   - 오대양 육대주는 무엇을 나타내는 것일까요?

〈세계의 바다 오대양〉

태평양	아시아, 남북아메리카, 오세아니아 사이에 있는 바다
대서양	남북아메리카, 유럽, 아프리카 사이에 있는 바다
인도양	아시아, 오세아니아, 아프리카 사이에 있는 바다
북극해	지구 북쪽에 있는 바다로, 얼음으로 덮여 있다.
남극해	지구 남쪽에 있는 바다로, 남극을 둘러싸고 있다.

〈세계의 육지 육대륙〉

아시아	세계에서 가장 큰 대륙이며, 인구도 가장 많다.
유럽	작은 면적에 40개가 넘는 나라가 자리 잡고 있으며 오랜 역사와 전통을 가진 나라가 많이 있다.
아프리카	날씨가 매우 더운 곳이 많다.
북아메리카	아메리카 대륙의 북쪽이다.
남아메리카	아메리카 대륙의 남쪽으로 유럽에서 이주한 사람들의 문화가 우세하다.
오세아니아	대륙의 안쪽에는 사막이 많고, 사람들은 주로 해안선을 따라 살고 있다.

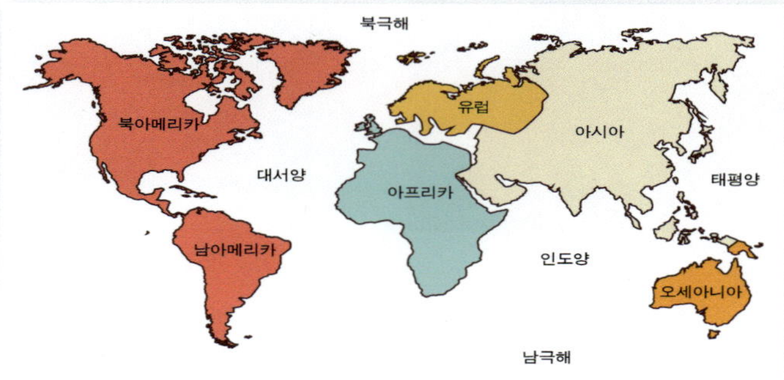

2. 세계 여러 나라에 대해 알아본다.
   - ○○나라는 어떤 대륙에 속할까요?
   - 이 나라를 상징하는 것은 무엇일까요?
3. '세계 여행을 떠나요' 활동 방법에 대해 알아본다.
   - (교구를 보여주며) 이것은 무엇일까요?
   - 어떻게 놀이할 수 있을까요?

> ① 주사위를 던져서 나온 수만큼 말을 옮긴다.
> ② 도착한 곳의 그림을 보고 어떤 나라의 국기 또는 관광지인지 말한다.
> ③ 나라에 대해 말하지 못하면 한 칸 뒤로 가며, 먼저 도착한 유아가 이긴다.

4. '세계 여행을 떠나요' 교구를 이용해 놀이한다.

| 활동의 유의점 |

- 사전에 세계 여러 나라의 국기 및 관광지에 대해 충분히 숙지할 수 있도록 한다.

| 확장 활동 |

- 스튜어디스와 손님이 되어 세계 여행놀이를 한다.

활동 9. 낚시놀이

활동 목표
- 물고기의 종류가 다양함을 안다.
- 물고기마다 사는 곳이 다름을 안다.

지도요소
문화, 다양성

| 활동 자료 |

그림 자료, 자석 낚싯대, 물고기, 그물망, 터널

| 활동 방법 |

1. 물에 사는 생물에 대해 이야기 나눈다.
   - 물속에서 생활하는 생물에는 어떤 것이 있을까요?

사는 곳	종류		
계곡	 산천어	 열목어	 가재
강	 붕어	 잉어	 송어
바다	 고등어	 상어	 문어
갯벌	 망둥이	 칠게	 바지락
열대지역	 구피	 블루탱	 흰동가리
남극, 북극	 남극빙어	 남극암치	 북극고래

출처: 네이버 물에서 사는 생물

2. 물고기를 잡아 본 경험에 대해서 이야기 나눈다.

- 물고기를 잡아 본 적이 있나요?
- 물고기를 잡는 것을 무엇이라고 하나요?
- 낚시놀이를 하기 위해서는 어떤 것들이 필요할까요?
- 어떤 방법으로 낚시놀이를 하면 좋을까요?

> ① 사전에 몇 마리의 물고기를 잡을지 정한다.
> ② 터널을 통과한 뒤 낚싯대를 잡고 그물 속에 있는 물고기를 잡는다.
> ③ 정해진 수만큼의 물고기를 낚싯대로 잡은 뒤 돌아온다.

3. 순서를 정한 뒤 낚싯대를 이용해 정해진 수만큼의 물고기를 잡고 돌아온다.

| 활동의 유의점 |

- 낚시를 할 순서를 정해주고 규칙을 지켜 활동할 수 있도록 지도한다.

| 확장 활동 |

- 물고기의 움직임을 관찰해 보고, 신체로 표현해 본다.
- 아쿠아리움 견학을 해본다.

활동 10. 그 나라 인형을 찾아라

활동 목표
- 세계 여러 나라 사람들의 모습은 달라도 함께 살아가야 된다는 것을 안다.
- 사람마다 생김새는 다르지만 모두 평등함을 안다.

지도요소
협력, 평등

| 활동 자료 |

그림 자료, 블록, 세계 여러 나라 인종 사진, 인형 그림이 붙은 통, 낚싯대

| 활동 방법 |

1. 그림 자료를 보며 세계 여러 나라 사람들의 특징에 대해 이야기 나눈다.
   - 사진 속에는 어떤 사람의 모습이 있나요?
   - 사람들의 생김새나 입고 있는 옷들은 어떤가요?
   - 우리의 모습과 어떤 점이 같나요? 우리의 모습과 어떤 점이 다르나요?
   - 피부의 빛깔이 검은(황색, 흰) 사람들은 어떤 인종일까요?
2. 사람마다 피부와 머리, 눈동자 색이 다름을 이야기 나눈다.
   - ○○이는 어떤 피부색깔이라고 생각하나요?
   - 피부색은 누구를 닮았나요?
   - ○○이는 눈(머리)이 어떤 색깔이라고 생각하나요?
   - 나라마다 얼굴 모습이 어떻게 다른가요?
3. 여러 나라의 인형을 보고 한국, 네덜란드, 가나를 대표하는 국기와 국화에 대해 알아본다.
   - (인형을 보여주며) 이것은 어느 나라의 인형일까요?
   - 왜 그렇게 생각했나요?
   - 우리가 즐겨 가지고 노는 인형과 모습이 비슷한가요?
   - 이런 모습의 사람들은 어떤 인종에 속할까요?
   - 또 다른 인종은 어떤 것이 있을까요?
4. 생김새는 달라도 모든 사람은 평등하다는 것을 이야기 나눈다.
   - 생김새는 달라도 살아가는 모습은 어떨까요?
   - 사람들은 모두 어떻게 살아가야 할까요?
   - 평등하게 살아간다는 것은 어떻게 사는 것일까요?
   - 모두가 행복하게 살아가려면 어떻게 살아가야 할까요?

5. '그 나라의 인형을 찾아라' 놀이를 해본다.
   - (인형 그림을 붙여 놓은 통을 보여주며) 이 통에는 어떤 인형이 붙어 있나요?
   - 어떤 나라의 사람일까요? 앞에 붙여진 그림과 같은 인형을 찾을 수 있나요?
   - ○○나라 사람은 무슨 인종일까요? 친구가 말한 인형을 찾아 통 안에 넣어 보아요.

> ① 가나(흑인), 한국(황인), 네덜란드(백인) 사람이 입고 있는 옷에 대해 알려준다.
> ② 통 앞에 어떤 나라의 사람 그림이 붙어 있는지 살펴본다.
> ③ 교사(친구)가 말한 인종의 인형을 찾아 낚싯대로 잡은 뒤 통 안에 넣는다.
> ④ 통 앞에 붙여진 그림과 인형이 같은지 확인한다.
> ⑤ 신체의 색깔, 입는 옷은 다르지만 친구가 될 수 있다는 것에 대해 알려준다.

   - 어느 나라의 인형을 찾았나요?
   - 어떻게 생겼나요?

6. '그 나라의 인형을 찾아라' 활동을 해본다.

| 활동의 유의점 |

- 흑인, 백인, 황인에 대한 편견을 가지지 않도록 지도한다.
- 어떤 편견에도 비판할 수 있는 태도를 갖도록 지도한다.

| 확장 활동 |

- 세계 여러 나라의 인형으로 역할놀이를 한다.
- 세계 인형 낚시놀이를 해본다.

CHAPTER 05

과학놀이와 다문화교육

유아는 호기심을 갖고 탐구하는 과정을 통해 주변 환경을 익힌다. 유아들이 일상생활 속에서 주변을 주의 깊게 관찰하고 탐구해 보는 경험을 통해 자연현상과 물질의 성질, 생물과 무생물의 특징들을 탐색하고 이해할 수 있게 되는 것이다.

과학놀이를 통해 주변 환경의 사물과 현상에 대해 호기심을 가지고 직접 관찰하고 실험하며 문제해결을 위한 적극적인 경험을 하게 된다. 즉, 유아는 다양한 사물, 동식물, 주변 자연현상에 관심을 가지고 주의 깊게 관찰하며 끊임없이 탐구하고 실험하는 활동을 한다.

1. 과학놀이의 교육적 가치

과학놀이는 다양한 감각과 호기심으로 주변의 사물과 자연환경의 특징을 탐색하는 것이다. 이러한 탐색과정에서 발생하는 의문점을 해결하는 과정에서 필요한 과학적 기초능력과 태도를 기르게 하며, 주변의 사물과 자연환경에 대해 관심을 가지고 논리적으로 사고하고 관찰한다.

과학놀이의 교육적 가치를 살펴보면 다음과 같다.

첫째, 유아는 주변 환경에 대해 탐색, 관찰, 예측, 비교하는 과학적 탐구 활동을 통해 과학과정기술을 기르게 된다. 이를 바탕으로 다양한 과학적 개념과 지식을 습득할 수 있으며 실생활에 과학적 기술과 개념을 적용할 수 있는 능력이 발달된다.

둘째, 보고 듣고 만지고 냄새를 맡는 등 다양한 감각적 경험을 통해 오감을 발달시키며 주변 사물에 대한 지식을 습득한다. 즉, 감각적 탐색이 충분히 제공되는 과학적 놀이를 통해 유아는 문제해결력을 기를 수 있으며 나아가 새로운 과학적 지식과 개념을 형성하게 되어 인지발달이 촉진된다.

셋째, 친구와 함께 관찰한 내용에 대해 서로 토의할 뿐만 아니라 실험과정에서 서로 다른 가설을 견주는 과정 등을 통해 개방성, 협동성 등의 과학적 태도를 기르게 된다. 나아가 이러한 과정에서 의사소통 능력 및 사회적 기술 등이 증진된다.

2. 과학놀이의 지도방법

과학놀이는 다양한 물체와 물질, 동물과 식물 등의 자연환경과 간단한 도구와 기계 등에 대한 호기심을 갖고 지속적으로 탐구하는 영역이다. 일반적으로 과학놀이는 유아의 적극적인 참여가 적은 영역 중 하나이다. 그러므로 교사는 유아의 흥미와 호기심을 반영한 다양한 활동을 계획하고 이를 활성화시키도록 노력해야 한다. 과학놀이의 지도방법을 살펴보면 다음과 같다.

첫째, 과학놀이는 생활주제, 계절, 연령 및 유아의 흥미 등을 고려하여 운영한다. 물질의 속성이나 형태, 특징 등에 대한 호기심을 유발할 수 있는 다양한 자료를 제공하거나 동식물의 움직임이나 성장과정을 살펴볼 수 있는 관찰물을 제시하는 것이 적절하다.

둘째, 여러 가지 물질이나 소재 등을 탐구할 수 있는 영역이므로 교사는 유아와 함께 의논하여 활동을 계획한다. 유아들이 주도적으로 탐구주제 및 활동을 정해보는 경험을 통해 유아들의 과학적 호기심이 신장되며 적극적 탐구태도를 기를 수 있다. 이와 더불어 실외놀이나 현장학습에서 발견된 다양한 소재 등을 과학 영역에 두어 관찰할 수 있는 기회를 제공하는 것도 좋다.

셋째, 일회성 활동으로 끝나는 것이 아닌 지속적으로 이뤄질 수 있는 과학 활동을 계획한다. 또한 유아 스스로 자신이 발견한 과학 내용이나 지식 등 관찰하고 실험한 내용을 기록할 수 있도록 기록지 등의 자료를 제공하고, 유아들이 서로의 의견을 나눌 수 있는 다양한 활동을 제공한다.

3. 과학놀이 환경 구성 및 놀잇감

과학놀이의 영역 배치는 유아가 직접 만져보고 들여다보고 실험을 할 수 있도록 준비한다. 과학놀이 영역은 유아들의 관찰력, 탐구력 등 과학적 사고와 태도를 발휘할 수 있는 생동감 있는 영역이므로, 유아가 직접 활동하는 것이 매우 중요하다. 이를 위해 실내뿐만 아니라 실외 환경을 활용하도록 한다. 특히 실외 영역은 과학적 호기심을 불러일으킬 수 있는 소재가 풍부하여 과학 활동이 이뤄지기에 효과적이다. 실외 환경에서의 과학 활동을 통하여 유아들은 사계절의 변화를 느끼며 생물의 성장과 변화를 관찰하고 돌보는 것을 경험할 수 있다. 나아가 자연을 존중하는 생명 감수성의 태도를 기를 수 있다. 과학놀이 환경으로 고려할 점은 다음과 같다.

첫째, 유아들이 실험과 관찰을 통해 탐구할 수 있는 기회가 제공되는 환경 구성이 필요하다. 또한 스스로 길이나 양, 무게나 온도, 시간 등을 측정할 수 있는 다양한 도구가 제공되어야 한다.

둘째, 직접 동식물을 길러봄으로써 동식물 성장에 대한 이해와 생명존중의 태도를 기를 수 있다. 콩나물 재배나 씨앗의 성장과정 등의 활동과 물고기나 거북이를 키워 볼 수 있는 환경을 마련하는 것이 좋다.

셋째, 계절의 변화에 따라 자연물을 관찰하고 탐구해 볼 수 있도록 씨앗, 조개껍데기, 낙엽, 눈뭉치, 다양한 솔방울이나 나뭇가지 등을 각기 봄, 여름, 가을, 겨울에 맞게 배치해 주는 것이 좋다.

유아교육기관에서 과학놀이 자료를 구비할 때에는 다음을 참고할 수 있다.

- 일반적 도구: 거울, 자석(막대자석, U자형 자석, 말굽자석, 원반자석, 고리자석), 돋보기, 만화경, 집게, 연장 세트(드라이버, 망치, 톱), 컴퍼스, 돋보기, 졸보기
- 측정도구: 모래시계, 양팔저울, 되, 말, 키, 온도계, 막대자, 줄자, 플라스틱자, 비커, 플라스틱 눈금 실린더, 타이머, 플라스틱 저울, 측정용 컵과 스푼
- 조리도구: 도마, 믹서, 소형 가스레인지, (뚜껑 있는)전기 프라이팬, 뒤집개, 주걱, 그릇류, 요리순서표
- 식물관련: 관엽식물(아이비, 스킨답서스 등), 일년초 식물(메리골드, 피튜니아, 금잔화, 나팔꽃, 봉숭아, 팬지), 구근식물(고구마, 감자, 홍당무, 무, 양파), 씨앗류(채송화, 코스모스 해바라기, 나팔꽃, 분꽃, 강낭콩, 맨드라미, 조롱박 등), 곡식류(밀, 보리, 쌀, 벼, 옥수수, 조, 팥 등), 열매(밤, 대추, 땅콩, 도토리, 은행, 잣 등), 각종 식물 표본류, 여러 가지 나뭇잎, 화분으로 이용할 수 있는 폐품, 씨앗을 담을 수 있는 상자나 그릇
- 동물관련: 동물(오리, 토끼, 강아지, 고양이, 병아리, 금붕어, 열대어, 햄스터, 기니피그, 개구리, 올챙이), 곤충(개미, 달팽이, 배추흰나비, 애벌레, 개구리 등), 여러 종류의 알(메추리알, 계란, 오리알 등), 각종 동물 표본류, 여러 종류의 새털, 관찰기록 용지, 뼈(물고기뼈, 닭뼈), 사육에 필요한 물품(어항, 사육장, 먹이 등)
- 실물: 시계(탁상시계, 손목시계, 괘종시계, 기계류(고장난 라디오, 카메라 등)), 너트와 볼트, 송곳, 열쇠와 자물쇠, 다양한 바퀴, 현미경, 망원경, 카메라, 녹음기, 라디오,

CD플레이어 등 과학 활동에 필요한 특수 도구

- 물리적 지식 활동에 필요한 도구: 기어, 스위치, 도르래, 추, 지렛대, 손전등, 블록 등
- 기타: 각종 표본이나 모형, 생활용품(천, 실과 바늘, 못, 고무 밴드, 스펀지, 빨대, 이쑤시개 등), 모래종이, 거름종이, 식품색소, 색깔 있는 돌

4. 과학놀이의 실제

(1) 거울상자

(2) 고고학자

(3) 곤충 관찰하기

(4) 우주와 행성

(5) 날씨와 온도

(6) 나비가 다양해요

(7) 세계 여러 나라의 동물

(8) 나뭇잎이 달라요

(9) 동전이 달라요

(10) 자라는 곳이 달라요

활동 1. 거울상자

활동 목표
- 나라마다 고유한 전통의상이 있음을 안다.
- 거울의 종류가 다양함을 안다.

지도요소
문화, 다양성

| 활동 자료 |

그림 자료, 거울상자, 얼굴이 뚫린 세계 여러 나라 의상 카드

| 활동 방법 |

1. 세계 여러 나라의 전통의상에 대해 이야기 나눈다.
   - 우리나라 사람들이 명절에 입는 옷이 무엇인지 알고 있나요?
   - 한복을 입어 본 경험이 있나요?
   - 한복을 입었을 때 어땠나요?
   - 다른 나라 사람들은 어떤 옷을 입을까요?
   - ○○나라의 전통옷은 무엇일까요?
   - 우리나라 한복과 어떤 점이 같나요?
   - 우리나라 한복과 어떤 점이 다른가요?
2. 거울의 종류에 대해서 이야기 나눈다.
   - 거울에는 어떤 종류가 있을까요?
   - 볼록(오목)거울은 어떻게 보일까요?
   - 왜 이렇게 보일까요?
   - 또 어떤 거울이 있을까요?
3. 거울상자 교구를 보면서 이야기 나눈다.
   - (얼굴이 뚫린 세계 여러 나라 의상 카드를 보여주며) 어떤 나라의 전통의상일까요?
   - 전통의상을 입고 있는 사람들 얼굴을 만들기 위해서는 어떻게 해야 할까요?
   - 친구의 얼굴 앞에 카드를 두었을 때 눈, 코, 입이 다 보이나요?
   - 얼굴이 다 보이기 위해서 어떤 방법을 사용하면 좋을까요?
4. 거울상자를 이용한 활동 방법을 소개한다.
   - 상자 속에 무엇이 들어 있을까요?
   - 거울이 있다는 것을 어떻게 알 수 있었나요?
   - (상자 위쪽 틈을 보여주며) 여기에 틈이 있는 것이 보이나요?
   - 이 틈은 왜 있을까요?

- 얼굴이 뚫린 세계 여러 나라 의상 카드를 여기에 넣을 수 있을까요?
- 거울상자에 카드를 넣은 뒤 어떤 의상이 보이나요?
- 거울상자 속을 보고 어떻게 보이는지 친구들에게 이야기해 줄 수 있나요?

5. 거울상자를 이용해 활동한다.
   - 거울상자 속을 보았더니 어떤 것이 보였나요?
   - ○○나라의 전통의상 카드를 상자 속에 넣어 볼까요?
   - 거울상자 속에 나는 어떤 옷을 입고 있었나요?
   - 거울상자를 이용해 활동해 보니 어땠나요?
   - 그냥 의상 카드를 볼 때와 거울상자에 넣었을 때 어떤 차이가 있었나요?
6. 거울상자를 이용해 활동한 느낌에 대해 이야기 나눈다.

| 활동의 유의점 |

- 거울의 원리에 대해 알려준다.
- 거울상자에 활용할 수 있는 다양한 의상 카드를 준비하여 여러 나라의 옷을 간접 경험할 수 있도록 해 본다.

| 확장 활동 |

- 거울을 이용해 다양한 교구를 만들어 놀이한다.
- 거울을 이용하여 거울 자동차를 만들어 본다.

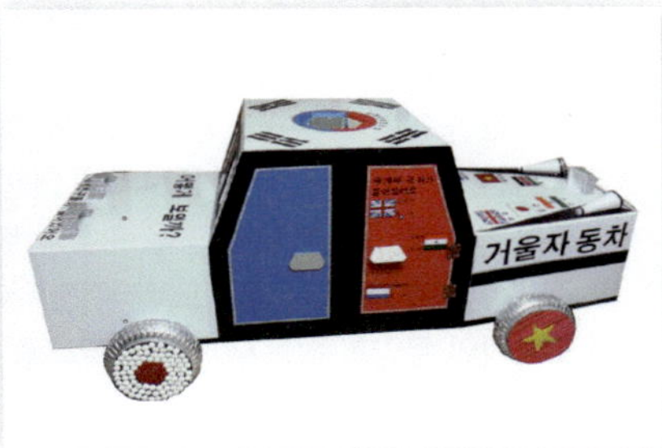

활동 2. 고고학자

활동 목표

- 고고학자가 하는 일에 관심을 갖는다.
- 고고학자가 되어 유물을 복원한다.

지도요소

정체성, 문화

| 활동 자료 |

그림 자료, 돋보기, 자석 유물 모형, 볼풀, 고고학자 의상, 활동지, 색연필, 저울, 프로타주판, 종이

| 활동 방법 |

1. 박물관에 가 본 경험에 대해 이야기 나눈다.
   - 박물관에 가 본 경험이 있나요?
   - 박물관에서 어떤 것을 볼 수 있었나요?
   - 이러한 유물들은 어떻게 박물관에 보관하게 되었을까요?
2. 고고학자에 대해 이야기 나눈다.
   - 땅속에 숨겨진 유적이나 유물을 찾는 사람을 무엇이라고 할까요?
   - 고고학자는 어떻게 유적이나 유물을 찾을까요?
   - 땅속에서 찾은 유물들은 어떻게 할까요?
   - 땅속에서 찾은 유물들이 깨졌거나 훼손되어 있다면 어떻게 할까요?
3. 고고학자 활동 방법에 대해 알아본다.
   - (고고학자 의상을 보여주며) 이것은 무엇일까요?
   - 어떤 사람이 입는 옷일까요?
   - 고고학자가 되어 숨겨져 있는 유물을 찾을 수 있을까요?

① 고고학자 의상을 입고 장갑을 낀다.
② 볼풀 속에 숨겨져 있는 도자기 조각을 찾는다.
③ 같은 색깔의 도자기 조각끼리 모은다.
④ 도자기 조각의 무게를 재어 보고 활동지에 기록한다.
⑤ 깨진 모양을 보고 알맞게 붙인다.
⑥ 복원한 도자기의 무게를 재어 보고 활동지에 기록한다.
⑦ 복원한 도자기 속 문양을 돋보기를 이용해 관찰한다.
⑧ 도자기의 모양과 색깔, 문양을 관찰한 뒤 도자기 이름을 맞춘다.
⑨ 도자기에 있는 문양과 같은 프로타주판 위에 활동지를 올려놓은 뒤 색연필로 칠해 무늬 본떠 본다.
⑩ 도자기의 문양과 활동지에 본뜬 무늬를 비교해 본다.

4. 활동 전 규칙에 대해 이야기 나눈다.
   - 유물을 찾을 때 지켜야 할 규칙에는 무엇이 있을까요?
   - 찾은 유물 조각을 가지고 장난을 치거나 던지면 어떻게 될까요?
   - 볼풀장에 들어가서 공들을 밖으로 던지거나 친구에게 던지면 어떻게 될까요?
   - 위험한 행동을 하지 않고 규칙을 지켜서 활동할 수 있나요?
5. 고고학자가 되어 유물을 찾아 복원해 본다.
   - 고고학자 의상을 입고 고고학자가 되어 숨겨져 있는 유물을 찾아볼까요?
   - 어떤 도자기를 찾았나요? 도자기를 복원하는 데 어려움은 없었나요?
   - 도자기 조각의 무게를 재거나 문양을 프로타주할 때 어려움은 없었나요?
6. 유물을 복원하고 느낀 점에 대해 이야기 나눈다.

| 활동의 유의점 |

- 고고학자가 하는 일과 유물을 복원하는 방법에 대해 숙지한 뒤 활동한다.

| 확장 활동 |

- 세계 여러 나라의 유물에 대해 알아본다.
- 박물관을 견학하면서 다양한 도자기들을 관찰해 본다.

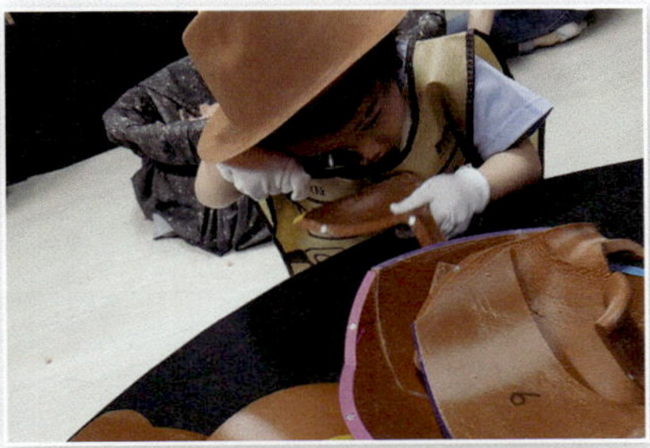

활동 3. 곤충 관찰하기

활동 목표
- 계절에 따라 볼 수 있는 곤충이 있음을 안다.
- 친구와 함께 곤충을 채집하며 곤충의 특징에 대해 알아본다.

지도요소
다양성, 협력

| 활동 자료 |

그림 자료, 곤충 채집 통, 돋보기

| 활동 방법 |

1. 여러 가지 다양한 곤충에 대해 알아본다.
   - 봄(여름, 가을, 겨울)에 볼 수 있는 곤충에는 어떤 것이 있을까요?
   - 어떻게 생겼나요? 어떤 울음 소리를 내나요? 어디에서 볼 수 있나요?
   - 다른 나라에서 볼 수 있는 곤충에는 어떤 것이 있을까요?

봄

벌

나비

개미

꽃하늘소

여름

매미

꽃등에

반딧불이

사슴벌레

가을

잠자리

메뚜기

베짱이

귀뚜라미

겨울

겨울자나방

알락곱등이

다른 나라 곤충

리옥크

황제전갈

낙타거미

코카서스 장수풍뎅이

출처: 네이버 곤충

2. 즐겨 볼 수 있는 곤충에 대해 이야기 나눈다.
   - 우리 주변에는 어떤 곤충들을 볼 수 있을까요?
   - 봄(여름, 가을, 겨울)에 볼 수 있는 곤충에는 어떤 것이 있나요?
   - 어떤 곤충을 찾아보고 싶나요?
3. 곤충을 채집할 때 지켜야 할 약속에 대해 이야기 나눈다.
   - 곤충을 채집하기 위해서는 무엇이 필요할까요?
   - 곤충을 채집할 때는 어떻게 해야 할까요?
   - 채집한 곤충을 무엇을 이용해 관찰할까요?
4. 실외로 나가 친구와 함께 곤충을 채집한 곤충의 생김새를 관찰한다.

| 활동의 유의점 |

- 곤충들이 다치지 않게 유의해서 관찰하도록 지도한다.
- 생명의 소중함에 대해 이야기하고 너무 많은 곤충을 잡지 않도록 한다.

| 확장 활동 |

- 관찰한 곤충을 그림으로 꾸며 협동 작품을 만든다.
- 여러 가지 곤충을 몸으로 표현해 본다.

활동 4. 우주와 행성

활동 목표
- 우리가 살고 있는 지구에 관심을 가진다.
- 우주의 다양한 행성과 지구의 특징에 대해 안다.

지도요소
정체성, 다양성

| 활동 자료 |

그림 자료, 지구본, 돋보기

| 활동 방법 |

1. 지구본을 보며 우리가 살고 있는 지구에 대해 이야기 나눈다.

지구 우리가 살고 있는 푸른 행성을 말한다. 우주에서 봤을 때 푸른색의 바다, 녹색의 산과 갈색의 흙에 흰색의 구름이 조화를 이루고 있는 아름다운 행성이다.

- 지구본을 본 적이 있나요?
- 지구본에 나타나 있는 것은 무엇일까요?
- 지구본은 어떤 모양인가요?
- 지구에는 누가 살고 있을까요?
- 어떻게 지구에 살게 되었을까요?
- 지구는 어디에 있을까요?
- 우리가 살고 있는 지구도 행성일까요?

우주 세상에 존재하는 모든 물질과 공간, 시간의 전체를 말한다. 또한 지구를 둘러싼 원우주를 가리킨다. 우주의 크기는 200억 광년이며, 시간의 크기는 200억 년까지 과거로 거슬러오를 수 있다.

행성 항성 주위를 도는 스스로 빛을 내지 못하는 천체의 한 부류로 질량이 충분하여 구형의 형태를 유지한다. 태양계 안에는 8개의 행성이 존재하고, 태양계 밖에도 행성이 존재한다.

수성	가장 작은 행성	목성	가장 큰 행성
금성	가장 밝은 행성	토성	고리가 있는 행성
지구	우리의 별	천왕성	거꾸로 자전하는 행성
화성	붉게 보이는 행성	해왕성	가장 빠른 바람이 부는 행성

2. 우주 그림 자료를 보여주며 우주에 대해 이야기 나눈다.
   - 이것은 무엇일까요?
   - 우주라는 것을 어떻게 알 수 있나요?
   - 우주를 관측하기 위해서는 어떤 방법을 사용할까요?
   - 사람이 직접 우주에 어떻게 갈 수 있을까요?
   - 우주에는 무엇이 있을까요?
3. 우주에 있는 다양한 행성에 대해 알아본다.
   - 우주에는 어떤 행성들이 있을까요?
   - 우주에 있는 다양한 행성에 대해 알아볼까요?
4. 활동을 통해 알게 된 점에 대해 이야기 나눈다.

| 활동의 유의점 |

- 우주에 관심을 가질 수 있도록 우주와 관련된 교구와 책을 교실에 비치해 둔다.

| 확장 활동 |

- 로켓을 만들어 우주여행 놀이를 한다.
- 밤하늘의 별을 관찰하고 다양한 별자리에 대해 알아본다.

활동 5. 날씨와 온도

활동 목표

- 계절에 따라 달라지는 날씨의 변화에 관심을 가진다.
- 계절마다 가지는 날씨의 다양함을 안다.

지도요소

다양성, 협력

| 활동 자료 |

그림 자료(해, 비, 구름, 눈, 번개 등), 지도, 온도계, 날씨 그래프, 오늘의 날씨판, 활동지, 필기구

| 활동 방법 |

1. 날씨에 대해 이야기 나눈다.
   - (바깥 날씨를 관찰한 뒤) 오늘 날씨는 어떤가요?
   - 날씨 그래프에 오늘의 날씨를 나타내 줄 수 있나요?
   - (날씨 그래프를 보며) 어제의 날씨는 어땠나요?
   - 내일의 날씨는 어떨 것 같나요?
   - 그렇게 생각한 이유는 무엇인가요?
   - 이번 달은 대체적으로 날씨가 어땠나요?
2. 계절에 따른 날씨의 변화에 대해 이야기 나눈다.
   - ○○계절에는 날씨가 어떤가요?
   - 이러한 날씨로 인해 주변 풍경은 어떻게 변하나요?
   - 이 계절에는 어떤 날씨(비, 태풍, 눈, 해)를 만날 수 있나요?
   - 친구들은 어떤 계절의 날씨를 좋아하나요?
   - 그 이유는 무엇인가요?
3. 다른 나라의 날씨에 대해 이야기 나눈다.
   - ○○나라의 날씨는 어떨까요?
   - 이 나라는 우리나라처럼 사계절이 있을까요?
   - 우리나라처럼 사계절이 뚜렷한 나라는 어떤 나라들이 있을까요?
   - 항상 따뜻한(추운) 나라는 어떤 나라들이 있을까요?
4. 친구와 함께 온도계를 이용해 오늘의 기온에 대해 알아본다.
   - (온도계를 보여주며) 이것은 무엇일까요?
   - 온도계를 사용해 본 경험이 있나요?
   - 온도계를 이용해 무엇을 할 수 있을까요?
   - 온도계에 있는 숫자는 무엇을 나타내는 것일까요?

- 온도계를 보고 오늘의 기온을 말할 수 있나요?
- 오늘의 기온은 몇 도인가요?

5. 친구와 함께 온도계를 이용해 실외의 기온을 알아본다.
   - (온도계를 들고 밖으로 나간다) 실외의 기온은 몇 도인가요?
   - 실내에서 재었을 때와 어떤 차이가 있나요?
   - 차이가 있다면 그 이유는 무엇일까요?
6. 온도계를 이용해 관측한 기온을 활동지에 기록한다.
   - 실내의 온도는 몇 도였나요? 실외의 온도는 몇 도였나요?
   - 어느 곳의 온도가 더 높았나요?
   - 관측한 내용을 활동지에 기록할 수 있나요?
7. 활동을 통해 알게 된 날씨와 온도에 대해서 이야기 나눈다.

| 활동의 유의점 |

- 다양한 기후에 따라 날씨가 다름을 알 수 있도록 한다.
- 온도계를 바르게 잡고 눈금을 읽을 수 있도록 지도한다.

| 확장 활동 |

- 기상캐스터가 되어 역할놀이를 한다.
- 날씨 지도를 만들어 본다.

활동 6. 나비가 다양해요

활동 목표
- 나비마다 고유한 모양과 무늬가 있음을 안다.
- 여러 가지 나비에 관심을 가진다.

지도요소
문화, 다양성

| 활동 자료 |

그림 자료, 가사판, 음원, 나비 성장 표본, 돋보기, 관찰기록지, 연필, 색연필

| 활동 방법 |

1. 나비를 본 경험에 대해 이야기 나눈다.
   - 나비를 본 적이 있나요? 나비를 어디에서 보았나요?
   - 나비의 색깔과 모양은 어땠나요?
2. 나비의 성장과정에 대해 알아본다.
   - (그림 자료를 보며) 이것은 무엇일까요?
   - 어떤 과정을 통해 나비가 성장하나요?
   - (나비 표본을 보여주며) 이것은 무엇일까요?
   - 나비의 알(애벌레, 번데기, 나비)은 어떻게 생겼나요?
   - 이렇게 생긴 것을 본 적이 있나요?
3. 다양한 종류의 나비에 대해 알아본다.
   - (나비 그림 자료를 보여주며) 이 나비는 어디에서 서식할까요?
   - 이 나비의 이름은 무엇일까요? 이렇게 생긴 나비를 본 적이 있나요?
   - 나비의 색깔과 모양은 어떤가요?
   - 다른 나비와 어떤 차이가 있나요?

나비: 나비목에 포함되는 곤충 중에서 주간에 활동하는 한 무리를 말한다.

우리 나라

신선나비

공작나비

산부전나비

배추흰나비

유리창나비

여러 나라

명주나비

흰제비나비

왕오색나비

사향제비나비

푸른부전나비

출처: 네이버 세계의 나비

4. 나비를 관찰해 보고 관찰한 나비를 관찰기록지에 기록한다.
   - 어떤 나비를 관찰하고 싶나요?
   - 돋보기를 이용해 나비를 관찰해 볼까요?
   - 관찰한 나비의 특징을 관찰기록지에 기록할 수 있나요?
5. 기록한 나비에 대해서 이야기 나눈다.
   - 어떤 나비를 기록하였나요?
   - 어떤 특징이 있었나요?
   - 친구들이 기록한 나비와 어떻게 다른가요?
6. 관찰기록지를 보며 관찰한 나비를 소개한다.

| 활동의 유의점 |

- 나비에 관심을 가질 수 있도록 다양한 종류의 나비를 교실에 게시해 둔다.
- 나비마다 서식하고 있는 곳이 다르다는 것에 대해 알려준다.

| 확장 활동 |

- 곤충박물관을 견학하면서 다양한 종류의 나비 표본을 관찰한다.
- 색종이로 다양한 종류의 나비를 오려서 꾸며 본다.

활동 7. 세계 여러 나라의 동물

활동 목표

- 나라마다 서식하는 동물이 다름을 안다.
- 동물마다 가지고 있는 고유한 특징이 있음을 안다.

지도요소

정체성, 다양성

| 활동 자료 |

동물 울음소리, 동물 그림 자료, 동물 무늬 카드, 관찰기록지, 연필, 돋보기

| 활동 방법 |

1. 동물의 울음소리를 듣고 동물의 이름을 말해본다.
   - (동물 울음소리를 들려주며) 누구의 울음소리일까요?
   - ○○동물을 본 적이 있나요? ○○동물은 어디에서 볼 수 있나요?

아시아	 말	 팬더	 호랑이	 원숭이
유럽	 표범	 비버	 순록	 늑대
아프리카	 낙타	 들소	 코뿔소	 코끼리
북아메리카	 엘크	 라쿤	 캐나다 구스	 솜꼬리토끼
남아메리카	 홍학	 알파카	 아나콘다	 악어
오세아니아	 코알라	 얼룩말	 캥거루	 오리너구리

출처: 네이버 세계의 동물

2. 세계 여러 나라의 동물에 대해 알아본다.
   - (동물 그림 자료를 보여주며) 이 동물의 이름은 무엇인가요?
   - 이 동물은 어느 나라에서 볼 수 있을까요? 어떤 특징이 있나요?
3. 동물의 무늬를 관찰해 보고, 관찰기록지에 기록한다.
   - (동물 무늬만 보여주고) 이 동물은 어떤 동물일까요?
   - 왜 그렇게 생각했나요?
   - ○○동물과 비슷한 무늬를 가진 동물이 있을까요?
   - 관찰한 동물에 대해 관찰기록지에 기록할 수 있나요?
4. 관찰기록지를 교실에 게시해 두고 볼 수 있도록 한다.

| 활동의 유의점 |

- 동물에 관심을 가질 수 있도록 동물과 관련된 책을 사전에 제공한다.
- 관찰한 것을 바로 기록할 수 있도록 지도한다.

| 확장 활동 |

- 나라별로 서식하는 동물을 분류해 본다.
- 좋아하는 동물 먹이 주기 놀이를 해본다.

활동 8. 나뭇잎이 달라요

활동 목표
- 계절에 따른 나뭇잎의 색깔 변화에 관심을 가진다.
- 잎맥에 대해 알고, 다양한 잎맥의 모양을 관찰한다.

지도요소
문화, 다양성

| 활동 자료 |

나뭇잎 사진 자료, 나뭇잎 실물 자료, 나뭇잎 표본, 나뭇잎 프로타주 카드, 색연필

| 활동 방법 |

1. 숲에서 보았던 나뭇잎에 대해 이야기 나눈다.
    - 숲에 갔을 때 어떤 나무의 나뭇잎을 보았나요?
    - ○○나무의 나뭇잎 모양은 어땠나요?
    - 나뭇잎 색깔은 어땠나요?
    - 나뭇잎을 만져 본 느낌은 어땠나요?
    - 바닥에 떨어져 있는 나뭇잎을 밟았을 때 어떤 느낌이었나요?
    - 나뭇잎을 밟을 때 어떤 소리가 났나요?
2. 나뭇잎 사진 자료를 보면서 계절에 따른 나뭇잎의 변화에 대해 알아본다.
    - 이 나무의 이름은 무엇일까요?
    - ○○나뭇잎은 어떤 모양과 색깔인가요?
    - 봄, 여름, 가을, 겨울 계절이 달라질 때마다 나뭇잎은 어떻게 달라질까요?
    - 다른 나뭇잎들도 ○○나무처럼 색깔이 변할까요?
    - 초록색이었던 나뭇잎이 왜 빨강, 노랑, 갈색, 주황 등 다른 색으로 변할까요?
    - 엽록소에 대해 들어본 적이 있나요? 엽록소는 어떤 역할을 할까요?
    - 나무들마다 다른 색깔로 변하는 이유는 무엇일까요?
    - 계절이 변해도 색깔이 변하지 않는 나뭇잎이 있을까요? 있다면 어떤 나무일까요?
3. 모양과 색깔이 변하지 않는 나뭇잎에 대해서 이야기 나눈다.
    - 소나무의 잎은 어떻게 생겼나요?
    - 사철나무의 잎은 어떻게 생겼나요?
    - 이 나무들은 왜 항상 잎이 초록색이고 겨울이 되어도 나무에서 떨어지지 않을까요?
4. 나뭇잎 표본을 보며 나뭇잎의 잎맥에 대해 알아본다.
    - 나뭇잎에는 어떤 무늬가 있을까요?
    - 나뭇잎의 무늬가 모두 같았나요?
    - 나뭇잎 속에 숨겨진 무늬의 이름을 무엇이라고 할까요?
    - 잎맥이 왜 나뭇잎에 있어야 할까요?

- 잎맥이 없다면 나뭇잎은 어떻게 될까요?

5. 나뭇잎 잎맥을 이야기하고 탁본하여 본다.
   - 나뭇잎의 잎맥을 잘 보기 위해서는 어떻게 해야 할까요?
   - 탁본이라는 말을 들어본 적이 있나요?
6. 탁본에 대해서 이야기 나눈다.
   - 탁본을 통해서 무엇을 알 수 있었나요?
   - 나뭇잎 위에 종이를 올린 뒤 색연필로 칠하면 어떤 변화가 나타날까요?
   - 나뭇잎 모양의 프로타주 카드에 종이를 올린 뒤 색연필로 칠하면 어떤 변화가 나타날까요?
7. 활동을 통해 알게 된 점에 대해 이야기 나눈다.

| 활동의 유의점 |

- 탁본을 뜨기 위해 자연을 훼손하면 안 된다는 것을 알려준다.
- 잎맥을 탁본한 뒤 실물 자료와 비교하여 관찰해 볼 수 있도록 한다.

| 확장 활동 |

- 숲체험을 하여 나뭇잎을 관찰해 본다.
- 나뭇잎 스텐실놀이를 해본다.

활동 9. 동전이 달라요

활동 목표
- 동전의 모양에 관심을 가진다.
- 나라마다 사용하는 동전이 다름을 안다.

지도요소
문화, 다양성

| 활동 자료 |

그림 자료, 세계 여러 나라의 동전, 돋보기, 저울, 관찰기록지, 필기도구

| 활동 방법 |

1. 우리나라 동전을 보며 이야기 나눈다.
   - (동전을 보여주며) 이것은 무엇일까요?
   - 동전은 언제 사용하는 것일까요?
   - 동전의 모양은 어떤 모양인가요?
   - 동전의 색깔은 무슨 색깔인가요?
2. 동전의 종류에 대해서 알아본다.
   - 우리나라의 동전의 종류에는 어떤 것들이 있을까요?
   - 모든 동전의 색깔이 같을까요?
   - 동전 속에는 어떤 그림이 그려져 있나요?
   - 동전의 앞과 뒤의 그림이 같나요?
   - 동전의 옆모양은 어떤가요?
   - 동전을 만졌을 때 어떤 느낌이 드나요?
   - 우리나라 동전을 다른 나라에서 사용할 수 있을까요?

한국 일본 중국 프랑스 미국 호주

원 엔 위안 센트 센츠 센트

출처: 네이버 세계의 동전

3. 여러 나라의 동전에 대해 알아본다.
   - (여러 나라 동전을 보여주며) 이것은 어느 나라의 동전일까요?
   - 어떻게 생겼나요? 동전의 색깔은 어떤가요?
   - 동전 속에는 어떤 모양이 그려져 있나요?
   - 나라마다 동전 속에 그려진 모양이 다른 이유는 무엇일까요?
4. 우리나라 동전과 다른 나라 동전을 관찰해 보고 관찰기록지에 기록한다.
   - 동전의 모양과 색깔, 크기 등을 관찰해 볼까요?
   - 관찰한 내용을 관찰기록지에 기록할 수 있나요?
5. 자신이 관찰한 동전의 특징에 대해 발표한다.

| 활동의 유의점 |

- 나라마다 사용할 수 있는 화폐가 다름을 알 수 있도록 한다.
- 나라마다 사용하는 화폐에 맞게 관찰기록지에 기록할 수 있도록 한다.

| 확장 활동 |

- 동전을 이용해 크기별로 나열해 본다.
- 환전놀이를 해본다.

활동 10. 자라는 곳이 달라요

활동 목표
- 식물의 성장과정에 관심을 가진다.
- 식물이 자랄 수 있는 다양한 환경에 대해 안다.

지도요소
문화, 다양성

| 활동 자료 |

가사판, 음원, 그림 자료, 식물 성장 카드, 화분, 흙, 씨앗, 물, 시루, 검정색 천

| 활동 방법 |

1. '씨앗' 노래를 부르며 손유희 후 식물의 성장과정에 대해 이야기를 나눈다.
   - 씨앗 손유희를 함께 해 볼까요?
   - 씨앗에 물을 주었더니 무엇이 자라났나요?
   - 새싹이 자라는 것을 본 적이 있나요?
   - 새싹이 자라나면 나중에 어떤 것이 예쁘게 필까요?
2. 식물이 자랄 수 있는 환경에 대해 알아본다.
   - 식물이 자라기 위해서는 무엇이 필요할까요?
   - 꼭 흙이 있어야 식물이 자랄까요?
   - 흙이 없어도 자라는 식물이 있을까요?
3. 물에서 자라는 식물에 대해 알아본다.
   - (개구리밥 사진 보여주며) 이렇게 생긴 식물을 본 적이 있나요?
   - 어디에서 볼 수 있었나요? 이 식물의 이름은 무엇일까요?
   - (콩나물 사진을 보여주며) 이것은 무엇일까요?
   - 콩나물은 키우기 위해서 무엇이 필요할까요?
   - 흙에 콩을 심으면 콩나물처럼 자랄까요?

4. '자라는 곳이 달라요' 활동 방법에 대해 알아보고, 씨앗을 심어 본다.

> ① 콩의 색깔과 모양, 크기 등을 관찰한다.
> ② 화분에 흙을 담고 콩을 심은 뒤 물을 준다.
> ③ 시루에 콩을 넣고 물을 준 뒤 검정색 천으로 덮는다.
> ④ 관찰기록지에 콩을 심은 날짜를 기록하고, 매일 성장과정을 관찰한다.

- 콩을 화분과 시루 두 곳에 심어 볼까요?
- 화분에 심은 콩과 시루에 넣은 콩이 어떻게 자랄까요?

5. 화분과 시루에 심은 콩이 어떻게 자랄지 생각해 보고 이야기 나눈다.

| 활동의 유의점 |

- 씨앗에 너무 많은 양의 물을 주지 않도록 한다.
- 식물의 성장과정을 기록할 수 있도록 관찰기록지와 측정도구 등을 제공한다.

| 확장 활동 |

- 화분에 심은 콩과 시루에 넣은 콩의 성장 과정을 관찰한다.
- 실외활동으로 화단 가꾸기를 한다.

CHAPTER 06

음률놀이와 다문화교육

음률놀이 영역은 다양한 악기를 다뤄 보고 여러 장르의 음악에 맞추어 춤을 추거나 즐길 수 있는 영역이다. 또한 신체를 이용하여 주변의 다양한 모양이나 형태, 움직임, 자신의 생각이나 느낌을 율동으로 표현한다. 유아는 이를 통해 풍부한 표현력과 음악적 감수성을 키울 수 있다. 또한 음악에 대한 느낌, 표현을 확장하기 위하여 자유롭게 이야기해 보거나 생각해 볼 수 있는 기회를 제공하여 유아들의 다양한 표현을 권장할 수 있는 활동이다.

음률놀이는 우리나라 음악의 우수성과 아름다움을 느끼고 나아가 세계 여러 나라의 음악적 독특함과 그 속에 녹아 있는 그 민족의 생활, 역사, 전통 등 다양한 문화를 이해할 수 있게 된다.

1. 음률놀이의 교육적 가치

유아들은 음률놀이를 통해 대 · 소근육이 발달되고, 신체 여러 기관의 협응력이 높아지며, 사회성과 창의성 등이 발달된다. 음률놀이를 하는 동안 즐거움과 기쁨을 얻고, 또래집단과 함께 어울려 놀이하며 다른 유아들의 행동을 모방하고 되풀이하게 된다. 또한 음률놀이는 여러 활동을 탐구하고, 놀이와 대화, 노래, 신체동작, 악기 연주 등이 통합되어 이루어지므로 총체적인 체험이라고 한다(유덕희, 1994). 음률놀이의 교육적 가치는 다음과 같다.

첫째, 음악 감상하기, 노래 부르기, 악기 연주하기, 신체표현, 음악 창작하기 등의 음악적 경험은 심미감과 더불어 풍부한 표현 능력을 증진시킨다. 나아가 음악적으로 표현하는 과정을 통해 성취감뿐만 아니라 자존감이 증진되어 긍정적 자아개념이 형성된다.

둘째, 악기를 탐색하고 연주하는 과정에서 눈과 손의 협응, 소근육 발달 등이 활발해져 신체발달을 돕는다.

셋째, 음악적 경험을 통해 음색에 대한 변별력, 음을 찾아내는 인식력, 음을 범주화하는 능력 등을 기르고, 다양한 소리에 대한 이해와 듣기 능력이 증진된다. 또한 여러 가지 악기를 통해 소리에 대한 변별력과 음감을 기르고, 음악적 게임이나 악기 만들기, 소리 탐색하기 등의 다양한 활동은 사고력과 문제해결력 발달의 기회를 제공한다.

넷째, 다양한 소리를 감상하면서 느끼는 감정이나 생각을 언어로 표현하고, 다양한 어휘가 포함된 노래를 부르거나 노랫말을 바꾸어 부르는 활동을 통해 언어발달이 촉진된다.

다섯째, 대 · 소집단으로 친구와 함께 노래를 부르거나 악기를 다루는 활동을 통해 타인과의 긍정적인 상호작용과 협동심, 나눠쓰기 등의 친사회적 기술이 증진된다. 여러 나라의 노래를 함께 부르거나 악기를 연주하고 감상하는 과정을 통해 다른 나라의 문화와 생활, 동작을 자연스럽게 경험하면서 즐거움을 느낀다. 더불어 유아 스스로 악기를 탐색하고 다양한 방법으로 연주하는 과정에서 자신감과 성취감을 얻게 된다.

여섯째, 음악은 자신의 감정을 자연스럽게 표현하고 타인의 감정에 민감하게 반응할 수 있는 능력을 기르는 데 좋은 매개체가 된다. 또한 기쁨, 슬픔, 즐거움,

속상함 등 다양한 감정을 음악으로 표현하는 과정을 통해 정서적인 안정감을 갖는다.

일곱째, 다양한 장르의 민속음악을 통해 자연스럽게 다양성에 대한 가치를 배우면서 다른 문화를 받아들인다.

2. 음률놀이의 지도방법

음률놀이 영역에서 교사의 역할은 유아들이 음악을 즐겁게 감상하고 표현할 기회를 제공하는 것이다. 유아들이 자신의 몸이나 주위의 물체, 악기를 가지고 소리내어 보는 활동은 음악 교육의 중요한 부분이다. 교사는 유아들이 선호하는 음악과 악기, 노래 등을 제공해 주어 유아가 음악에 지속적으로 관심과 흥미를 갖고 확장시켜 나가도록 돕는다. 음률놀이의 지도방법은 다음과 같다.

첫째, 다양한 장르의 음악을 감상할 수 있도록 음악CD와 카세트, 헤드셋 등의 자료를 충분히 비치한다.

둘째, 우리나라 전통음악인 국악에 대한 자부심을 느끼도록 지도하며, 이를 토대로 세계 여러 나라의 음악과 다양한 장르의 음악을 경험할 수 있도록 한다.

셋째, 효과적 음률놀이 활동을 지도하기 위해 교사는 세계 여러 나라 전통악기의 연주법이나 전통춤의 동작을 먼저 익혀두는 것이 바람직하다.

넷째, 세계 여러 나라의 민족의상이나 축제의상 등을 입고 전통음악을 즐겨보는 기회를 제공한다.

다문화교육에서 음률놀이 영역은 민족과 관습, 전통, 종교 등의 다문화적 요소와 음악적 요소를 모두 고려하는 것이 특히 중요하다.

3. 음률놀이의 환경 구성 및 놀잇감

유아들이 타고난 음악적 능력을 개발하고 음악적인 느낌을 자유롭게 표현해 볼 수 있도록 풍부한 환경을 제공해 주는 것이 중요하다. 동요 외에 고전음악, 전통음악, 여러 문화권과 장르의 음악에 대한 흥미를 자극한다. 또한 새 노래의 그림악보나 음악가나 무용가의 사진 등으로 음률 영역의 분위기를 조성하고, 유아들이 음악을 감상할 수 있도록 다양한 장르의 CD, 오디오, 헤드셋 등의 자료와 더불어 리듬악기, 유아들이 만든 재활용품 악기 등 다양한 악기를 제공한다.

음률놀이 영역은 유아가 다양한 장르의 음악에 맞춰 신체를 마음대로 움직일 수 있도록 넓은 공간이 필요하며, 소음방지를 위해 카펫을 두는 것이 좋다. 또한 벽에는 세계 여러 나라의 악기 사진이나 그림 등과 같은 음악 관련 시청각 자료로 환경을 구성하고, 유아가 자유롭게 움직일 때 자신의 모습을 볼 수 있도록 큰 거울을 붙여 놓을 수도 있다. 또한 활동 중 발생하는 소리와 움직임이 다른 놀이를 방해하지 않도록 특별히 주의해야 한다. 음률놀이 환경에 대한 지침은 다음과 같다(오영미, 2003).

첫째, 확실한 음률놀이 영역의 경계를 짓는다.
둘째, 다양한 악기를 연주할 수 있도록 한다.
셋째, 음악을 표현할 수 있는 재료를 마련한다.
넷째, 음률놀이 영역을 설치하기 위한 계획을 세운다.
다섯째, 음률놀이 영역을 위한 체크리스트를 작성한다.

유아교육기관에서 음률놀이 자료를 구비할 때에는 다음을 참고할 수 있다.

- 전통악기
  - 관악기: 나각, 나발, 단소, 당피리, 새피리, 소금, 정악대금, 향피리, 태평소, 생황
  - 타악기: 꽹과리, 징, 소리북, 장구
  - 현악기: 거문고, 풍류가야금, 양금, 산조아쟁, 해금

- 현대악기
  - 건반악기: 피아노, 신시사이저
  - 금관악기: 튜바, 트럼펫, 트롬본, 호른
  - 목관악기: 바순, 피콜로, 오보에, 클라리넷, 플루트
  - 타악기: 드럼, 실로폰, 캐스터네츠, 큰북, 심벌즈, 탬버린, 트라이앵글
  - 현악기: 더블베이스, 바이올린, 비올라, 첼로, 하프
- 음악감상: 다양한 장르의 음악 테이프, 동요, 고전음악, 자장가, 행진곡, 전통음악, 세계 민속음악 등 비디오 자료, CD류, 그림 카드, 그림 악보, 노랫말, 헤드폰
- 동작 활동: 여러 나라의 전통의상 및 축제의상, 보자기, 리듬막대, 리본막대, 스카프, 한삼 등
- 기타: 색깔로 표시된 악보, 노랫말 모음, 융판 자료, 리듬 패턴 카드, 다양한 악기 사진, 신체 표현 활동 자료, 연필, 색연필, 종이

4. 음률놀이의 실제

(1) 가족 뮤직 페스티벌

(2) 세계의 동요를 배워요

(3) 악어떼

(4) 빗소리가 달라요

(5) 태풍과 장마

(6) 우즈베키스탄 전통춤

(7) 동양악기 연주하기

(8) 서양악기 연주하기

(9) 색보자기 춤

(10) 난타

활동 1. 가족 뮤직 페스티벌

활동 목표
- 뮤지컬의 종류가 다양함을 안다.
- 가족마다 즐겨 보는 뮤지컬이 있음을 안다.

지도요소
다양성, 문화

| 활동 자료 |

뮤지컬 포스터, 영상 자료

| 활동 방법 |

1. 뮤지컬에 대해 이야기 나눈다.
   - 뮤지컬을 본 적이 있나요? 어떤 뮤지컬을 보았나요?
   - 뮤지컬은 무엇일까요? 뮤지컬과 연극의 차이는 무엇일까요?
2. 다양한 뮤지컬 종류에 대해 알아본다.
   - (뮤지컬 포스터를 보여주며) 이것은 어떤 뮤지컬을 홍보하는 포스터일까요?
   - 어떤 내용의 뮤지컬일까요?
3. 가족과 함께 관람할 수 있는 뮤지컬에 대해 알아본다.
   - 친구들은 어떤 뮤지컬을 보고 싶나요? 그 이유는 무엇인가요?
   - 가족과 함께 볼 수 있는 뮤지컬에는 어떤 것이 있을까요?

뮤지컬(Musical): 미국에서 발달한 현대 음악극의 한 형식으로 음악과 노래 무용을 결합한 것이다. 뮤지컬 코미디나 뮤지컬 플레이를 종합하고 그 위에 레뷔 · 쇼 · 스펙터클 따위의 요소를 가미하여 큰 무대에서 상연하는 종합 무대 예술이다.

라이온킹

정글북

헬로 카봇

캣츠

난타

김종욱 찾기

오페라의 유령

맘마미아

4. 가족과 함께 뮤지컬을 관람한다.
   • 뮤지컬을 볼 때 지켜야 할 약속에는 어떤 것들이 있을까요?
   • 가족들과 자리에 앉아 ○○ 뮤지컬을 관람해 볼까요?
5. 뮤지컬 관람 후 느낀 점에 대해 이야기 나눈다.
   • 가족과 함께 뮤지컬을 보니 어땠나요?
   • 어떤 장면이 기억에 남나요?
   • 등장인물들이 어떤 노래를 불렀나요?
6. 관람한 공연을 배역을 나누어 뮤지컬을 해본다.

| 활동의 유의점 |

• 뮤지컬을 보러 올 가족 인원을 사전에 확인한다.
• 공연을 관람할 때 지켜야 할 규칙을 사전에 알려줄 수 있도록 한다.

| 확장 활동 |

• 뮤지컬 공연 후 느낌을 이야기해 본다.
• 뮤지컬 공연 팀을 초청하여 원에서 관람해 본다.

활동 2. 세계의 동요를 배워요

활동 목표	지도요소
• 나라마다 즐겨 부르는 동요가 있음을 안다. • 여러 나라의 동요를 즐겨 부른다.	문화, 다양성

| 활동 자료 |

동요 음원, 다양한 나라의 의상, 소품, 초대장 및 홍보 포스터, 공연 순서 리플렛

| 활동 방법 |

1. 전래동요에 대해 이야기 나눈다.
    - 전래동요란 무엇일까요?
    - 우리나라 전래동요에는 무엇이 있을까요?
    - 다른 나라의 전래동요에는 무엇이 있을까요?
2. 다문화가정 부모님을 초청하여 전래동요에 대해서 이야기 나눈다.
    - 필리핀에서 온 ○○엄마가 어릴 때 어떤 노래를 불렀을까요?
    - 판당고 살로우(Pandanggo sa Ilaw)라는 노래를 들어본 적이 있나요?
    - 필리핀의 또 다른 전래동요는 어떤 것이 있을까요?
    - 베트남에서 온 ○○엄마가 어릴 때 어떤 노래를 불렀을까요?
    - 하이꼰 땅랑꼰이라는 노래를 들어본 적이 있나요?
    - 베트남의 또 다른 전래동요는 어떤 것이 있을까요?
    - 중국에서 온 ○○엄마가 어릴 때 어떤 노래를 불렀을까요?
    - 쥐어 서우 찌안이라는 노래를 들어본 적이 있나요?
    - 중국의 또 다른 전래동요는 어떤 것이 있을까요?
    - 또 다른 나라에서는 어떤 전래 동요를 불렀을까요?
    - 노래는 어떤 것이 있을까요?
3. 여러 나라의 전래동요를 들어본다.
    - 동요를 들어보니 느낌이 어땠나요?
    - 어떤 내용인 것 같나요?
    - 어느 나라 동요가 가장 흥겹게 들었나요?
    - 여러 나라 노래 중 어느 나라 동요를 배워 보고 싶나요?
4. 출신국 엄마(아빠)와 함께 각국의 동요를 배워 본다.
    - ○○엄마(아빠)는 어느 나라 출신인가요?
    - 필리핀(베트남, 중국) 노래를 따라 부를 수 있나요?

- 어떤 나라의 노래를 배워 볼까요?
- 배워 보고 싶은 이유는 무엇인가요?
- 출신국 어머니들과 그 나라의 동요를 배워 볼까요?

5. 세계의 동요제 활동에 필요한 것에 대해 이야기 나눈다.
   - 동요 발표를 하기 위해 준비해야 할 사항에는 무엇이 있을까요?
   - 어떤 의상을 준비하면 좋을까요?
   - 또 다른 준비물은 어떤 것이 있을까요?
6. 초청한 다문화가정 어머니들과 함께 세계의 동요제를 연다.
   - 여러 나라의 전래동요를 불러 볼 수 있을까요?
   - 전래동요에 맞추어 율동도 만들어 볼 수 있을까요?
   - 어떤 율동을 만들어 볼까요?
7. 율동을 하며 세계의 동요제를 열어 본다.

| 활동의 유의점 |

- 평소에 각 나라의 전래동요를 들을 수 있는 기회를 마련하도록 한다.
- 전래동요 내용을 한국말로 번역한 자료를 미리 준비하여 알려주도록 한다.

| 확장 활동 |

- 전통의상을 입고 음악에 맞춰 춤을 춰 본다.
- 다문화가정 어머니 초청하여 나라별 문화를 알아본다.

활동 3. 악어떼

활동 목표
- 악어의 서식지가 다름을 안다.
- 악어의 종류가 다양함을 안다.

지도요소
정체성, 다양성

| 활동 자료 |

악어의 서식지 그림 자료, 악어 의상, 음악, 배경

| 활동 방법 |

1. 수수께끼를 통해 악어에 대한 호기심을 유발한다.
   - 나는 늪지대에 살고 있어요. 나는 누구일까요?
   - 기다란 꼬리를 갖고 있어요. 나는 누구일까요?
   - 악어를 본 적이 있나요?
   - 악어는 어디에서 볼 수 있나요?
   - 악어는 무엇을 먹고 살까요?
2. 악어가 사는 곳에 대해 알아본다.
   - 악어는 어디에서 살까요?
   - 우리나라 늪에서 악어를 볼 수 있을까요?
   - 우리나라 늪에서 악어를 볼 수 없는 이유는 무엇일까요?
3. 악어의 서식지에 대해서 이야기 나눈다.
   - 악어의 서식지는 어디일까요?
   - 악어의 서식지에 따라 악어의 종류가 어떨까요?
   - 종류에 따라 생김새가 어떨까요?
   - 무엇을 먹고 살까요?

악어의 서식지 : 아시아, 아프리카, 아메리카, 오세아니아 쪽에 분포
주로 늪지, 강, 호수, 습지 등에 서식[네이버 지식 백과 참고]

섬악어

아마존의 카이만

악어

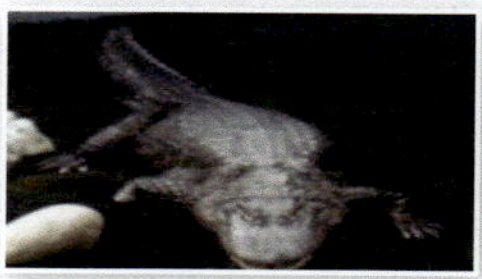
악어

아메리카 악어

아메리카 악어

4. 악어의 먹이에 대해서 알아본 후 ‘악어떼’ 노래를 들어본다.
   - 악어떼 노래를 들어 본 적이 있나요?
   - 악어떼 노래를 들으니 어떤 느낌이 드나요?
   - 악어의 움직임을 어떻게 표현했나요?
5. ‘악어떼’ 노래를 들으며 악어의 움직임을 몸으로 표현해 본다.
   - 악어는 육지(물속)에서 어떻게 움직일까요?
   - 악어들이 먹이를 사냥할 때 어떻게 움직일까요?
   - 노래에 맞춰 악어가 움직이는 모습을 다양하게 표현할 수 있나요?
6. 악어 의상을 입고 ‘악어떼’ 노래에 맞춰서 표현해 본다.

| 활동의 유의점 |

- 사전 활동으로 악어 모자를 꾸며 음률활동에 사용할 수 있도록 한다.
- 신체를 움직이는 과정에서 친구들과 부딪혀 다치지 않게 안전에 유의한다.

| 확장 활동 |

- 기억에 남는 악어의 움직임을 그림으로 나타내 본다.
- 악어 모자를 만들어 본다.

활동 4. 빗소리가 달라요

활동 목표
- 비의 종류가 다양함을 안다.
- 날씨에 따라 달라지는 비의 소리를 이해한다.

지도요소
다양성

| 활동 자료 |

우산, 빗소리 녹음 자료, 파랑색 한지, 부채, 초록 펠트지

| 활동 방법 |

1. 오늘 날씨에 대해 이야기 나눈다.
   - 오늘 날씨는 어떤가요?
   - 어떤 날씨들이 있나요?
   - 비와 눈은 왜 내릴까요?
   - 비는 어떻게 내릴까요?
   - 또 어떻게 내리는 비가 있나요?
2. 비의 다양한 종류에 대해 알아본다.
   - 다양한 종류의 비 이름을 알아볼까요?
   - 가장 큰 소리로 내리는 비의 이름은 무엇일까요?
   - 소리 없이 내리는 비의 이름은 무엇일까요?

비의 종류	
여우비	볕이 있는 날 잠깐 내리다가 그치는 비
소나기	갑자기 1~2시간 정도 퍼붓는 비
폭우	지속적으로 강하게 내리는 비
궂은비	오랜 기간 동안 추적 추적 내리는 비
봄비	봄철에 조용히 내리는 비
가을비(떡비)	가을에 수확을 끝내고 떡을 먹으며 쉴 수 있는 비
겨울비(술비)	겨울에 내리는 비, 술을 마시며 놀기 좋을 때 내리는 비라고 '술비'라고도 함
보름치	음력 보름쯤 내리는 비나 눈
안개비	물이 흩날리는 비
이슬비	가늘게 내리는 비
보슬비	바람이 없을 때 조용히 내리는 비
부슬비	보슬비의 큰말

3. 비가 내리는 날 필요한 것들에 대해 이야기 나눈다.
   - 비가 내리는 날 필요한 물건들에는 어떤 것들이 있을까요?
   - 비가 내리는 날 어떤 옷을 입고 다녀 보았나요?
4. 비가 내리는 소리를 듣고 몸으로 표현해 본다.
   - 우산을 쓰고 징검다리를 건너볼까요?
   - (다양한 빗소리를 들려주며) 이 소리는 어떤 비의 소리일까요?
   - ○○비가 내릴 때는 어떤 느낌이 드나요?
   - 어떻게 표현해 보면 좋을까요?
   - 친구와 함께 비가 내리는 모습을 몸으로 표현해 볼까요?
5. 활동 후 느낀 점에 대해 이야기 나눈다.

| 활동의 유의점 |

- 비를 나타낼 때 다양한 느낌이 나도록 하며 비바람도 표현해 본다.

| 확장 활동 |

- '물방울의 여행' 동화를 들려주고 이야기 나눈다.
- 비오는 날 비가 내리는 모습과 소리를 듣고 관찰한다.

활동 5. 태풍과 장마

활동 목표	지도요소
• 태풍이 발생하는 원인에 관심을 가진다. • 태풍을 표현한 격렬한 음악을 다양하게 표현한다.	다양성

| 활동 자료 |

태풍과 장마 사진 자료, 태풍과 장마 영상, 격렬한 음악(사계 중 여름 / 윌리엄텔 서곡), 한지 또는 파란색 비닐을 길게 자른 것

| 활동 방법 |

1. 태풍과 장마 사진 자료를 보며 자신의 경험을 이야기 나눈다.
   - (태풍과 장마와 관련된 사진을 보여주며) 이런 날씨를 경험한 적이 있나요?
   - 이런 날씨를 우리는 무엇이라고 부르나요?
   - 비가 오는 날과 어떻게 다를까요?
   - 비가 많이 오고 바람이 불면 어떻게 될까요?
2. 태풍과 장마가 일어나는 이유에 대해서 이야기 나눈다.
   - 태풍과 장마는 어떻게 생길까요?
   - 태풍과 장마가 많이 일어나는 계절은 언제일까요?
3. 태풍과 장마 영상을 보고 이야기 나눈다.
   - (태풍과 장마 영상을 보여주며) 태풍과 장마 영상을 보니 느낌이 어떤가요?
   - 태풍과 장마로 어떤 일이 일어날까요?
   - 어떻게 대피해야 할까요?
   - 우리에게 어떤 피해를 주고 있나요?

태풍과 장마

태풍은 적도 부근에서 생성되는 기단으로 열로 인해 열대성 저기압을 형성하고 대규모의 비구름을 동반하게 되며, 모든 태풍은 적도에서 생성되어 북상한다.

장마는 여름에 우리나라에 주로 영향을 끼치는 북태평양 기단이다. 초여름에 오호츠크해 기단과 북태평양 기단이 부딪힌다. 한 기단이 강하게 되면 비가 조금 오거나 가뭄이 되는데 이 싸움이 계속 되면 장마가 된다.

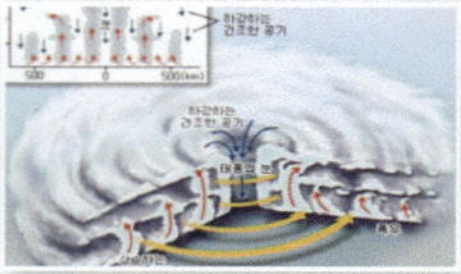

4. 태풍과 장마를 느낄 수 있는 격렬한 음악을 듣고 이야기 나눈다.
    - 태풍과 장마의 느낌을 느낄 수 있는 음악을 친구들과 함께 감상해 볼까요?
    - (사계 중 여름, 윌리엄텔 서곡을 들려준 뒤) 어떤 느낌이 드나요?
5. 태풍과 장마를 신체로 표현해 본다.
    - 음악을 듣고 느낀 감정을 몸으로 표현할 수 있나요?
    - 태풍과 장마를 잘 표현하기 위해서는 무엇이 필요할까요?
    - 롤끈을 이용해 태풍과 장마의 모습을 음악에 맞춰 표현해 볼까요?
    - 또 어떤 것으로 표현할 수 있을까요?
6. 활동 후 느낀 점에 대해 이야기 나눈다.

| 활동의 유의점 |

- 태풍과 장마의 특징에 대해 알고, 몸으로 표현할 수 있도록 한다.
- 태풍과 장마로 인한 피해를 입을 수 있음을 알도록 지도한다.

| 확장 활동 |

- 흰 크레파스로 빗방울 비밀 그림을 그려 태풍을 표현한다.
- 태풍과 장마 재난대피 훈련을 한다.

활동 6. 우즈베키스탄 전통춤

활동 목표
- 우즈베키스탄의 전통음악이 있음을 안다.
- 우즈베키스탄의 전통춤을 배워 본다.

지도요소
문화, 정체성

| 활동 자료 |

지도, 우즈베키스탄 전통춤 영상 자료, 우즈베키스탄의 전통의상, 우즈베키스탄 선생님 초청

| 활동 방법 |

1. 우즈베키스탄에 대해 이야기 나눈다.
   - 우즈베키스탄이라는 나라의 이름을 들어 본 적이 있나요?
   - 우즈베키스탄은 지구의 어디에 있을까요?
   - 우즈베키스탄은 어떤 나라일까요?
   - 우즈베키스탄의 전통음악은 어떤 것이 있을까요?
2. ○○어머니를 초청하여 우즈베키스탄의 전통음악에 대해서 알아본다.
   - 저는 어느 나라에서 왔을까요?
   - 제가 살고 있었던 우즈베키스탄은 무엇으로 유명할까요?
   - 제가 살고 있었던 우즈베키스탄의 날씨는 어떨까요?
   - 우즈베키스탄 사람들은 어떤 옷을 입을까요?
   - 아드라스는 어떨 때 입을까요?
3. 우즈베키스탄의 전통옷을 보여주며 전통음악을 들어본다.
   - 음악을 들어 보니 어떤 느낌이 드나요?
   - 우즈베키스탄 전통음악은 어떤 악기들로 연주했나요?
   - 연주한 악기들을 본 적이 있나요?
   - 우리나라의 어떤 악기와 비슷한가요?
4. 우즈베키스탄의 전통음악을 듣고 전통춤을 배워 본다.
   - 제가 어떤 옷을 입고 왔을까요?
   - 우즈베키스탄 전통의상을 본 적이 있나요?
   - 이 옷의 이름은 무엇일까요?
   - 제가 입은 아드라스는 어떻게 만들었을까요?
   - 우리나라 한복과 어떤 차이가 있나요?

우즈베키스탄 전통의상 중 아드라스(adras)는 반은 면, 반은 비단 재질의 우즈베키스탄의 전통적인 무늬가 들어가 있는 원단으로 우스베키스탄 여성 전통의상에는 이 원단으로 짜여진 의상을 이용한다.

5. 우즈베키스탄 전통춤을 영상으로 감상해 본다.
   - 우즈베키스탄의 전통춤을 영상으로 감상해 볼까요?
   - 우즈베키스탄의 전통춤은 어떤 춤인 것 같나요?
   - 영상을 봤을 때 어떤 느낌이 들었나요?
6. 우즈베키스탄 전통춤을 음악에 맞추어 함께 춰 본다.
   - 춤을 추기 전 준비해야 할 것이 있을까요?
   - 우즈베키스탄의 전통춤을 친구들과 한번 춰 볼까요?
7. 활동 후 느낀 점에 대해 이야기 나눈다.

| 활동의 유의점 |

- 우즈베키스탄 전통춤을 친구들과 합력하여 출 수 있도록 한다.

| 확장 활동 |

- 우즈베키스탄 문화에 대해서 알아본다.
- 모자를 조형 활동으로 꾸며본다.

활동 7. 동양악기 연주하기

활동 목표
- 동양음악에 관심을 갖는다.
- 동양음악을 연주하는 악기가 다양하게 있음을 안다.

지도요소
다양성, 문화

| 활동 자료 |

그림 자료, 장구, 북, 대금, 소고 등 우리나라 전통악기, 악기들의 연주 영상

| 활동 방법 |

1. 악기에 대해 이야기 나눈다.
   - 악기란 무엇일까요?
   - 어떤 악기를 연주해 보았나요?
2. 동양음악에는 어떤 악기들이 있는지 알아본다.
   - 우리나라를 포함한 동양의 악기에는 어떤 것이 있을까요?
   - (악기를 보여주며) 이 악기의 이름을 알고 있나요?

동양 악기

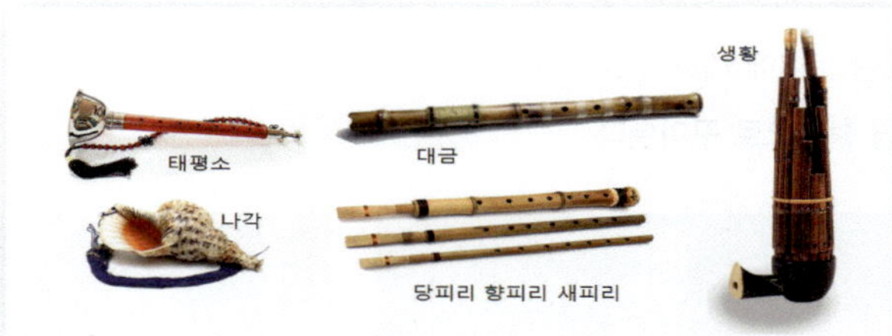

관악기

타악기

현악기

3. 동양악기의 특징에 대해서 알아본다.
   - 동양악기는 어떤 특징이 있을까요?
   - 어떻게 연주할까요? 어떤 소리가 날까요?
4. 동양악기를 연주하는 영상을 감상한다.
   - 동양의 다양한 악기를 연주하는 영상을 감상해 볼까요?
   - 어떤 악기의 소리가 가장 기억에 남나요?
   - 연주하고 싶은 악기를 골라 연주해 볼까요?
5. 내가 좋아하는 악기를 연주해 본다.

| 활동의 유의점 |

- 동양악기를 연주할 때 다른 친구에게 방해가 되지 않게 한다.

| 확장 활동 |

- 재활용품을 이용해 동양악기를 만들어 본다.
- 여러 나라의 전통음악을 감상해 본다.

활동 8. 서양악기 연주하기

활동 목표
- 서양음악에 관심을 갖는다.
- 서양음악을 연주하는 악기가 다양하게 있음을 안다.

지도요소
다양성, 문화

| 활동 자료 |

우쿨렐레, 바이올린, 첼로, 피아노, 탬버린

| 활동 방법 |

1. 악기에 대해 이야기 나눈다.
   - (악기 그림 자료를 보여주며) 이것은 무엇일까요?
   - 어떤 악기를 연주해 보았나요?
2. 서양악기 종류에 대해 알아본다.
   - 유럽을 포함한 서양의 악기에는 어떤 것이 있을까요?
   - (악기를 보여주며) 이 악기의 이름을 알고 있나요?

서양 악기

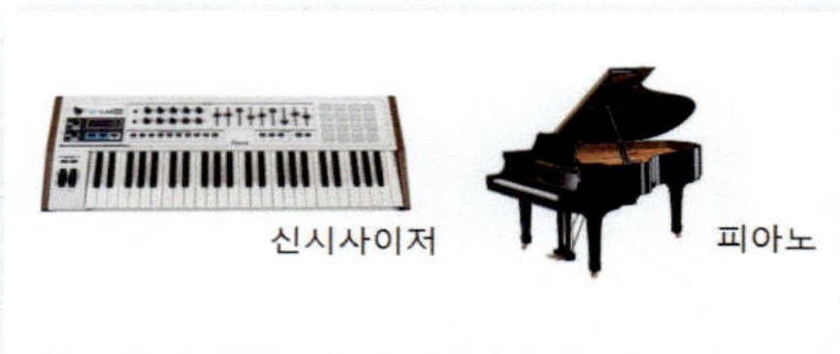

건반악기

금관악기

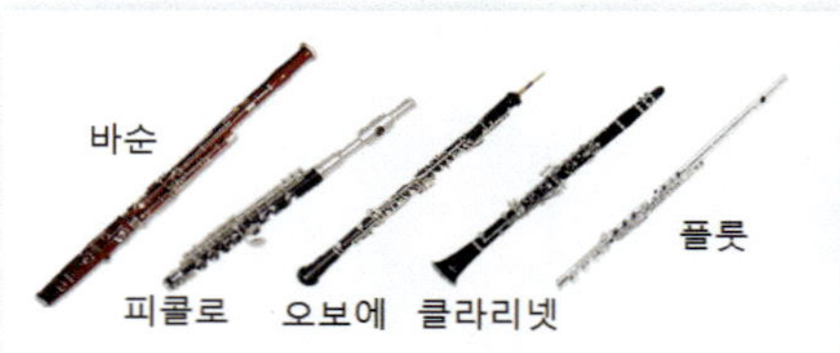

목관악기

현악기

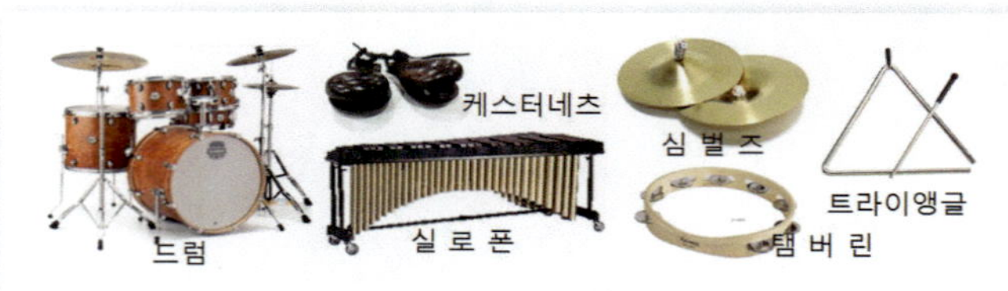

타악기

3. 서양악기의 특징에 대해서 이야기 나눈다.
   - 서양악기의 특징은 무엇일까요?
   - 어떻게 연주할까요?
   - 어떤 소리가 날까요?
4. 서양악기를 연주하는 영상을 감상한다.
   - 서양의 다양한 악기를 연주하는 영상을 감상해 볼까요?
   - 어떤 악기의 소리가 가장 기억에 남나요?
   - 연주하고 싶은 악기를 골라 연주해 볼까요?
5. 내가 좋아하는 악기를 연주해 본다.

| 활동의 유의점 |

- 음악을 들으며 리듬에 맞게 연주한다.

| 확장 활동 |

- 동양과 서양의 악기 소리를 비교해 본다.
- 친구들과 함께 합주해 본다.

활동 9. 색 보자기 춤

활동 목표
- 나라마다 보자기를 활용한 다양한 춤이 있음을 안다.
- 춤은 그 나라의 정서를 반영한다는 것을 이해한다.

지도요소
다양성, 문화

| 활동 자료 |

여러 나라의 색 보자기 춤 영상, 색 보자기(다양한 모양, 다양한 색), 부채, 한삼

| 활동 방법 |

1. 보자기를 가지고 어떤 것들을 할 수 있는지 이야기 나눈다.
   - (색 보자기를 보여주며) 이것은 무엇일까요?
   - 색 보자기로 무엇을 할 수 있을까요?
   - 색 보자기를 이용해 어떤 활동을 해 보았나요?
2. 우리나라의 보자기 춤에 관하여 이야기 나눈다.
   - (살풀이, 승무 영상을 보여주며) 이렇게 추는 춤을 본 적이 있나요?
   - 이 춤의 이름은 무엇일까요?
   - 춤을 추는 사람들이 손에 무엇을 들고 춤을 추나요?
3. 여러 나라의 보자기를 활용한 춤에 대해 알아본다.
   - (보자기를 활용한 춤 영상을 보여주며) 이렇게 추는 춤을 본 적이 있나요?
   - 이 춤은 어느 나라의 춤일까요? 이 춤의 이름은 무엇일까요?

색 보자기 춤

한국

살풀이

승무

부채춤

스페인 [플라밍고]

미국[살사]

멕시코[투우]

인도[까탁]

4. 색 보자기를 이용해 여러 나라의 춤을 표현해 본다.
   - 우리나라의 살풀이를 음악에 맞춰 표현할 수 있나요?
   - ○○나라의 △△을 색 보자기를 이용해 표현할 수 있나요?
5. 춤을 통해 알 수 있는 것에 대해서 이야기 나눈다.
   - 춤을 언제 추고 싶을까요?
   - 색 보자기 춤은 언제 추면 좋을까요?
   - 색 보자기를 이용해 춤을 출 수 있나요?
6. 다양한 색 보자기 춤을 표현해 본 뒤 느낌을 이야기 나눈다.

| 활동의 유의점 |

- 다양한 색깔과 사이즈의 색 보자기를 충분히 준비한다.
- 각 나라의 춤의 특징에 대해 알려주고 즐겁게 활동할 수 있도록 한다.

| 확장 활동 |

- 색보자기 춤을 출 때 필요한 모자를 만들어 본다.
- 우리나라 전통 소고춤과 부채춤을 춰본다.

활동 10. 난타

활동 목표
- 타악기의 종류가 다양함을 안다.
- 난타라는 장르에 대해 알고, 다양한 도구를 이용해 연주한다.

지도요소
문화, 다양성

| 활동 자료 |

그림 자료, 북, 북채, 냄비, 바가지, 숟가락, 국자, 젓가락

| 활동 방법 |

1. 타악기에 대해 이야기 나눈다.
   - (그림 자료를 보여주며) 이것은 무엇일까요?
   - 어떤 방법으로 연주하는 악기일까요?
   - 두드려서 소리를 내는 악기를 무엇이라고 할까요?
2. 난타에 대해 이야기 나눈다.
   - 난타라는 말을 들어 본 적이 있나요?
   - 난타는 무엇일까요?
   - 난타가 세계적으로 유명해진 이유는 무엇일까요?
   - 난타 공연을 본 적이 있나요?
   - 난타 연주를 해 본 경험이 있나요?
   - 어떤 도구를 이용해 연주하나요?
3. 난타 연주를 할 수 있는 악기에 대해서 이야기 나눈다.
   - 난타 연주를 할 수 있는 악기는 어떤 것들이 있을까요?
   - 이것은 무슨 악기일까요?
   - 또 어떤 북들이 있을까요?
4. 난타를 연주할 수 있는 북의 종류에 대해서 이야기 나눈다.
   - 북의 종류는 어떤 것이 있을까요?
   - ○○북의 소리는 어떨까요?
   - 북 외에 칠 수 있는 물건이 있을까요?
   - 어떤 도구를 이용해서 북처럼 소리를 내어 볼 수 있을까요?
   - 교실에서 찾을 수 있는 것은 어떤 것이 있을까요?
5. 난타를 할 수 있는 다양한 도구에 대해서 이야기 나눈다.
   - 집에서 난타를 할 수 있는 것들은 어떤 것이 있을까요?

- 주방도구에는 어떤 것이 있을까요?
- 어떻게 소리를 낼까요?
- 무엇으로 치면 좋을까요?

6. 난타 영상을 보고 난타에 대해 이야기 나눈다.
   - 난타 공연에서 어떤 도구를 이용해 연주했나요?
   - 다른 공연과 어떻게 다른가요?
7. 다양한 도구를 이용해 난타 연주를 해 본다.
   - 어떤 도구를 이용해 난타 연주를 해 보고 싶나요?
   - 주방 도구를 이용해 난타 연주를 해 보면 어떨까요?
   - 다양한 소리를 내기 위해서 어떤 도구를 준비하면 좋을까요?
   - 음악에 맞춰 주방 도구를 이용해 연주해 볼까요?
   - 또 어떤 도구로 난타놀이를 할 수 있을까요?
8. 난타 연주 후 느낀 점에 대해 이야기 나눈다.

| 활동의 유의점 |

- 안전하게 두드려 볼 수 있도록 지도한다.

| 확장 활동 |

- 난타 공연을 관람해 본다.
- (타악기, 현악기, 금관악기, 건반악기, 목관악기) 종류에 따라 악기를 분류해 본다.

CHAPTER 07

미술놀이와 다문화교육

미술놀이는 문화를 이해하는 가장 강력하고 효과적인 수단이 되며, 특히 문화에 대한 통찰력을 제공해 주므로 다문화 교육에 중요한 역할을 한다. 즉 미술은 문화적 가치와 신념을 직접적으로 제공하는 도구가 되므로 유아들은 미술놀이를 통해 다양한 문화를 깊이 있게 이해할 수 있게 된다.

다문화교육에서 미술놀이를 적용하는 것은 미술 활동이 다양한 사회적 · 문화적 내용을 포함하고 있어 통합적으로 접근할 수 있는 적절한 활동이라고 본다.

1. 미술놀이 영역의 교육적 가치

미술놀이는 다양한 재료를 이용하여 그리기와 같은 평면 작업, 만들기, 꾸미기와 같은 입체 조형 활동을 통해 창의적인 표현이 이루어지고 완성된 작품을 감상하는 활동이다. 유아들은 그리기, 찢기, 붙이기, 만들기, 점토로 만들기, 염색하기 등 다양한 기법을 활용한 미술놀이를 하면서 즐거움을 느낀다. 또한 오감발달 및 눈과 손의 협응능력을 기르고 자신의 생각과 느낌을 표현하며, 상상력과 창의력을 기른다.

미술놀이의 교육적 가치를 살펴보면 다음과 같다.

첫째, 크레파스, 색연필, 사인펜 등과 같은 그리기 도구의 사용과 종이, 가위, 점토 등과 같은 만들기를 위한 도구의 사용은 유아들의 소근육 발달에 도움이 된다. 붙어서 그리기와 큰 붓으로 그리기와 같이 움직임이 큰 미술놀이는 유아의 신체발달에 긍정적으로 기여한다.

둘째, 미술놀이를 할 때, 영유아들은 다양한 재료들을 사용하게 되는데 이 과정에서 사물의 물리적인 특성을 이해하게 된다. 자신의 작품에서 사용될 자료를 오리고 붙이는 과정에서 비교 및 측정과 같은 수학적 개념을 획득하게 된다. 점토로 사람을 만드는 것은 부분과 전체를 인식하고 형태를 인식하는 능력을 기르는 데 유용하다.

셋째, 자유롭게 창작할 수 있는 분위기 속에서 자신이 선택한 미술 활동을 하며 서로의 생각을 공유하게 된다. 나아가 다른 유아들과 함께 협력적 미술 활동을 하며 사회성을 발달시킨다.

넷째, 자신이 속해 있는 문화표현양식을 먼저 배우고 이해하면서 더불어 세계의 다양한 표현양식을 수용하고 존중할 수 있게 된다.

다섯째, 다양한 색, 선, 형태, 질감을 탐색하고 다양한 미술작품을 감상하는 기회를 통해 심미감을 향상시킨다.

2. 미술놀이의 지도방법

미술놀이 영역은 유아의 경험, 생각, 느낌 등을 그리거나 만들기와 같은 표현 활동으로 나타낼 수 있는 영역이다. 유아는 미술놀이 영역에서 그리기 같은 평면 작업과 만들기, 꾸미기 등의 입체 작업 등 창의적 표현 활동을 한다. 미술놀이는 다양한 주제, 다양한 재료, 다양한 기법, 유아들이 마음껏 미술놀이를 할 수 있는 작업환경과 활동시간 등 모든 것이 미술놀이에 없어서는 안 되는 학습 환경이며 그중에서도 중요한 환경은 교사이다. 교사는 유아들이 의미 있는 미술놀이를 할 수 있도록 항상 노력해야 한다. 따라서 교사는 유아들이 미술놀이에 적극적으로 참여할 수 있게 다양한 방법으로 동기를 유발시키는 것이 바람직하다.

미술놀이 영역은 유아가 매우 선호하는 영역이다. 교사는 유아들이 원활하게 활동할 수 있도록 충분한 자료와 공간 등을 준비하여야 한다. 미술놀이의 지도방법은 다음과 같다.

첫째, 활동을 위한 재료의 종류나 양은 유아의 욕구나 발달수준, 흥미, 자료가 제시되는 시기 등을 고려하여 제공해 준다.

둘째, 자신의 생각이나 느낌을 다양한 매체를 활용하여 적극적으로 표현, 감상하는 기회를 갖도록 한다.

셋째, 다양한 재료와 도구를 비치하여 유아의 흥미와 관심에 따라 선택할 수 있도록 해준다.

넷째, 다양한 작가들이 그린 그림과 문화를 나타내는 그림을 함께 제공하여 유아들이 심미감과 풍부한 표현력을 바탕으로 미술작품을 구성할 수 있도록 한다.

다섯째, 여러 나라의 미술작품을 제시하여 다양한 문화 활동에 대한 탐색이 자연스럽게 이어지도록 돕는다.

여섯째, 교사는 완성된 작품보다는 유아의 표현과정을 중시하고 격려한다.

3. 미술놀이의 환경 구성 및 놀잇감

미술놀이를 통해 우리 문화에 대한 정체성을 가지고 다양한 문화를 인정하고 존중하는 태도를 갖기 위해 세계 여러 나라의 미술품과 문화 유물을 감상 · 표현 · 평가해 볼 수 있는 환경이 제공되어야 한다.

미술놀이는 얼마나 다양한 자료를 제공해 주고 어떻게 경험하도록 하느냐에 따라 유아의 활동수준이 크게 달라지는 영역이다. 따라서 편안하고 지지적인 분위기에서 미술표현에 집중할 수 있는 충분한 공간과 시간을 제공해 주는 것이 중요하다. 또한 유아가 만든 작품을 직접 전시하거나 보관할 수 있는 공간을 구비해 준다. 미술영역의 배치는 조용하고 밝은 곳이 좋다. 또한 물을 쉽게 사용할 수 있으며 손쉽게 자료를 꺼내고 정리할 수 있는 공간이 마련되어야 한다. 미술놀이 환경 구성에 대한 지침은 다음과 같다(안동선, 2000).

첫째, 유아들에게 색연필, 크레파스, 물감, 사인펜 등의 기본적인 그리기 자료 이외에도 아크릴물감, 매직, 템페라물감 등 다양한 채색자료와 도구를 제공하는 것이 좋다.

둘째, 유아들에게 만들기 적합한 자료로 색종이, 찰흙 이외에도 여러 가지 자연물과 재활용품을 제공한다.

셋째, 여러 가지 재료를 제시해 주면서 유아들이 재료의 특성을 스스로 찾아 발견하고 그 특성에 자신의 생각을 결합시켜 창의적으로 표현할 수 있는 환경을 만들어 준다.

넷째, 유아들이 재료의 특성에 적합하게 사용하도록 함으로써 재료에 대한 독특한 효과를 경험하게 한다. 이를 통해 유아들은 다양한 재료를 풍부하게 활용하는 능력을 기를 수 있을 것이다.

유아교육기관에서 미술놀이 자료를 구비할 때에는 다음을 참고할 수 있다.

- 여러 나라의 그림화보, 민화집, 명화집 등의 책
- 세계 여러 나라의 문화적 특징을 볼 수 있는 예술작품, 문양, 명화, 건축물, 장신구, 화폐, 우표, 간판 사진, 잡지책 등
- 다양한 질감, 모양의 종이류: 도화지, 색종이, 시험지, 신문지, 잡지, 셀로판지, 한지화방지, 흑지, 벽지, 모조지, 포장지, 골판지, 한지 등
- 다양한 그리기 도구들: 크레파스, 색연필, 연필, 물감, 붓, 사인펜, 색분필, 먹물, 파스텔, 매직, 식물즙 등

• 다양한 만들기 자료: 셀로판테이프, 종이테이프, 점토, 톱밥, 나무젓가락, 빨대, 고무 밴드, 털실, 스티로폼, 모루, 스펀지, 솜, 수수깡, 자연물, 상자, 병뚜껑, 휴지 속말이, 플라스틱병, 요구르트통, 달걀판, 헌 잡지, 단추, 나무 막대, 종이컵, 옷감 등의 폐품류

4. 미술놀이의 실제

(1) 엄마 얼굴 그리기

(2) 국기 꾸미기

(3) 뻥튀기 얼굴

(4) 모자를 다양하게 만들어요

(5) 세계의 탈과 가면

(6) 자전거와 인력거

(7) 이글루 만들기

(8) 나뭇잎 꾸미기

(9) 국화 머리띠

(10) 과일나무 꾸미기

활동 1. 엄마 얼굴 그리기

활동 목표
- 사람마다 가지고 있는 얼굴의 특징이 다름을 안다.
- 엄마 얼굴의 특징을 살려 서로 협력하여 그려 본다.

지도요소
정체성, 협력

| 활동 자료 |

가사판, OHP용지로 만든 액자, 매직

| 활동 방법 |

1. '닮은 곳이 있대요' 노래를 부른 뒤 엄마 얼굴에 대해 이야기 나눈다.
   - '닮은 곳이 있대요' 노래를 함께 불러 볼까요?
   - 친구들은 엄마와 어떤 곳이 닮았나요?
   - 엄마의 얼굴과 친구 엄마의 얼굴의 같은 점은 무엇일까요?
   - 엄마의 얼굴과 친구 엄마의 얼굴의 다른 점은 무엇일까요?
2. 엄마 얼굴을 보면서 얼굴의 특징에 대해서 이야기 나눈다.
   - ○○엄마의 얼굴은 어떻게 생겼나요?.
   - 엄마의 어느 곳이 가장 예쁜가요?
   - 어떻게 그리면 좋을까요?
3. OHP용지를 보여주며 이야기 나눈다.
   - OHP용지는 일반 종이와 어떤 차이가 있을까요?
   - 어떻게 그리면 똑같이 그릴 수 있을까요?
4. 눈, 코, 입, 귀가 얼굴에 있지만 그 모양과 크기는 모두 다름을 알아본다.

5. 엄마 얼굴 그리기 방법을 알아본다.

- 어떻게 그리면 좋을까요?

> ① 투명한 OHP용지를 엄마 얼굴에 대고 매직으로 따라 그린다.
> ② 눈썹, 눈, 코, 입, 귀, 머리카락 등 엄마의 특징을 살려서 그림을 그린다.

6. OHP용지를 엄마 얼굴에 대고 매직으로 엄마 얼굴을 따라 그린다.
   - OHP용지에 비친 엄마의 얼굴은 어떤 모습일까요?
   - 친구들이 그림을 그릴 때 엄마는 어떤 기분이 들었을까요?
7. OHP용지에 그려진 엄마의 모습을 보며 느낀 점에 대해 이야기 나눈다.

| 활동의 유의점 |

- OHP용지를 흔들리지 않게 잘 잡고 있을 수 있도록 한다.
- 얼굴을 보고 형태를 따라 그릴 수 있도록 한다.

| 확장 활동 |

- 종이접시를 이용해 엄마 얼굴을 꾸며본다.
- 엄마 얼굴을 과자 위에 초콜릿으로 꾸며 본다.

활동 2. 국기 꾸미기

활동 목표

- 나라마다 그 나라를 상징하는 국기가 있음을 안다.
- 여러 나라의 국기에 관심을 갖고, 국기를 꾸며 본다.

지도요소

문화, 다양성

| 활동 자료 |

국기 그림 자료, 국기 도안, 물감, 팔레트, 스펀지, 면봉

| 활동 방법 |

1. 세계 여러 나라의 국기를 보며 이야기 나눈다.
   - (태극기를 보여주며) 이것은 무엇일까요?
   - 태극기는 어느 나라를 상징하는 국기일까요?
   - 다른 나라도 나라를 상징하는 국기가 있을까요?
   - (세계 여러 나라의 국기를 보여주며) 이것은 ○○나라의 국기일까요?
   - 국기의 모양이 어떤가요?

한국: 태극기

중국: 오성홍기

일본: 일장기

베트남: 금성홍기

네덜란드: 삼색기

프랑스: 삼색기

영국: 유니언 잭

덴마크: 단네브로그

미국: 성조기

캐나다: 단풍잎기

브라질: 삼권광장

파라과이: 삼색기

가나: 삼색기

이집트: 삼색기

호주

뉴질랜드

2. 여러 나라의 국기를 본 후 국기 꾸미기 활동을 소개한다.
   - 꾸미고 싶은 국기가 있나요?
   - 어떤 방법으로 꾸미면 좋을까요?
   - 어떤 모양으로 꾸며 볼까요?
3. 국기를 완성한 뒤 실제 국기와 비교해 본다.
   - 물감으로 꾸민 국기의 모양은 어떤가요?
   - 또 다른 방법으로 꾸밀 수 있나요?
   - 활동을 통해 알게 된 점은 무엇인가요?
4. 꾸미고 싶은 국기 도안에 물감을 찍어 국기를 꾸민다.

| 활동의 유의점 |

- 삼색기의 경우 색깔의 위치를 맞게 물감 찍기를 할 수 있도록 한다.

| 확장 활동 |

- 나라에 맞는 국기를 찾아본다.
- 국기를 이용해 퍼즐을 만들어 퍼즐 맞추기를 해 본다.

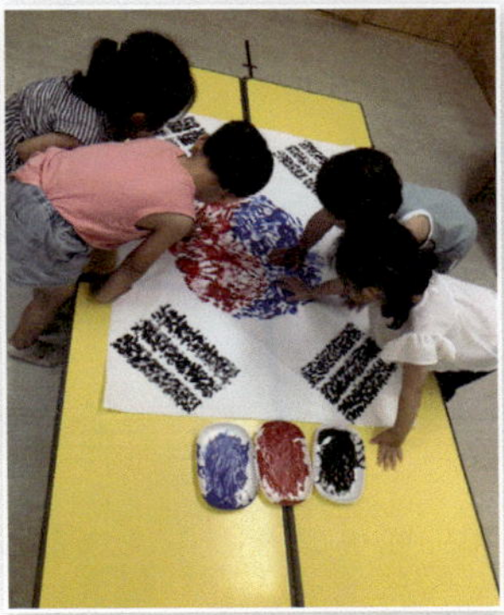

활동 3. 뻥튀기 얼굴

활동 목표
- 사람마다 가지고 있는 얼굴 모습이 다름을 안다.
- 과자를 이용해 다양한 사람들의 얼굴을 표현한다.

지도요소
다양성, 반편견

| 활동 자료 |

세계 여러 나라 사람들의 사진, 가사판, 뻥튀기, 다양한 종류의 과자, 꿀, 접시

| 활동 방법 |

1. 세계 여러 나라 사람들의 사진을 보며 이야기 나눈다.
   - 얼굴의 생김새가 어떤가요?
   - 피부(눈동자, 머리카락) 색깔은 어떤가요?
2. 나의 얼굴 모습에 대해서 이야기 나눈다.
   - 나는 어떻게 생겼을까요?
   - ○○이는 어떻게 생겼나요?
   - ○○이는 어떤 모습이 다른 친구들과 다른가요?
   - 다른 모습을 어떻게 표현할 수 있을까요?
3. 〈요기 여기〉 노래를 부른 뒤 얼굴의 모습에 대해 알아본다.
   - 〈요기 여기〉 노래를 함께 불러 볼까요?
   - 우리의 얼굴에는 어떤 신체 기관이 있나요?
   - 눈(코, 입, 귀, 머리카락)은 어떤 기관일까요?
4. 신체기관마다 하는 일이 다름에 대해 이야기 나눈다.

5. 얼굴 꾸미기 활동을 소개한다.
   - 과자를 이용해 얼굴을 꾸밀 수 있을까요?
   - 어떤 과자를 이용해 얼굴을 꾸미면 좋을까요?

> ① 과자를 이용해 어떤 얼굴을 꾸밀지 생각한다.
> ② 접시 위에 얼굴이 될 동그란 뻥튀기를 올려놓는다.
> ③ 과자에 꿀을 묻히고 뻥튀기에 붙여 얼굴과 머리카락을 자유롭게 꾸민다.

6. 뻥튀기와 과자를 이용해 얼굴 꾸미기 활동을 한다.
   - 과자를 이용해 얼굴을 꾸며 볼까요?
7. 친구들과 완성한 뻥튀기 얼굴에 대해 이야기 나눈 뒤 맛있게 먹는다.

| 활동의 유의점 |

- 얼굴의 구조에 대해 바르게 알려준다.

| 확장 활동 |

- 친구와 같은 점, 다른 점을 찾아본다.
- 다양한 얼굴 모습을 콜라주 해본다.

활동 4. 모자를 다양하게 만들어요

활동 목표

- 모자의 종류가 다양함을 알고 모자의 기능을 이해한다.
- 재료를 이용해 다양한 모양의 모자를 만든다.

지도요소

문화, 다양성

| 활동 자료 |

모자 그림 자료, 재활용품, 색지, 마분지, 스팽글, 고무줄, 풀, 색연필, 도장

| 활동 방법 |

1. 여러 가지 모자에 대해 이야기 나눈다.
    - 모자를 써 본 경험이 있나요?
    - 언제 모자를 쓰나요?
    - 뜨거운 햇볕이 내리쬘 때 어떤 모자를 써야 할까요?
    - 수영장에서는 어떤 모자를 써야 할까요?
    - 겨울철 바람을 막기 위해서는 어떤 모자를 써야 할까요?
    - 또 어떤 모자들이 있을까요?
2. 모자 그림 자료를 보며 이야기 나눈다.
    - 이 모자를 본 적이 있나요?
    - 어느 나라 사람들이 썼을까요?
    - 왜 이 모자를 썼을까요?
3. 모자를 쓰는 이유에 대해서 이야기 나눈다.
    - 모자는 어떨 때 쓸까요?
    - 모자의 기능은 어떤 것이 있을까요?
    - 나라마다 쓰는 모자가 왜 다를까요?
    - 이 모자의 이름은 무엇일까요?
4. 여러 나라 모자에 대해서 이야기 나눈다.
    - 어느 나라 모자를 써 보고 싶나요?
    - 베트남(멕시코, 미국, 인도, 중국 등)의 모자는 어떤 특징이 있나요?
    - 부모님들은 어떤 모자를 즐겨 쓰나요?
5. 부모님들이 즐겨 쓰는 모자에 대해서 이야기 나눈다.
    - 엄마(아빠)들은 어떤 모자를 즐겨 쓰나요?
    - 친구들은 어떤 모자를 즐겨 쓰나요?

6. 쓰고 싶은 모자에 대해서 이야기 나눈다.
   - 쓰고 싶은 모자를 직접 만들어 꾸밀 수 있나요?
   - 어떤 방법으로 만들어 볼까요?
7. 모자를 만들기 위해 필요한 재료와 만드는 방법에 대해서 알아본다.
   - 모자를 만들기 위해서는 어떤 재료가 필요할까요?
   - 모자를 만드는 방법에 대해 알아볼까요?

> ① 어떤 모자를 만들지 정하고, 재료를 이용해 모자 틀을 만든다.
> ② 크레용을 이용해 그림을 그리고 도장을 찍어 모자를 예쁘게 꾸민다.
> ③ 끈이 필요한 모자의 경우 양 옆에 고무줄을 묶어 고정한다.

   - 여러 가지 재료를 이용해 모자를 만들어 볼까요?
8. 어떤 모자를 만들었는지 친구들에게 소개한 뒤 활동을 평가한다.

| 활동의 유의점 |

- 모자의 용도 및 특징에 대해 상세히 알려준다.

| 확장 활동 |

- 다양하게 만든 모자로 모자 가게놀이를 해본다.
- 각 나라별 전통의상에 맞는 모자를 찾아 연결해 본다.

활동 5. 세계의 탈과 가면

활동 목표	지도요소
• 나라마다 문화가 담긴 가면과 탈이 있음을 안다. • 가면과 탈에 관심을 갖고, 여러 가지 탈을 만들어 본다.	문화, 다양성

| 활동 자료 |

영상 자료(탈춤), 가면(탈)모형, 색연필, 물감, 붓, 깃털, 스팽글, 목공용 풀

| 활동 방법 |

1. 탈춤 영상을 보고 탈과 가면에 대해 이야기 나눈다.
   - 사람들이 얼굴에 쓰고 있는 것은 무엇일까요?
   - 탈을 본 적 있나요?
   - 우리나라의 탈처럼 얼굴을 가리는 것이 다른 나라에도 있을까요?
   - 다른 나라에는 어떤 가면이 있을까요?
   - 우리나라 탈과 다른 나라의 가면은 언제 쓸까요?
2. 탈(가면)을 써 본 경험에 대해 이야기 나눈다.
   - 탈(가면)을 써 본 적이 있나요? 언제 써 보았나요?
   - 어떤 탈(가면)을 써 보고 싶나요?
   - 그 이유는 무엇인가요?
3. 탈과 가면을 만들기 위해 필요한 재료와 방법을 알아본다.
   - 탈(가면)을 만들기 위해 어떤 재료가 필요할까요?
   - 재료를 이용해 어떻게 꾸미면 좋을까요?
4. 재료를 이용해 세계의 탈과 가면을 꾸며 본다.
   - 꾸미고 싶은 탈(가면)을 골랐나요?
   - 어떤 방법으로 꾸며 볼 건가요?
   - 재료들을 이용해 탈(가면)을 꾸밀 수 있나요?

한국: 탈

중국: 경극 가면

이탈리아: 가면

미국: 할로윈 가면

출처: 네이버 탈과 가면

① 색연필과 물감을 이용해 탈(가면)을 색칠한다.
② 스팽글, 깃털 등을 이용해 화려하게 탈(가면)을 장식한다.

5. 만든 탈(가면)을 친구들에게 소개한다.
    - 어떤 탈(가면)을 만들었나요?
    - 이 탈(가면)은 언제 쓰면 좋을까요?
    - 이 탈(가면)을 써 보니 어떤 느낌이 들었나요?
    - 이 탈(가면)을 쓰고 어떤 놀이를 하면 좋을까요?
6. 만든 탈(가면)을 전시한다.

| 활동의 유의점 |

- 탈과 가면의 용도에 대해 바르게 알려준다.
- 자유롭게 꾸밀 수 있도록 다양한 재료를 준비한다.

| 확장 활동 |

- 탈(가면)을 쓰고 음악에 맞춰 탈춤을 춰 본다.
- 탈 박물관을 견학해 본다.

활동 6. 자전거와 인력거

활동 목표
- 옛날의 교통수단에 관심을 갖는다.
- 자전거와 인력거를 만들어 보고 옛 교통수단의 문화를 안다.

지도요소
문화, 다양성

| 활동 자료 |

교통수단 그림 자료, 모루, 재활용품, 신문지, 테이프

| 활동 방법 |

1. 교통수단에 대해 이야기 나눈다.
   - 우리가 이용하는 교통수단에는 어떤 것이 있을까요?
   - 옛날에도 있었을까요?
   - 옛날에는 어떤 것들을 타고 다녔을까요?
2. 자전거와 인력거에 대해 알아본다.
   - 자전거를 타 본 경험이 있나요?
   - 어떤 자전거를 타 보았나요?
   - 인력거를 타 본 경험이 있나요?
   - 인력거는 어떻게 타는 걸까요?

자전거

사람이 타고 앉아 두 다리의 힘으로 바퀴를 돌려서 가게 된 탈것이다. 안장에 올라앉아 두 손으로 핸들을 잡고 두 발로 페달을 밟아 체인으로 바퀴를 돌리게 되었다.
친환경적 교통수단으로 덴마크, 네덜란드, 독일, 중국, 일본, 베트남 등에서 이동 수단으로 많이 이용하고 있으며, 여행객을 위한 대여 자전거가 구비된 곳도 많이 있다.

출처: 네이버 자전거 용어

인력거

사람이 끄는 바퀴가 두 개 달린 수레로 주로 사람을 태운다. 과거 우리나라에서도 교통수단으로 인력거를 이용했으나 자동차가 대중화되면서 그 이용이 사라지게 되었다.
현재 일본, 베트남, 중국, 말레이시아, 인도 등의 나라의 관광지에서 관광 상품의 하나로 이용된다.

출처: 네이버 인력거 용어

3. 자전거와 인력거를 만들기 위해 필요한 재료를 알아본다.
   - 자전거와 인력거를 만들기 위해서는 어떤 재료가 필요할까요?
   - 자전거와 인력거가 잘 움직이기 위해서는 어떤 모양의 바퀴가 필요할까요?
   - 자전거와 인력거의 몸체는 어떤 재료를 이용해 만들면 좋을까요?
4. 준비된 재료를 이용해 자전거 또는 인력거를 만들어 본다.
   - 자전거와 인력거 중 타 보고 싶은 교통수단을 만들 수 있나요?
   - 어떤 교통수단을 만들어 볼까요?
5. 완성한 작품을 친구에게 소개하고 활동을 평가한다.

| 활동의 유의점 |

- 자전거와 인력거의 특징에 대해 알 수 있도록 지도한다.
- 재료를 다양하게 준비하여 창의적으로 만들 수 있도록 한다.

| 확장 활동 |

- 바퀴가 달린 다양한 교통수단에 대해 알아본다.
- 자전거와 인력거를 직접 타 보는 체험활동을 한다.

활동 7. 이글루 만들기

활동 목표
- 집의 형태가 기후에 따라 다양함을 안다.
- 추운 나라의 집의 특징을 이해한다.

지도요소
문화, 다양성

| 활동 자료 |

그림 자료, 지점토(흰색 클레이), 반원구, 솜, 플레이폼, 하드보드지

| 활동 방법 |

1. 여러 나라 집에 대해 알아본다.
   - 우리는 어디에서 생활하나요?
   - 더운 지역과 추운 지역의 집의 모양은 어떨까요?
2. 알래스카의 이글루에 대해 이야기 나눈다.
   - 추운 알래스카 사람들은 어떤 집을 짓고 살까요?
   - 이글루를 만들기 위해 어떤 재료가 필요할까요?
   - 이글루의 모양은 어떤 모양인가요?
   - 얼음과 눈덩이로 만든 이글루의 안은 어떨까요?
   - 알래스카 사람들은 이글루를 왜 만들었을까요?
   - 알래스카 사람들은 매일 이글루에서 살까요?
   - 이글루를 짓는 데 얼마의 시간이 걸릴까요?

한국: 기와집

몽골: 게르

태국: 수상가옥

알래스카: 이글루

핀란드: 통나무집

인디언: 티피

3. 이글루를 만들기 위해 필요한 재료와 만드는 방법에 대해 알아본다.
   - 알래스카 사람들이 사는 이글루를 만들기 위해 어떤 재료가 필요할까요?
   - 둥근 모양과 얼음을 만들기 위해 무엇이 필요할까요?
   - 또 어떤 재료들이 필요할까요?

> ① 하드보드지 판 위에 반원구를 붙인다.
> ② 반원구에 플레이콘 또는 지점토를 벽돌 모양으로 만들어 붙인다.
> ③ 앞쪽에 들어갈 수 있는 문을 만든다.

4. 알래스카 사람들이 사는 이글루를 만든다.

| 활동의 유의점 |

- 얼음으로 만든 다양한 집의 사진을 제공하여 활동에 대한 흥미를 높인다.
- 집의 종류가 다양함을 알고 집을 짓는 소재도 다양함을 안다.

| 확장 활동 |

- 눈싸움 놀이를 해본다.
- 북극에 사는 동물놀이를 해본다.

활동 8. 나뭇잎 꾸미기

활동 목표
- 나뭇잎의 색깔이 다양함을 안다.
- 나뭇잎 종류에 따라 고유한 특성을 알고 함께 꾸며 본다.

지도요소
다양성, 협력

| 활동 자료 |

나뭇잎 그림 자료, 나뭇잎 실물 자료, 색종이, 색지, 색연필, 풀

| 활동 방법 |

1. 그림 자료를 보며 다양한 색깔의 나뭇잎에 대해 알아본다.
   - 이렇게 생긴 나뭇잎을 본 적 있나요?
   - 어느 계절에 볼 수 있을까요?
   - 나뭇잎의 색깔은 어떤가요?
   - 나뭇잎의 모양은 어떤가요?

침엽수: 소나무 잎

은행잎: 가을이 되면 노란색으로 변한다.

침엽수: 구상나무 잎

단풍잎: 가을이 되면 빨간색으로 변한다.

상록활엽수: 사철나무 잎

플라타너스 잎: 가을이 되면 갈색으로 변한다.

출처: 네이버 침엽수 활엽수 낙엽

2. 나뭇잎의 색깔이 달라지는 이유에 대해 알아본다.
   - 나뭇잎의 색깔은 왜 달라질까요?

> 봄, 여름에는 광합성과 엽록소로 녹색잎이 보이고, 가을에는 일조량이 줄어 엽록소의 생산을 중지하여 나뭇잎이 빨간색, 노란색, 갈색 등으로 변하게 된다.

3. 나뭇잎 꾸미기 활동을 소개한다.
   - (나뭇잎 실물 자료를 보여주며) 이것은 무엇일까요?
   - 여러 가지 나뭇잎을 이용해 어떤 것을 만들 수 있을까요?
4. 친구와 함께 나뭇잎을 이용해 꾸미기를 한다.

| 활동의 유의점 |

- 실물 자료를 충분히 탐색할 수 있도록 한다.
- 나뭇잎 모양에 따라 분류해 보도록 한다.

| 확장 활동 |

- 낙엽을 관찰해 본다.
- '바늘잎나무의 아이들' 만들기를 해본다.

활동 9. 국화 머리띠

활동 목표
- 나라마다 상징하는 꽃(국화)이 있음을 안다.
- 여러 나라의 국화에 대해 알고, 다양하게 국화 머리띠를 만든다.

지도요소
정체성, 다양성

| 활동 자료 |

그림 자료, EVA, 색지, 조화 꽃, 고무줄

| 활동 방법 |

1. 나라를 상징하는 꽃에 대해 이야기 나눈다.
   - 나라를 상징하는 꽃을 무엇이라고 할까요?
   - 우리나라의 국화는 무엇일까요?
   - ○○나라의 국화는 무엇일까요?
2. 여러 나라의 국화에 대해 이야기 나눈다.
   - 좋아하는 꽃이 어느 나라 국화인가요?
   - 그 이유는 무엇인가요?

한국: 무궁화

필리핀: 삼파퀴타

일본: 벚꽃

베트남: 연꽃

네덜란드: 튤립

프랑스: 아이리스

영국: 장미

덴마크: 붉은클로버

미국: 장미

캐나다: 단풍나무

브라질: 카틀레야

페루: 해바라기

가나: 대추야자

이집트: 수련

호주: 골든 와틀

뉴질랜드: 회화나무

출처: 네이버 나라를 상징하는 국화

3. 좋아하는 꽃으로 머리띠를 만들어 본다.
   - 꽃으로 머리띠를 만들기 위해 어떤 재료가 필요할까요?
   - 어떤 꽃을 이용해 머리띠를 만들고 싶나요?
   - 국화 머리띠를 하니 어떤 기분이 들었나요?

> ① EVA를 이용해 머리띠 틀을 만든 뒤 조화 꽃을 붙인다.
> ② 색지를 오려 붙여 꽃 모양을 만든 뒤 머리띠 틀에 붙인다.
> ③ EVA 끝 부분에 펀치로 구멍을 뚫고 고무줄을 연결한다.

4. 조화 꽃과 색지를 이용해 국화 머리띠를 만들어 본다.

| 활동의 유의점 |

- 사전에 지도를 보며 여러 나라에 대해 알아본다.
- 주제와 관련된 조화 꽃을 제공할 수 있도록 한다.

| 확장 활동 |

- 나라에 맞는 국화를 색종이 모자이크로 꾸며 본다.
- 여러 나라 국화를 OHP용지에 따라 그려 본다.

활동 10. 과일나무 꾸미기

활동 목표

- 나라마다 생산되는 여러 가지 과일이 있음을 안다.
- 기후에 따른 과일의 특징에 대해 알고 친구와 함께 과일나무를 꾸민다.

지도요소

다양성, 협력

| 활동 자료 |

그림 자료, 나무 모형, 투명 봉지, 한지, 색지, 플레이콘, 양면테이프

| 활동 방법 |

1. 좋아하는 과일에 대해 이야기 나눈다.
   - 어떤 과일을 좋아하나요?
   - 왜 그 과일을 좋아하나요?
2. 다양한 과일에 대해 알아본다.
   - (그림 자료를 보여주며) 이 과일의 이름은 무엇일까요?
   - 어떤 맛인가요?
   - 어느 계절에 수확할 수 있는 과일일까요?
   - 우리나라에서 수확할 수 없는 과일은 어떤 것이 있을까요?

우리나라

봄: 살구

여름: 포도

가을: 사과

겨울: 귤

열대과일

망고

망고스틴

두리안

코코넛

온대과일

자두

복숭아

배

체리

3. 과일나무 꾸미기 활동을 소개한다.
    - (나무 모형을 보여주며) 이것은 무엇일까요?
    - 나무에 무엇을 만들어 주면 좋을까요?
    - 어떤 과일나무를 만들어 볼까요?
4. 친구와 함께 재료를 이용해 다양한 과일을 만들어 나무에 붙인다.
    - 어떤 과일나무를 만들었나요?
    - 왜 이 과일나무를 만들었나요? 만든 과일을 나뭇가지에 붙여 볼까요?
    - 과일나무를 만들면서 어려운 점은 없었나요?
5. 완성한 과일나무를 소개하고 활동을 평가한다.

| 활동의 유의점 |

- 기후에 따라 수확할 수 있는 과일이 다르다는 것에 대해 알려준다.
- 다양한 과일을 꾸밀 수 있도록 여러 가지 재료를 준비해 준다.

| 확장 활동 |

- 정해진 수만큼 과일 담기를 한다.
- 주세페 아르침볼도의 작품을 감상한 뒤 과일 그림을 이용해 얼굴을 꾸며 본다.

CHAPTER 08

신체놀이와 다문화교육

신체놀이를 통해 유아는 사람마다 신체적 특성이 다름을 알게 되어 자신이 가진 신체적 특성도 자연스럽게 받아들일 수 있고 이를 통해 신체에 대한 긍정적 자아개념을 형성하게 된다. 또한 다양한 신체놀이 활동을 하며 신체인식과 조절, 기초체력 기르기 등을 토대로 신체발달을 도모할 수 있다. 뿐만 아니라 동작에 대한 발견과 탐색, 확산적 사고를 통해 다양한 동작을 만들어내며 인지발달이 이뤄진다. 나아가 신체놀이는 정서적 표현, 심미감, 즐거움, 의사발달, 상징적 표상 등 유아의 전인적 발달에 기여한다. 특히 다문화교육에 있어서 다양한 문화권의 춤이나 동작을 표현하는 것은 유아들이 타문화를 자연스럽게 경험할 수 있게 하는 좋은 기회가 된다.

1. 신체놀이의 교육적 가치

유아들은 신체놀이를 함으로써 신체의 발육과 발달이 촉진되며 건강한 생활에 필요한 기초체력과 운동기능이 향상된다. 또한 또래들과의 협력적 신체놀이를 하며 사회성이 발달하고 몸을 마음껏 움직이는 과정을 통해 스트레스가 발산되어 정서가 순화된다. 신체놀이는 새로운 환경에 적응하는 능력과 단체생활에서 필요로 하는 행동규범, 그리고 협동정신 등을 기르는 데 도움을 준다. 신체놀이의 교육적 가치는 다음과 같다.

첫째, 대 · 소근육을 움직이는 활발한 신체놀이를 반복함으로써 근육의 발달뿐만 아니라, 신체 여러 기관이 활발하게 움직이므로 혈액순환, 심장, 폐, 소화기관 등의 작용도 활발하게 이루어져 신체기관의 발달을 촉진시킨다.

둘째, 신체를 활발하게 움직임으로써 스트레스가 발산되고 일상의 긴장이 해소되어 정서적 안정감을 갖도록 한다.

셋째, 유아들의 지구력, 유연성, 순발력, 민첩성, 평형성 등과 같은 기초체력 향상과 건강증진을 도모한다.

넷째, 또래 유아들과 함께 신체놀이를 하며 긍정적 상호작용 등을 경험하여 협동능력이 증진된다.

다섯째, 신체를 다양하게 움직이며 높이, 거리, 방향 및 공간, 관계 등 동작의 요소를 인식할 수 있게 된다. 또한 신체놀이 중 발생하는 여러 가지 문제들을 해결하는 과정을 통해 문제해결력이 증진된다.

여섯째, 신체놀이를 통해 얻을 수 있는 자신감과 성취감 및 만족감 등은 유아기에 긍정적인 자아개념을 형성한다.

일곱째, 신체놀이에 몰입하는 과정을 통해 집중력을 기르며, 자신이 원하는 활동을 하기 위해 순서를 기다리고 정해진 규칙을 지키는 경험을 통해 자기조절력을 기르게 된다.

2. 신체놀이의 지도방법

인간은 평생 동안 신체를 움직이며 살아간다. 특히 유아들에게 있어서 신체운동은 생존을 위한 필수적인 활동이면서 신체발육, 지적 발달 및 사회 · 정서발달 등 유아의 발달 제반에 막대한 영향을 미치는 중요한 활동이다. 그러나 현대 사회에서 유아들은 조기 학습의 강요, 놀이 공간의 부족, 과잉보호, 스마트폰 · 컴퓨터 등 미디어매체의 영향으로 신체놀이를 할 기회가 점차 줄어들고 있다. 이런 현상으로 인해 체력 저하, 비만, 고혈압 등 여러 가지 건강문제가 심각하게 야기되고 있다. 따라서 그 어느 때보다 유아의 신체놀이에 대한 관심을 가지고 적극적으로 지도할 필요가 있다.

유아의 신체놀이를 지도하기 위해서 다음과 같은 역할을 해야 한다(김수옥, 2011).

첫째, 유아들의 신체발달과 운동능력 수준이 각기 다르므로 개인차를 정확하게 파악하여 이를 토대로 적합한 신체놀이 지도 계획을 세운다.

둘째, 안전하게 신체놀이를 하도록 유아의 발달수준과 놀이 경험을 근거하여 단계적으로 지도한다.

셋째, 유아의 연령, 발달수준, 흥미를 고려하여 다양한 신체놀이 용품을 제공한다. 또한 실외에 고정적으로 설치된 놀이시설물 이외에 이동이 간편한 공, 훌라후프, 리본막대 등을 제공하면 효율성을 높일 수 있다.

넷째, 교사는 신체놀이를 하는 유아를 세밀히 관찰하여 적절한 시기에 질문, 제안을 하거나 도움을 주어서 신체놀이 경험을 더욱 확장시킨다. 또한 유아가 자신감을 가지고 자발적으로 신체놀이에 참여하도록 격려와 칭찬을 해준다.

다섯째, 필요한 경우에 교사는 적절한 시범을 보여야 한다. 공 잡는 법을 가르칠 때 말로만 설명하는 것보다는 시범을 보여주는 것이 더욱 효과적이다. 시범을 보일 때는 구체적으로 알려주고, 시범을 보여준 후에는 유아가 직접 연습해 볼 기회를 준다.

여섯째, 유아가 신체놀이를 통해 경쟁보다 서로 협동하는 경험을 하도록 지도한다. 특히 가정연계 활동으로 부모를 참여시켜 부모님의 어릴 적 놀았던 전통놀이나 문화에 대해서 알아보고 경험해 볼 수 있도록 한다.

일곱째, 유아는 신체놀이 가운데에서 몸을 거칠게 움직이는 운동놀이를 선호한다. 거친 운동놀이는 유아가 많이 하는 놀이임에도 불구하고 공격적인 행동으로 오인하여 제지하는 경우가 많다. 교사는 거친 신체놀이의 정서적, 사회적, 신체적 가치를 고려하여 무조건 금지해서는 안 되며 긍정적으로 상호작용해 주는 역할을 하여야 한다(고여훈, 2013).

여덟째, 유아의 안전을 위하여 놀이 규칙을 지키도록 지도한다. 오름대에 기어서 올라갔을 때 친구를 잡아당기지 말 것, 높은 곳에서 함부로 뛰어내리지 말 것 들을 지키도록 한다. 또한 교사는 유아의 안전을 위해 놀이기구를 정기적으로 점검한다.

3. 신체놀이의 환경 구성 및 놀잇감

신체놀이는 실내와 실외에서 이루어질 수 있는데 유아기에는 움직임의 욕구가 강하므로 실내에도 신체놀이 영역을 배치해 주어야 한다. 신체놀이는 행동이 크고 활발하기 때문에 정적인 영역과는 거리를 두어 공간을 마련하도록 한다. 고정 시설을 배치한 영역과 작은 소도구를 이용하여 놀이할 수 있는 개방 영역으로 나누어 배치한다. 게임의 경우 한 집단에 집중적으로 배치되지 않도록 주의하며, 유아끼리 협력하여 성취감을 느끼도록 한다. 특히 편견의 요소가 포함되어 있는 신체놀이나 게임, 놀이 등은 사전에 점검하여 배제한다. 신체놀이 환경 구성에 고려할 점은 다음과 같다.

첫째, 신체놀이는 주로 실외에서 이루어지는 활동이 많으므로 안전을 위해 시설의 이상 여부를 미리 점검하고 이상이 발견되면 즉시 수리하도록 한다.

둘째, 실내 신체놀이 영역을 설치할 때 동적 영역에 배치하며 개방된 넓은 공간을 조성하여 유아들이 방해받지 않고 자유롭게 놀이할 수 있게 한다.

셋째, 실내 공간이 협소한 경우에는 음률 영역과 통합하여 구성할 수도 있다.

넷째, 교사는 신체놀이 환경에 변화를 주어 유아가 다양한 경험을 할 수 있도록 계절, 생활주제 등을 고려하여 이동 가능한 신체놀이 교구를 준비한다. 유아교육기관에서 신체놀이 자료를 구비할 때에는 다음을 참고할 수 있다.

- 여러 나라의 전통놀이 기구와 사진
- 각종 경기 유니폼 및 점수판
- 여러 종목의 운동 경기 사진과 동영상 자료
- 여러 나라 국가를 녹음한 CD, 세계 국기 플래시카드
- 나라를 대표하는 운동선수 사진
- 다양한 기구 형태의 놀잇감: 미끄럼틀, 그네, 시소, 정글짐, 평균대, 구름다리 등
- 다양한 운동놀이 소품: 공, 그물, 터널, 낙하산, 훌라후프, 리본, 막대기, 풍선, 신문지, 낙하산 등

4. 신체놀이의 실제

(1) 세계 문화축제
(2) 대형 피자 만들기
(3) 공룡놀이
(4) 한가위 한마당
(5) 후쿠와라이
(6) 세계의 징검다리
(7) 월드컵
(8) 만국기 비행기
(9) 자전거 타기
(10) 국화 투호놀이

활동 1. 세계 문화축제

활동 목표
- 여러 나라의 축제에 관심을 가진다.
- 세계 문화축제를 즐기며 신체표현을 한다.

지도요소
문화, 다양성

| 활동 자료 |

그림 자료, 축제 영상 자료, 축제에 필요한 의상 및 소품, 음원, 악기

| 활동 방법 |

1. 우리나라 축제에 대해 이야기 나눈다.
   - 축제라는 말을 들어 본 적이 있나요?
   - 무엇을 하는 것이 축제일까요?
   - 어떤 축제에 가 보았나요? 누구와 함께 가 보았나요?
   - 축제장에서 무엇을 해 보았나요?
   - 친구들이 알고 있는 우리나라 축제는 어떤 축제가 있나요?
2. 우리가 살고 있는 지역의 축제에 대해서 이야기 나눈다.
   - 우리가 살고 있는 지역은 어디일까요?
   - 우리 지역에는 어떤 축제가 있을까요?
   - 축제에 참여해 본 적이 있나요?
   - 축제를 보면서 어떤 생각을 하였나요?
   - 또 다른 지역에는 어떤 축제들이 있을까요?
3. 다른 지역의 축제에 대해서 알아본다.
   - 우리 지역 인근에 있는 타 지역에는 어떤 축제를 즐겨 하고 있나요?
   - 축제에 참석해 본 적이 있나요?
   - 우리 지역과 왜 다른 축제를 할까요?
   - 축제에 참여하는 모습은 어땠나요?
   - 축제는 왜 지역마다 할까요?
   - 다른 나라에도 축제가 있을까요?
4. 세계 여러 나라의 축제에 대해 알아본다.
   - 세계 여러 나라에는 어떤 축제들을 할까요?
   - 나라마다 왜 축제가 다를까요?
   - 축제마다 어떤 것이 다를까요?

- (그림 자료, 영상 자료를 보여주며) 어느 나라의 축제 모습일까요?
- ○○축제에 대해 알고 있나요? 사람들이 무엇을 하고 있나요?
- 사람들이 어떤 옷을 입고 있나요? 사람들의 표정은 어떤가요?
- 축제에 참여하는 사람들은 어떤 기분으로 참여할까요?

5. 경험하고 싶은 나라의 축제를 정하고, 활동에 필요한 준비물에 대해 알아본다.
   - 어느 나라의 축제에 참여하고 싶나요?
   - ○○축제를 즐기기 위해 무엇을 준비해야 할까요?
6. 멕시코의 전통의상을 입고 축제에 참석해 본다.
   - 멕시코에는 어떤 의상을 입을까요? 어떤 춤을 출까요?
   - 친구와 함께 즐겁게 축제에 참여하려면 무엇이 필요할까요?
   - 축제의 주인공이 되어 축제에 맞는 춤을 춰 볼 수 있을까요?
7. 세계 문화축제 놀이를 한 후 느낀 점에 대해 이야기 나눈다.

| 활동의 유의점 |

- 나라마다 축제가 다양하게 있음을 지도한다.
- 축제는 그 나라의 고유한 문화라는 것을 인식하도록 한다.

| 확장 활동 |

- 예천 세계활축제에 참여해 거리퍼레이드를 해본다.
- 우리 지역 축제에 관심을 갖고, 지역 축제에 참여한다.

활동 2. 대형 피자 만들기

활동 목표
- 피자의 종류가 다양함을 안다.
- 친구와 함께 피자 배달놀이를 해본다.

지도요소
다양성, 협력

| 활동 자료 |

여러 가지 피자 사진, 피자 토핑 재료, 피자판, 배달통, 대형 피자놀이판

| 활동 방법 |

1. 피자에 대해 이야기 나눈다.
   - 피자는 어떤 음식일까요?
   - 피자를 먹어 본 적이 있나요?
   - 어떤 피자를 먹어 보았나요?
   - 또 다른 피자도 먹어 본 적이 있나요?
2. 피자의 종류의 다양함에 대해서 알아본다.
   - 피자에는 어떤 종류가 있을까요?
   - ○○피자는 어떤 재료를 넣어서 만들었을까요?
   - □□피자는 또 어떤 재료로 만들었을까요?
   - 또 다른 종류의 피자에는 어떤 것이 있을까요?
3. 피자를 즐겨 먹는 사람들에 대해서 이야기 나눈다.
   - 피자는 누가 즐겨 먹는 음식일까요?
   - 이 음식은 어떻게 만들었을까요?
   - 어떤 재료들이 들어갈까요?
4. 피자를 주식으로 하는 나라에 대해서 알아본다.
   - 피자는 어느 나라 음식일까요?
   - 이탈리아 피자는 언제부터 먹었을까요?
   - 어떻게 피자를 먹게 되었나요?
5. 즐겨 먹는 피자 위의 토핑 재료에 대해서 알아본다.
   - 어떤 재료들이 올라가나요?
   - 친구들은 어떤 재료들을 좋아하나요?
   - 어떻게 먹어야 할까요?
6. 대형 피자판을 보면서 좋아하는 토핑 재료를 올려보는 놀이를 한다.
   - ○○이는 어떤 재료를 올려보고 싶나요?

- □□는 또 무엇을 올려볼까요?
- 피자판의 어느 쪽에 올려보고 싶나요??

7. 만든 피자를 우리가 먹을 수 있는 방법에 대해서 이야기 나눈다.
   - 집에서 피자를 쉽게 만들 수 있나요?
   - 왜 집에서 만들기 힘들까요?
   - 어떻게 하면 먹을 수 있을까요?
   - 집으로 배달해서 먹으려면 어떻게 해야 할까요?
8. 피자를 배달하는 방법에 대해서 이야기 나눈다.
   - 피자는 어떻게 하면 배달될까요?
   - 우리 집 주소를 알고 있나요?
9. 대형 피자를 만들어 본다.

| 활동의 유의점 |

- 피자의 종류가 다양하다는 것을 인식할 수 있도록 지도한다.
- 피자는 이탈리아의 전통음식이라는 것을 알도록 한다.

| 확장 활동 |

- 피자 배달놀이를 해본다.
- 좋아하는 피자의 재료를 종류별로 분류해 본다.

활동 3. 공룡놀이

활동 목표

- 공룡에 따라 살았던 지역(나라)이 다름을 안다.
- 공룡들의 특징을 알고 신체로 표현해 본다.

지도요소

다양성, 협력

| 활동 자료 |

공룡 그림 자료, 공룡 모자, 한반도의 공룡 영상, 포스트잇, 필기구, 커다란 지도판

| 활동 방법 |

1. 〈내가 좋아하는 공룡은〉 노래를 불러 본다.
   - 지난 시간에 배웠던 〈내가 좋아하는 공룡은〉 노래를 불러 볼까요?
   - 공룡을 좋아하나요?
2. 유아들이 좋아하는 공룡을 발표해 본다.
   - ○○이는 어떤 공룡을 좋아하나요?
   - 그 공룡을 좋아하는 이유는 무엇인가요?
3. 그림 자료를 보며 공룡들의 특징을 살펴본다.
   - 이 공룡의 이름은 무엇일까요? 이 공룡은 무엇을 먹고 살까요?
   - 공룡의 생김새는 어떤가요? 공룡의 크기는 어떨까요?
4. 지역(나라)별로 서식했던 공룡들에 대해 알아본다.

대륙별 공룡 분류하기				
아프리카	 이구아노돈	 알로사우루스	 키노그나투스	 스피노사우루스
아시아	 오비랍토르	 갈리미무스	 타르보사우루스	 벨로키랍토르
오세아니아	 크로노사우루스	 메갈로사우루스	 무타부라사우루스	 크리올로포사우루스
북아메리카	 디메트로돈	 트리케라톱스	 아파토사우루스	 티라노사우루스

5. '한반도의 공룡' 영상을 시청하고 이야기 나눈다.
   - '한반도의 공룡' 영상을 함께 볼까요?
   - 영상에는 누가 나왔나요?
   - 공룡의 영상을 잘 보았나요?
   - 공룡들이 어떻게 움직였나요?
6. 공룡들의 행동을 몸으로 표현해 본다.
   - 멋진 공룡이 되기 위해 무엇이 필요할까요?
   - 친구들이 공룡 모자를 쓰고 공룡이 되어 공룡처럼 움직여 볼까요?
7. 공룡놀이 활동 후 평가한다.

| 활동의 유의점 |

- 나라마다 살았던 공룡들의 종류와 특징에 대해 알 수 있도록 지도한다.
- 공룡이 되어 신체로 표현할 때 너무 과격하게 행동하지 않도록 지도한다.

| 확장 활동 |

- 협동하여 공룡이 살았던 환경을 구성해 본다.
- 초식공룡과 육식공룡끼리 분류해 본다.

활동 4. 한가위 한마당

활동 목표
- 우리나라의 고유한 명절 한가위가 있음을 안다.
- 우리나라와 비슷한 명절이 다른 나라에도 있음을 안다.

지도요소
문화, 다양성

| 활동 자료 |

나라별 추석 모습 파워포인트 자료, 전래놀이, 한복, 전래동요

| 활동 방법 |

1. 우리나라 명절 추석에 대해 이야기 나눈다.
   - 음력 8월 15일은 무슨 날일까요? 추석을 다른 말로 무엇이라고 부를까요?
   - 추석에는 무엇을 먹을까요? 가족들이 모여 어떤 놀이를 하나요?
   - 추석에 친구들이 무엇을 했었는지 이야기해 줄 수 있나요?
2. 다른 나라의 명절 및 풍습에 대해 알아본다.
   - 우리나라의 추석과 같은 명절이 다른 나라에도 있을까요?
   - ○○나라는 추석을 어떻게 보낼까요?
   - □□나라는 추석을 어떻게 보낼까요?

나라별 추석 풍습		
	중국 중추절	우리나라 추석과 마찬가지로 음력 8월 15일인 중국 중추절중국에서는 중추절을 맞아 '월병'을 먹는다. 가정의 화목과 단합을 기원하며 보름달에 소원을 빌기도 한다.
	베트남 쭝투 (중추절)	베트남도 음력 8월 15일을 쭝투라고 하는 명절로 보낸다. 이 날만은 부모님이 아이들과 함께하며 보름달맞이, 연등행사 등 베트남의 전통문화를 함께 하는 시간을 갖는다.
	필리핀 만성절	필리핀에는 한국의 추석과 같은 만성절이 있다. 만성절은 11월 1일과 2일 이틀 동안 지내게 되며 우리나라와 마찬가지로 고향을 방문해 성묘를 하고 연을 날리는 등 우리나라와 비슷한 추석을 보낸다.
	일본 오봉절	일본에서도 추석과 같은 명절 오봉절이 있다. 일본 최대 명절로 양력 8월 15일을 중심으로 시작된다. 쌀로 빚은 '즈키미 당고'라는 음식을 먹으며 가족, 친지들과 즐거운 시간을 보낸다.

3. 우리나라 한가위 전통놀이에 대해 알아본다.
   - 한가위에는 어떤 놀이를 할까요?
   - 강강술래(대문놀이, 공기놀이)는 어떻게 하는 것일까요?
   - 이 놀이를 해 본 경험이 있나요?
4. 친구들과 함께 우리나라 전통놀이를 해 본다.
   - 친구들과 어떤 놀이를 해 보고 싶나요?
   - 왜 ○○놀이를 해 보고 싶나요?
   - ○○놀이를 함께 해 볼까요?
   - 부모님들은 한가위에 어떤 놀이를 했을까요?
5. 부모님들이 어릴 적에 놀던 한가위 놀이를 해 본다.

| 활동의 유의점 |

- 우리나라의 전통놀이뿐만 아니라 다른 나라의 전통놀이 교구도 준비한다.

| 확장 활동 |

- 추석의 다양한 모습을 그림으로 그린 뒤 전시회를 한다.
- 여러 나라의 한가위 놀이를 해 본다.

활동 5. 후쿠와라이

활동 목표

- 일본에서 즐겨 하는 놀이가 있음을 안다.
- 놀이의 규칙을 이해하고 친구와 함께 놀이한다.

지도요소

문화, 협력

| 활동 자료 |

손거울, 그림 자료, 얼굴 모양판, 얼굴 신체기관 그림, 안대 또는 스카프

| 활동 방법 |

1. 손거울을 보며 나와 친구의 얼굴을 탐색해 본다.
   - 거울 속의 내 모습은 어떤가요?
   - 거울 속에 비친 내 얼굴에는 무엇이 있나요? 친구 얼굴을 볼까요?
   - 나와 친구의 얼굴은 닮은 점이 있나요?
   - 눈, 코, 입, 귀가 똑같이 있지만 그 생김새가 어떤가요?
2. 얼굴에 있는 신체기관이 하는 일에 대해 알아본다.
   - 눈(코, 입, 귀)은 어디에 있나요?
   - 눈(코, 입, 귀)은 무슨 일을 할까요?
3. 친구의 얼굴을 촉각으로 느껴 본다.
   - 내 얼굴을 손으로 만져 볼까요?
   - 눈을 감고 친구의 얼굴을 만져 볼까요?
   - 눈(코, 입, 귀)을 만졌을 때 어떤 느낌이었나요?
4. 그림 자료를 보며 세계 여러 나라 친구들의 얼굴을 살펴본다.
   - 다른 나라 친구들의 얼굴은 어떤가요?
   - 나와 같은 점은 무엇일까요? 나와 다른 점은 무엇일까요?
5. 얼굴의 생김새를 알아보는 '후쿠와라이' 게임을 소개한다.
   - 일본의 '후쿠와라이'라는 놀이에 대해 알고 있나요?
   - 어떻게 하는 놀이일까요?
   - 눈을 가린 친구가 얼굴 부위를 잘 배치하기 위해서는 어떻게 해야 할까요?
   - 눈이 보이지 않는다고 안대(스카프)를 벗으면 될까요?

후쿠와라이 (일본)

후쿠와라이는 정월에 하는 일본 전통놀이로 눈을 가리고 얼굴형만 있는 그림에 눈, 코, 입, 귀 등 얼굴 부위를 배치하는 놀이다. 옆에서 좀 더 위로 아래로 라고 코치를 해주지만, 눈을 가리고 있으니 마음처럼 잘 안 된다. 눈을 떠서 보면 완성된 모음을 보면 우스운 모습이 되어 있을 것이다. 이것을 보면서 다함께 웃으면서 즐기는 일본전통놀이다.

출처: https://blog.naver.com/dyhnara

6. '후쿠와라이' 놀이를 해 본다.
   - '후쿠와라이' 놀이는 어느 나라에서 할까요?
   - 언제 하는 놀이일까요?
   - 어떤 순서로 하면 좋을까요?
   - 안대를 한 친구가 신체 부위를 바르게 놓을 수 있도록 위치를 잘 설명해 줄 수 있나요?
7. 눈을 가리고 '후쿠와라이' 놀이를 해본다.

| 활동의 유의점 |

- 생김새가 다르다는 이유로 편견을 갖지 않도록 지도한다.
- 안대(스카프)를 한 친구가 얼굴을 바르게 꾸밀 수 있도록 자세히 설명해 준다.

| 확장 활동 |

- 얼굴 표정 교구로 다양한 표정을 만들어 본다.
- 세계 여러 나라 친구들의 얼굴을 꾸며 본다.

활동 6. 세계의 징검다리

활동 목표
- 나라마다 유명한 강이 있음을 안다.
- 신체를 조절하여 서로 도우며 징검다리를 건넌다.

지도요소
다양성, 협력

| 활동 자료 |

여러 나라의 유명한 강 그림 자료, 세계 여러 나라 징검다리

| 활동 방법 |

1. 우리 주변에 강에 대해 이야기 나누어 본다.
   - 우리 주변에서 강을 본 적이 있나요?
   - 우리 동네에 있는 강 이름은 무엇인가요?
   - 강물이 흘러가면 어디로 갈까요?
2. 우리나라의 유명한 강과 다른 나라의 유명한 강에 대해 알아본다.
   - 우리나라의 대표적인 강에는 어떤 것이 있을까요?
   - 한강에 가 본 적이 있나요?
   - ○○나라의 대표적인 강은 무엇일까요?
   - 우리나라 강과 어떻게 다른가요?
3. 강을 건너는 방법에 대해 이야기 나누어 본다.
   - 강을 건널 수 있는 방법에 대해 알고 있나요?
   - 다리가 없었던 과거에는 강을 어떤 방법으로 건넜을까요?
   - 친구들이 강을 건넌다면 어떻게 건너면 좋을까요?

세계 여러 나라의 강

한국 : 한강
출처: https://blog.naver.com/haechiseoul/221320925293

프랑스 : 세느강
출처: https://blog.naver.com/leekeebok/20071152449

베트남 : 메콩강
출처: https://blog.naver.com/cheongbong99/150166792625

독일 : 라인강
출처: https://blog.naver.com/jeju3377/221004565280

4. 세계의 징검다리 건너기 활동을 소개한다.
 • 강을 건널 때 어떤 방법으로 건널까요?
 • (세계의 징검다리 교구를 보여주며) 이것은 무엇일까요?
 • 징검다리를 건널 때 어떻게 건너야 할까요?
 • 내가 밟고 있는 징검다리의 나라 특징에 대해 이야기할 수 있나요?
5. 질서를 지켜 세계의 징검다리를 건너 본다.
 • 두 발로 콩콩 뛰어 건너 볼까요? 한 발로 건너 볼까요?
 • ○○친구가 밟고 있는 징검다리는 어떤 나라인가요?
 • 그 나라를 상징하는 건축물(중요인물, 문화유적 등)은 무엇인가요?
6. 세계의 징검다리를 건너는 놀이를 해본다.

| 활동의 유의점 |

- 세계 여라 나라의 특징에 대해 알아본 뒤 활동할 수 있도록 한다.
- 활동 전 지켜야 할 규칙을 정하고, 안전하게 활동할 수 있도록 한다.

| 확장 활동 |

- 다양한 촉감을 느낄 수 있는 재료들로 징검다리를 만들어 건너 본다.

활동 7. 월드컵

활동 목표

- 전 세계인이 함께하는 축제가 있음을 안다.
- 월드컵 경기의 특징을 알고 함께 경기를 해본다.

지도요소

문화, 협력

| 활동 자료 |

2002 월드컵 영상 자료, 최근 월드컵 영상 자료, 공, 골대, 축구에 관한 자료

| 활동 방법 |

1. 내가 좋아하는 운동경기에 대해 이야기 나누어 본다.
   - 우리 친구들이 좋아하는 운동이 있나요?
   - 내가 경험해 본 운동경기는 어떤 것들이 있나요?
2. 축구에 대한 경험을 이야기 나눈다.
   - (축구경기 장면을 보여주며) 이것은 어떤 운동경기 장면일까요?
   - 축구경기를 직접 본 적이 있나요?
   - 친구들이 축구경기를 해 본 적이 있나요?
3. 축구경기 규칙에 대해서 알아본다.
   - 축구는 몇 명이서 하는 경기일까요?
   - 축구선수들의 역할에는 어떤 것이 있을까요?(골키퍼, 공격수, 수비수, 미드필더)
   - 축구공과 다른 공들과의 차이점은 무엇일까요?
   - 축구를 할 때 지켜야 할 규칙에는 무엇이 있을까요?
4. 축구용품에 대해 알아본다.
   - 축구를 할 때는 어떤 용품들이 필요할까요?
   - 축구를 할 때 어떤 신발을 신을까요?
   - 축구화를 신어 본 적이 있나요?
   - 골키퍼가 안전하게 공을 잡으려면 무엇이 필요할까요?
5. 영상 자료를 보며 전 세계인의 축제 월드컵에 대해 알아본다.
   - 월드컵이 무엇인지 알고 있나요?
   - 월드컵은 어떤 운동경기를 하는 것일까요?
   - 월드컵의 유래에 대해 알고 있나요?
   - 월드컵과 올림픽의 차이점은 무엇일까요?

월드컵의 개요

월드컵은 지금까지 21회가 열렸고, 월드컵이 올림픽과 다른 점이 있다면 월드컵은 단일종목의 경기다. 올림픽이 한 도시를 중심으로 개최되지만 월드컵은 한 나라를 중심으로 열린다. 그리고 대회기간은 올림픽이 보통 2주인 데 비하여 월드컵은 약 한 달간이다.

6. 월드컵 경기를 소개하고, 함께 축구 경기를 해 본다.
    - 월드컵 경기를 하고 싶나요?
    - 월드컵 놀이를 하기 위해서는 무엇을 준비해야 할까요?
    - 또 무엇이 필요할까요?
    - 어떤 방법으로 팀을 나누면 좋을까요?
    - 팀에서 하고 싶은 역할(포지션)이 있나요?
    - 역할을 정해 축구경기를 해 볼까요?
7. 월드컵 경기를 함께 해본다.

| 활동의 유의점 |

- 월드컵 경기는 세계인의 경기인 만큼 경기규칙을 지켜 활동할 수 있도록 한다.
- 다양한 선수 역할을 경험해 볼 수 있도록 한다.

| 확장 활동 |

- 스포츠 중계 및 응원단 역할놀이를 해본다.
- 재활용품을 이용해 올림픽 우승컵을 만들어 본다.

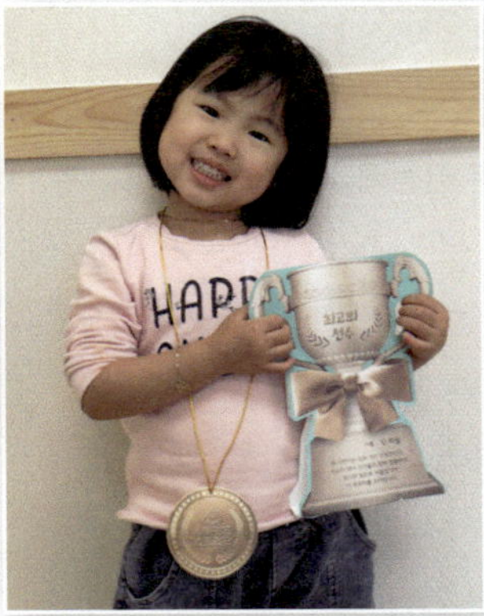

활동 8. 만국기 비행기

활동 목표

- 나라마다 상징하는 국기가 있음을 안다.
- 다양한 방법으로 종이비행기를 접어 놀이한다.

지도요소

문화, 다양성

| 활동 자료 |

다양한 국기 그림, 만국기, 비행기 접기 방법, 안내매뉴얼

| 활동 방법 |

1. 나라를 상징하는 것에 대해 이야기 나눈다.
   - 나라를 상징하는 것은 어떤 것이 있을까요?
   - 나라마다 상징하는 것이 다 같을까요?
   - 가장 대표적으로 나라를 상징하는 것은 무엇일까요?
2. 다양한 국기 그림을 보며 이야기 나눈다.
   - 이런 국기를 본 적이 있나요?
   - 이것은 어느 나라 국기일까요?
   - 이 나라의 국기 이름은 무엇일까요?
   - 국기의 모양과 색깔은 어떤까요?
3. 국기의 모양과 색깔에 대해서 이야기 나눈다.
   - 우리나라를 상징하는 국기는 어떤 모양일까요?
   - 베트남 국기는 어떤 모양일까요?
   - 베트남 국기와 비슷한 모양의 국기는 어느 나라일까요?
   - 중국은 어디에 있을까요?
   - 중국을 가 본 적이 있나요?
   - 무엇을 타고 갔나요?
4. 비행기를 타 본 경험에 대해서 이야기해 본다.
   - 비행기를 타 본 적이 있나요?
   - 비행기를 타 보니 어떤 느낌이 들었나요?
   - 어느 나라 비행기를 타 보았나요?
   - 어떻게 그 나라 비행기인지 알았나요?
5. 국적기에 대해서 이야기 나눈다.
   - 우리나라에는 어떤 국적기들이 있나요?

- ○○나라 국적기를 타 본 적이 있나요?
- ○○나라의 국적기는 어떻게 알 수 있나요?
- 우리도 여러 나라 국적기를 접어 볼까요?

6. 비행기를 접는 방법에 대해서 이야기 나눈다.
   - 비행기를 접을 수 있는 친구가 있나요?
   - 비행기를 어떻게 접으면 좋을까요?
7. 여러 나라 비행기에 대해서 알아본다.
   - 우리나라 비행기는 어떤 것이 있을까요?
   - 또 다른 나라의 비행기는 어떤 것이 있을까요?
   - 여러 나라의 비행기를 접어 볼까요?
8. 만국기로 접은 비행기를 날려 본다.

| 활동의 유의점 |

- 비행기 접기를 어려워하는 유아의 경우 교사가 방법을 알려주어 접을 수 있도록 한다.
- 비행기를 날릴 때 옆 사람과 적당한 거리를 두어 서로 방해되지 않도록 한다.

| 확장 활동 |

- 만국기로 여러 나라의 국기 모양을 비교해 본다.
- 사이좋게 비행기 놀이를 해본다.

활동 9. 자전거 타기

활동 목표
- 다양한 자전거의 종류가 있음을 안다.
- 자전거를 교통수단으로 이용하는 나라가 있음을 안다.

지도요소
다양성, 문화

| 활동 자료 |

여러 가지 자전거 그림 자료, 블록, 자전거 모형

| 활동 방법 |

1. 자전거를 타 본 경험에 대해 이야기 나눈다.
    - 자전거를 타 본 경험이 있나요?
    - 어떤 자전거를 타 보았나요?
2. 자전거의 종류에 대해 알아본다.
    - 자전거에도 다양한 종류가 있어요. 어떤 자전거가 있을까요?

외발 자전거 : 바퀴가 한 개 달린 자전거로 균형을 잡고 타기에 어려움이 있다. 흔히 재주나 묘기를 부리기 위해 탄다.

두 발 자전거 : 바퀴가 두 개 달린 자전거로 많은 사람들이 이용한다.
산악 자전거, 사이클 자전거 등 용도에 따라 바퀴나 자전거의 모양이 다르다.

세 발 자전거 : 어린아이들이 타는 바퀴가 세 개 달린 조그만 자전거이다. 아이들이 넘어지지 않고 안정적으로 탈 수 있다.

네 발 자전거 : 중심을 잡기 쉽도록 뒷바퀴에 바퀴 두 개가 보조로 달린 자전거이다. 자전거를 배울 때 네 발 자전거를 타다가 중심을 잘 잡게 되면 보조 바퀴를 빼고 탈 수 있다.

3. 자전거를 주요 교통수단으로 이용하는 나라에 대해 알아본다.
    - 자전거를 교통수단으로 이용하는 나라에는 어떤 나라가 있을까요?

베트남

일본

네덜란드

덴마크

4. 자전거가 다니는 자전거 길에 대해 이야기 나눈다.
   - 자전거는 어디에서 타야 할까요?
   - 자전거 길을 본 적이 있나요?
   - 자전거가 다니는 길은 어떻게 생겼나요?
   - 자전거 길에서 자동차를 타면 어떻게 될까요?
5. 자전거 길 만들기 활동을 소개한다.
   - 자전거 길을 어떻게 만들면 좋을까요?
   - 자전거 길이 없으면 어떻게 될까요?
6. 자전거 타는 놀이를 해본다.

| 활동의 유의점 |

- 인도, 차도, 자전거 길에 대해 알려주고, 바르게 이용할 수 있도록 한다.
- 자전거를 안전하게 탈 수 있도록 지도한다.

| 확장 활동 |

- 블록으로 자전거 길을 만들어 본다.
- 블록으로 자전거를 만들어서 타 본다.

활동 10. 국화 투호놀이

활동 목표
- 여러 나라의 국화에 대해 안다.
- 우리나라 전통놀이인 투호놀이가 있음을 알고 놀이해 볼 수 있다.

지도요소
다양성, 협력

| 활동 자료 |

세계 여러 나라 국화 · 국기 그림 자료, 투호놀이 발판, 화살

| 활동 방법 |

1. 우리나라의 국화에 대해 이야기 나눈다.
   - 나라를 대표하는 꽃을 무엇이라고 할까요?
   - 우리나라의 국화는 무엇인지 알고 있나요?
   - 무궁화꽃을 본 적이 있나요? 어떻게 생겼나요?
2. 다른 나라의 국화는 어떤 것들이 있는지 알아본다.

한국 : 무궁화

독일 : 센토레아

일본 : 벚꽃

캐나다 : 설탕단풍나무

중국 : 매화

그리스 : 제비꽃

베트남 : 연꽃

이집트 : 수련

영국 : 장미

필리핀 : 삼파귀타

호주 : 아카시아

스위스 : 에델바이스

출처: http://image.search.naver.com/search.naver?sm=tab_hty.top&where=image&ie=utf8&query=%EB%AC%B4%EA%B6%81%ED%99%94

3. 여러 나라의 국화와 국기에 대해 본다.
   - 다른 나라도 국화(국기)가 있을까요?
   - ○○나라의 국화(국기)는 무엇일까요?
4. 전통놀이 중 투호놀이에 대해 알아본다.
   - (투호를 보여주며) 이것은 무엇일까요?
   - 우리나라 전통놀이 중 하나인 투호놀이를 해 본 적이 있나요?
   - 투호놀이는 어떻게 하는 것일까요?
5. '국화 투호놀이' 방법에 대해 알아본다.
   - 투호 화살 뒤에 무엇이 있나요? 이 꽃은 어느 나라의 국화일까요?
   - 나라에 맞는 국화를 찾아 투호 통에 던져 꽂을 수 있나요?
6. 팀을 나눠 국화 투호놀이를 해 본다.

| 활동의 유의점 |

- 여러 나라의 국기와 국화를 잘 인지할 수 있도록 한다.

| 확장 활동 |

- 여러 나라의 전통놀이를 해본다.

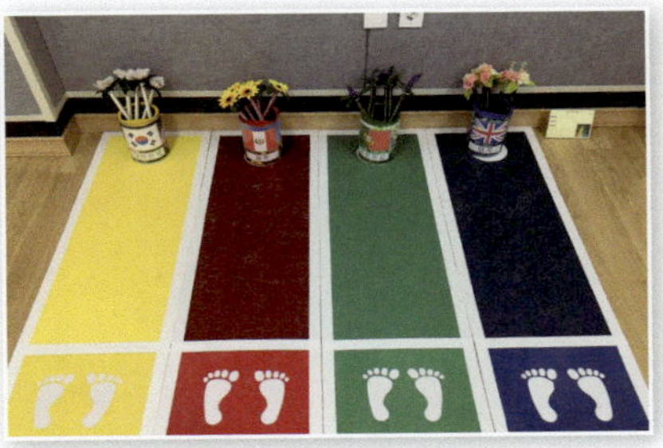

C H A P T E R 09

요리놀이와 다문화교육

요리놀이는 유아와 함께 음식의 종류를 알아보고 만들어 보며 재료의 변화과정을 관찰하고 탐구하는 활동이다. 유아는 요리의 계획, 실행, 맛보기까지의 과정에 직접 참여함으로써 호기심과 흥미가 유발되어 요리에 대한 관심이 높아진다. 뿐만 아니라 요리놀이과정 중 음식의 재료를 직접 자르고 섞고, 두드리고 휘저어 보는 활동 등을 통하여 감각기관을 활발하게 사용할 수 있고 이러한 활동을 통하여 물리적 지식을 발달시킨다(교육부, 2000). 이와 같이 요리놀이는 유아들이 직접 음식을 만들어 보고 먹어 보는 즐거움을 경험하는 것은 물론이고 음식과 관련된 사회 · 문화적 학습도 할 수 있는 교육적 기회가 된다.

1. 요리놀이의 교육적 가치

요리놀이는 각 나라와 지방의 특별한 문화를 이해할 수 있는 좋은 매개체가 된다. 유아들은 다양하고 특별한 음식들을 체험함으로써 문화적 다양성을 이해하는 동시에 여러 나라 음식을 먹는 활동을 통하여 다른 문화에 대한 관심과 흥미를 갖게 한다. 요리놀이는 우리의 가장 밀접한 생활양식인 음식을 통하여 문화에 대한 이해를 넓힐 수 있는 다문화적 접근이 가능한 활동이다. 우리는 일상생활 속에서 주식인 밥, 김치 등과 함께 베트남의 분짜와 쌀국수, 멕시코의 타코 등 다양한 외국 음식들을 자연스럽게 접할 수 있다. 또한 요리놀이는 효과적인 다문화 교육 활동으로 우리나라뿐만 아니라 다른 나라의 음식문화를 교육과정에서 쉽게 통합할 수 있다. 기후나 환경에 따른 음식의 종류, 유래, 역사 등의 음식문화에 관심을 갖게 하고 음식의 종류나 조리법, 식사예절 등에 대한 문화를 이해할 수 있도록 돕는 활동이다. 요리놀이의 교육적 가치를 살펴보면 다음과 같다.

첫째, 음식 재료의 이름을 알고, 레시피를 읽고, 요리하는 과정을 통해 음식과 관련된 다양한 어휘를 습득할 수 있어 언어발달에 도움이 된다.

둘째, 여러 나라의 음식 재료나 조리법, 식사예절 등을 통해 음식에도 다양한 문화가 있다는 것을 배울 수 있으므로 인지발달에 도움이 된다.

셋째, 요리하는 과정에서 재료 나눠쓰기, 차례 지켜 도구 사용하기, 또래와 협력적으로 상호작용함으로써 사회성을 기르는 데 도움이 된다.

넷째, 요리놀이에 직접 참여하며 식자재나 도구를 다루어 봄으로써 눈과 손의 협응, 소근육 조절 등이 이뤄져 신체발달에 도움이 된다.

다섯째, 직접 만든 음식을 먹는다는 즐거움을 통해 자신감과 성취감을 느끼게 되어 정서 발달에 도움이 된다.

여섯째, 다양한 식재료를 여러 가지 조리방법을 활용하여 요리하는 과정에서 유아는 음식에 대해 긍정적 경험을 가질 수 있고 이를 통해 골고루 먹는 올바른 식습관을 형성하게 된다.

2. 요리놀이의 지도방법

요리놀이는 유아가 과학적, 사회적, 언어적 지식을 습득할 수 있도록 하는 흥미로운 놀이다. 교사는 놀이과정을 한눈에 보여주는 순서도를 미리 제시하여 요리방법에 대해 함께 이야기를 나누도록 하여 유아가 요리 순서도에 따라 요리과정에 참여할 수 있도록 지도한다. 유아는 이러한 요리과정에서 오감을 활용하여 재료의 크기, 모양, 색깔, 냄새 등의 기본개념을 익힐 수 있을 것이다. 또한 교사는 요리 활동을 계획할 때 혼합하기, 자르기, 반죽하기 등 물체와 물질을 변화시키는 활동을 포함시켜서 유아가 물리적 · 화학적 변화에 대한 개념을 습득할 수 있도록 해야 한다. 나아가 요리과정 속에서 교사는 다양한 발문을 통해 물체와 물질의 변화과정을 유아 스스로 탐색할 수 있도록 지도해야 한다.

요리놀이를 할 때, 교사는 뚜렷한 목표를 가지고 세밀한 계획을 세워야 하는데 요리놀이 시 교사의 역할을 제시하면 다음과 같다(정연희, 2005).

첫째, 요리놀이를 격려하는 환경과 분위기를 만든다. 교실에 마련된 요리놀이 영역의 분위기가 경직된 느낌이 들지 않도록 음식이나 꽃의 그림 등을 걸어 주는 등 부엌과 같은 느낌을 줄 수 있도록 꾸며 요리놀이를 위한 환경과 분위기를 만들어 준다.

둘째, 요리 자료나 활동 내용을 통해 유아가 지금 무엇을 생각하고 있는지 매 순간 관찰을 통해 진단한다. 교사가 요리 재료와 도구 등을 제공하거나 요리 순서도를 게시할 때 유아들의 표정이나 말을 주의 깊게 관찰하여 유아들의 생각이나 기분을 파악해서 활동을 진행하는 데 참고로 해야 한다.

셋째, 교사는 유아의 질문을 받았을 때 유아의 발달수준 및 개인차를 고려하여 이해할 수 있는 어휘를 사용하여 답하여야 한다.

넷째, 유아로 하여금 자신의 생각을 발전시키도록 돕는다. 요리놀이 중에 습득한 개념을 사후 요리놀이와 연결지어 통합한다.

3. 요리놀이의 환경 구성과 놀잇감

요리놀이는 매일 이루어지는 활동이 아니므로 고정된 영역으로 구성하기보다 필요시 다른 영역을 전환하여 사용하여야 한다. 요리놀이에 적합한 영역을 구성하기 위한 고려사항을 살펴보면 다음과 같다(손자옥, 2002).

첫째, 요리놀이 과정에서 교사와 유아들은 손 씻기, 행주 빨기, 음식 재료 씻기 등 물의 사용이 빈번하므로 물을 쉽게 사용할 수 있어야 한다.

둘째, 요리놀이에 참여할 집단과 요리놀이에 필요한 재료와 도구를 수용하기에 충분한 공간이 확보되어야 한다.

셋째, 요리할 때 그룹의 크기는 유아의 기술, 친숙도, 요리법에 따라 달라져야 하므로 이러한 그룹의 크기를 고려하여 공간을 마련해야 한다.

넷째, 요리과정에서 전열 기구를 사용한다면 콘센트 사용이 용이하여야 한다.

다섯째, 다른 영역과의 관계에서 요리놀이 시간은 비교적 길고 교사는 전 과정이 끝날 때까지 다른 영역에 참여하기 어려우므로 수시로 교실 전체를 살피면서 교실 상황을 파악할 수 있는 위치여야 한다. 또한 요리를 한 후 음식을 즉시 먹는 경우요리 영역과 인접한 곳에 음식을 먹을 수 있는 책상을 마련해 줄 수 있는지도 고려해야 한다. 유아교육기관에서 요리놀이 자료를 구비할 때에는 다음을 참고할 수 있다.

- 다양한 조리 도구와 식사용 도구
- 일본, 중국, 한국 등 다양한 식사 도구 제공
- 여러 나라의 전통 식기류
- 다양한 음식, 야채 과일 모형
- 여러 나라의 요리사 모자
- 세계 여러 나라의 전통음식 사진
- 특별한 날에 먹는 음식 사진 및 레시피

- 다양한 상차림과 서로 다른 식사예절 사진
- 여러 나라의 전통시장 사진
- 세계 요리축제 사진

4. 요리놀이의 실제

(1) 한국의 비빔밥 만들기

(2) 중국의 쟈오즈(만두) 만들기

(3) 베트남의 월남쌈 만들기

(4) 일본의 초밥 만들기

(5) 프랑스의 까나페 만들기

(6) 인도의 카레 만들기

(7) 이탈리아의 피자 만들기

(8) 미국의 햄버거 만들기

(9) 터키의 케밥 만들기

(10) 독일의 슈니첼 만들기

활동 1. 한국의 비빔밥 만들기

활동 목표

- 한국의 전통음식 종류에 대해서 알아본다.
- 나라마다 즐겨 먹는 음식이 있음을 안다.

지도요소

문화, 다양성

| 활동 자료 |

비빔밥 그림, 당근, 참나물, 무, 고사리, 콩나물, 밥, 고추장, 간장

| 활동 방법 |

1. 비빔밥 그림을 보며 이야기 나눈다.
    - 비빔밥을 먹어 본 적이 있나요?
    - 언제 먹어 보았나요?
    - 어디서 먹어 보았나요?
    - 무엇을 넣고 비벼 먹을 때가 제일 맛있었나요?
    - 비빔밥은 어느 나라 음식일까요?
2. 우리나라의 비빔밥 대해서 이야기 나눈다.
    - 비빔밥은 다른 음식과 어떻게 다를까요?
    - 우리나라에서는 비빔밥을 언제 먹을까요?
    - 맛은 어떨까요?
    - 누구와 함께 만들어 볼까요?
    - 요리를 할 때는 어떤 준비물이 필요한가요?
3. 비빔밥에 들어가는 재료에 대해서 이야기 나눈다.
    - 어떤 재료를 사용하나요?
    - 먹어 본 재료가 있나요?
    - 당근과 무는 어떻게 손질하나요?
    - 또 다른 재료들은 어떻게 손질할까요?
4. 비빔밥 만들기 순서도를 보며 비빔밥을 만들어 본다.
    - 비빔밥은 어떻게 만들까요?
    - 레시피를 보고 만들어 볼 수 있나요?

우리나라의 비빔밥 만들기

① 쌀을 씻어 불린 후 밥을 한다.
② 고사리는 데친 후 간장양념을 하고 볶는다.
③ 당근, 무는 채썬 후 소금을 넣고 볶는다.
④ 참나물을 데친 후 소금과 참기름으로 양념을 한다.
⑤ 밥 위에 당근, 무, 고사리 버섯을 올린 후 소고기 볶음을 밥 위에 올린다.

5. 요리 활동한 비빔밥을 만들어 맛있게 먹어 본다.

| 활동의 유의점 |

- 비빔밥에 들어가는 재료는 먹는 사람의 식성에 따라 다를 수도 있음을 안다.
- 비벼 먹는 우리나라만의 고유한 문화를 인식하도록 한다.

| 확장 활동 |

- 비빔밥과 함께 곁들어 먹을 수 있는 음식도 만들어 본다.
- 다양한 재료를 이용하여 비빔밥을 만들어 본다.

※ 한국 음식의 특징

여러 가지 음식을 한상에 올려놓고 주식인 밥과 부식인 반찬이 구분된다. 밥이 주식이 되고 반찬이 부식이 되며 국물이 있는 국이나 찌개, 탕 종류를 즐긴다. 다양한 조리방법에 의해 구이, 조림, 볶음, 젓갈, 국, 찌개, 전골 등의 방법으로 음식을 만들어 먹고 김치를 포함한 발효식품이 많다.

활동 2. 중국의 자오즈(만두) 만들기

활동 목표

- 세계 여러 나라의 만두에 대해서 알아본다.
- 요리활동의 재료를 탐색하여 그 나라의 음식문화를 이해한다.

지도요소

정체성, 협력

| 활동 자료 |

세계 여러 나라의 만두 그림, 만두소, 밀가루, 물

| 활동 방법 |

1. 여러 나라의 만두에 대해서 이야기 나눈다.
   - 만두를 먹어 본 적이 있나요?
   - 언제 먹어 보았나요?
   - 어디서 먹어 보았나요?
   - 어떤 만두가 제일 맛있었나요?
   - 만두는 어느 나라 즐겨 먹는 음식일까요?
2. 중국의 만두에 대해서 이야기 나눈다.
   - 중국의 자오즈는 우리나라 만두와 어떻게 다를까요?
   - 중국에서는 만두를 언제 먹을까요?
   - 어떤 재료를 사용하나요?
3. 만두 만들기를 어떻게 하면 좋을지 이야기 나눈다.
   - 누구와 함께 만들어 볼까요?
   - 만들기 할 때에는 어떻게 하면 좋을까요?
4. 다문화가정 어머니를 초청하여 부모님과 함께 만두를 만들어 본다.
   - 중국의 만두를 먹어 본 적이 있나요?
   - 중국의 만두는 어떻게 만들까요?
   - 어떤 재료가 들어갈까요?
   - 맛과 모양은 어떤가요?
5. 만두를 만들어 본 후 우리나라 만두와 비교해 본다.
   - 우리나라 만두와 중국의 자오즈는 어떻게 다른가요?
6. 요리활동한 만두를 먹어 본 후 이야기 나눈다.

중국의 쟈오즈 만들기

① 밀가루를 익반죽한다.
② 버섯, 양파, 돼지고기를 다진 후 소금 후추로 간을 한다.
③ 밀가루 반죽을 조금 떼어내 동그란 모양으로 빚는다.
④ 밀가루 반죽을 동글 납작한 모양으로 넓게 편다.
⑤ 펴진 반죽 위에 만두소를 올려 오므려서 물을 이용하여 붙인다.
⑥ 적당한 크기와 모양으로 만두 모양이 되게 빚는다.
⑦ 만든 만두를 기름을 적당히 두른 프라이팬에 굽는다.

| 활동의 유의점 |

- 각 나라마다 요리 방법이 다양함을 알도록 한다.
- 중국 만두의 특징적인 부분을 참고하여 만들도록 한다.

| 확장 활동 |

- 여러 가지 모양의 만두도 만들어 본다.
- 점토나 클레이를 이용하여 만두를 만들어 본다.

※ 중국 음식의 특징

재료가 매우 다양하고 종류가 많아 맛이 풍부하지만 조리하는 도구의 사용방법이 쉽다. 기름을 많이 사용하는 편이고 조미료와 향신료가 많다. 겉으로 보이는 모양이 풍요롭고 화려하다. 사람이 많아지면 요리의 종류를 늘리는 것이 좋다.

활동 3. 베트남의 월남쌈 만들기

활동 목표
- 베트남의 전통음식을 알아본다.
- 나라마다 전통음식이 다양하게 있음을 안다.

지도요소
문화, 다양성

| 활동 자료 |

라이스 페이퍼, 새우, 쇠고기, 숙주, 고수, 양상추, 깻잎, 당근, 소고기 양념 재료, 오이, 가는 쌀국수, 베트남 쌈 재료(다양한 채소, 과일, 라이스페이퍼 등), 냄비, 피시 소스, 양념 소스

| 활동 방법 |

1. 베트남 요리 사진을 보여주며 이야기한다.
   - 베트남 음식을 먹어 본 적이 있나요?
   - 어떤 음식을 먹어 보았나요?
   - 베트남 월남쌈은 무엇으로 만들었을까요?
2. 베트남 쌈에 들어가는 재료를 이야기한다.
   - 쌈에는 어떤 재료가 들어갈까요?
   - 어떤 야채가 들어가나요?
3. 라이스 페이퍼에 대해 이야기 나눈다.
   - 라이스 페이퍼는 무엇으로 만든 것일까요?
   - 빳빳한 라이스 페이퍼가 물속에 들어가면 어떻게 될까요?
4. 월남쌈을 먹는 방법에 대해서 이야기 나눈다.
   - 월남쌈은 어떻게 먹는 것일까요?
   - 왜 그렇게 먹을까요?
   - 라이스 페이퍼를 만져보니 어떤 느낌이 드나요?
5. 월남쌈 만들기 순서도를 보며 베트남의 월남쌈을 만들어 본다.

베트남의 월남쌈 만들기

① 볼에 쇠고기 양념 재료를 넣고 골고루 섞은 후 쇠고기를 넣고 버무려 재운다.
② 새우는 머리, 꼬리, 내장, 껍질을 제거한 후 끓는 소금물에 1분간 데친 후 체에 밭쳐 물기를 뺀다.
③ 오이, 당근, 양상추, 깻잎은 가늘게 채썬다.
④ 고수와 숙주는 깨끗이 씻은 후 체에 밭쳐 물기를 빼고 파인애플은 1cm 폭으로 썬다.
⑤ 쌀국수는 끓는 물에 30초간 데친 후 찬물에 바로 헹궈 물기를 뺀다.
⑥ 라이스 페이퍼를 따뜻한 물에 10초간 담갔다가 건져 접시 위에 펼치고 그 위에 쇠고기, 새우, 오이, 당근, 양상추, 깻잎, 숙주, 고수, 파인애플을 취향대로 올린다.

6. 만든 월남쌈을 먹어 본 후 맛에 대해서 이야기 나눈다.

7. 활동후 느낀 점에 대해서 이야기 나눈다.

| 활동의 유의점 |

- 취향에 따라 아보카도, 토마토, 배 등 다른 재료를 첨가하여도 좋다.
- 쇠고기 대신 돼지고기나 닭고기로 대체하거나 쇠고기 다른 부위로 사용해도 된다.

| 확장 활동 |

- 월남쌈 만든 것을 그림으로 그려 본다.
- 베트남 어머니를 초청하여 음식점 놀이를 해본다.

※ 베트남 음식의 특징

먹기 직전에 바로 만들어 내며 끓이거나 데쳐서 조리한다. 더운 기후상의 특징으로 입맛을 자극하는 향신료와 허브를 사용하여 맛이 강한 요리가 많다. 쌀 수확량이 많아 쌀을 이용한 요리가 많다. 쌀국수와 라이스 페이퍼에 채소, 고기, 생선 등을 섞어 만든 요리가 대표적이다.

활동 4. 일본의 초밥 만들기

활동 목표

- 일본에서 즐겨 먹는 고유한 음식을 알아본다.
- 일본 음식 문화를 이해한다.

지도요소

문화, 정체성

| 활동 자료 |

여러 가지 초밥 사진, 요리순서도, 생선살, 계란, 김, 밥, 소금, 식초, 설탕

| 활동 방법 |

1. 다양한 초밥 종류의 그림을 보며 이야기 나눈다.
   - 초밥을 먹어 본 적이 있나요?
   - 언제 먹어 보았나요?
   - 어디서 먹어 보았나요?
   - 초밥은 어느 나라에서 즐겨 먹는 음식일까요?
2. 일본의 초밥 대해서 이야기 나눈다.
   - 왜 일본에서 초밥이 즐겨 먹게 되었을까요?
   - 초밥은 어떤 밥일까요?
   - 초밥의 종류는 어떤 것이 있나요?
   - 어떤 재료를 사용하나요?
   - 맛은 어떨까요?
3. 초밥을 만들기 위해 필요한 재료를 알아본다.
   - 요리를 할 때는 어떤 준비물이 필요한가요?
   - 그 재료는 어떻게 구할 수 있을까요?
   - 재료의 손질은 어떻게 할까요?
4. 초밥 만들기 순서도를 보며 일본의 초밥을 만들어 본다.
   - 초밥을 어떤 모양으로 만들었나요?
   - 초밥을 만들 때 어떤 점이 어려웠나요?
5. 초밥의 모양에 대해서 이야기 나눈다.
   - 초밥마다 왜 모양이 다를까요?
   - 왜 그런 모양으로 만들까요?

일본의 초밥 만들기

① 배합초를 만든다(식초, 설탕, 소금을 넣고 끓인 후 식혀 둔다).
② 계란은 풀어 지단을 붙이고 김은 적당한 크기로 자른다.
③ 밥을 고슬고슬하게 하여 배합초를 넣고 버무린다.
④ 밥을 쥐어 한입에 들어갈 만큼 초밥을 뭉친다.
⑤ 오른손으로 초밥을 쥐고 왼손으로 생선살(계란, 김)을 올려놓는다.
⑥ 와사비를 생선살 안쪽에 바른 다음 그 위에 초밥을 놓고 모양을 잡는다.

6. 초밥을 만들어 친구들과 함께 맛있게 먹어 본다.
7. 활동 후 느낀 점에 대해서 이야기 나눈다.

| 활동의 유의점 |

- 초밥에 들어가는 재료는 먹는 사람의 식성에 따라 다를 수도 있음을 안다.
- 나라의 특징을 보면서 음식문화를 인식하도록 한다.

| 확장 활동 |

- 다른 재료를 이용하여 초밥을 만들어 본다.
- 일본의 유명한 우동을 곁들여 음식가게 놀이를 해본다.

※ 일본 음식의 특징

제철음식을 주로 사용하여 음식을 하기 때문에 향신료를 거의 쓰지 않는다. 섬나라이다 보니 어패류가 풍부하여 생선회를 즐겨 먹는다. 눈으로 보는 완성된 음식의 아름다움을 중요하게 생각하므로 조리 개성이나 기술이 까다롭다. 또한 담는 방법도 까다롭다. 채소 요리와 실용적인 요리가 특징이며 설탕이나 간장을 많이 사용한다.

활동 5. 프랑스의 까나페 만들기

활동 목표
- 프랑스의 음식으로 유명한 까나페를 만들어 본다.
- 나라마다 즐겨 먹는 음식이 있음을 안다.

지도요소
정체성, 문화

| 활동 자료 |

까나페 사진, 요리 순서도, 에이스 크래커, 치즈, 슬라이스햄, 오렌지

| 활동 방법 |

1. 까나페 그림을 보며 이야기 나눈다.
   - 이 음식을 본 적이 있나요?
   - 어디에서 보았나요?
   - 무엇이 들어 있나요?
   - 까나페는 어떤 음식일까요?
   - 어느 나라에서 즐겨 먹는 음식일까요?
2. 프랑스의 까나페에 대해서 이야기 나눈다.
   - 까나페는 다른 음식과 어떻게 다를까요?
   - 까나페의 이름은 어떻게 지어졌을까요?
   - 프랑스에서는 까나페를 언제 먹을까요?
   - 어떤 재료를 사용하여 만들까요?
3. 까나페를 만들기 위해 필요한 재료를 알아본다.
   - 까나페를 만들 때는 어떤 준비물이 필요한가요?
   - 그 재료는 어떻게 구할 수 있을까요?
   - 무엇과 함께 먹을까요?
   - 어떻게 만들까요?
4. 까나페 만들기 순서도를 보며 프랑스의 까나페를 만들어 본다.
   - 크래커는 어떤 모양일까요?
   - 크래커 위에 올리는 것은 무엇인가요?
   - 어떤 순서로 올리면 좋을까요?
5. 까나페를 만들면서 느낀 점을 이야기 해본 후 맛있게 먹어 본다.

프랑스의 까나페 만들기

① 크래커를 준비한다.
② 슬라이스햄과, 치즈, 과일은 얇게 썰어 준비한다.
③ 과자 한 개를 올려놓는다.
④ 그 위에 슬라이스햄, 치즈, 과일 순으로 올린다.

| 활동의 유의점 |

- 까나페에 들어가는 재료는 먹는 사람의 식성에 따라 다를 수도 있음을 안다.
- 프랑스의 음식문화를 인식하도록 한다.

| 확장 활동 |

- 다양한 재료를 이용하여 까나페를 만들어 본다.
- 까나페를 전시하고 음식 전시회를 해본다.

※ 프랑스 음식의 특징

프랑스는 주변 나라 그리스, 로마 이탈리아를 거쳐 식민지들로부터 많은 조리법을 도입하여 음식이 다양하다. 포도주와 치즈, 빵, 육류가공품 등 특산물이 잘 발달되어서 식품의 사용이 매우 다양하다. 아침은 소식을 하며 잼을 바른 빵, 주스 등 단음식을 주로 먹는다. 세 끼 중 점심을 중요시하지만 요즘은 샌드위치 종류로 점심을 간단히 해결하고 저녁식사를 중요하게 여긴다. 식사할 시 느긋하게 천천히 맛을 음미하면서 먹는다.

활동 6. 인도의 카레 만들기

활동 목표
- 인도의 고유한 음식의 종류를 알아본다.
- 나라마다 즐겨 먹는 음식이 있음을 안다.

지도요소
문화, 다양성

| 활동 자료 |

다양한 카레 사진, 요리 순서도, 분말 카레, 감자, 양파, 버섯, 당근, 소고기, 밥, 파슬리 가루, 물, 냄비, 버너, 국자

| 활동 방법 |

1. 다양한 카레의 종류의 그림을 보며 이야기 나눈다.
   - 카레를 먹어 본 적이 있나요?
   - 카레는 어떤 맛일까요?
   - 카레는 어떻게 만드는 음식일까요?
   - 카레는 어느 나라에서 즐겨 먹는 음식일까요?
2. 인도의 카레에 대해서 이야기 나눈다.
   - 카레는 다른 음식과 어떻게 다를까요?
   - 카레의 종류는 어떤 것이 있나요?
   - 카레의 이름은 어떻게 지어졌을까요?
   - 맛은 어떨까요?
   - 어떤 재료를 사용하나요?
3. 카레를 만들기 위해 필요한 재료를 알아본다.
   - 요리를 할 때는 어떤 준비물이 필요한가요?
   - 그 재료는 어떻게 구할 수 있을까요?
   - 다른 나라에서도 카레를 먹을 수 있을까요?
   - 어떻게 먹을 수 있을까요?
4. 카레 만들기 순서도를 보며 인도의 카레를 만들어 본다.
   - 인도카레는 어떤 맛일까요?
   - 어떤 냄새가 났나요?
   - 이런 카레를 먹어 본 적이 있나요?
5. 요리 활동 후 맛있게 먹어본다.

인도의 카레 만들기

① 카레가루를 물에 넣고 뭉치지 않게 잘 풀어서 준비한다.
② 감자, 양파, 버섯, 당근, 쇠고기는 적당한 크기로 썰어서 볶는다.
③ 볶은 재료에 물을 넣고 끓이다가 재료가 거의 익으면 카레 물을 넣는다.
④ 냄비에 눌러 붙지 않게 잘 저어가며 끓인다.
⑤ 그릇에 카레를 담고 밥을 올려 파슬리가루를 뿌려 장식한다.

| 활동의 유의점 |

- 카레에 들어가는 재료는 먹는 사람의 식성에 따라 다를 수도 있음을 안다.
- 카레의 맛은 여러 가지 재료에 따라 조금씩 차이가 있음을 인식하도록 한다.

| 확장 활동 |

- 다양한 재료를 이용하여 카레를 만들어 본다.
- 카레가루로 후각놀이를 해본다.

※ 인도 음식의 특징

인도 음식의 특징은 향신료이다. 매운 맛과 향이 강하며 음식에 크림과 버터를 많이 사용하기 때문에 고소한 맛이 나기도 한다. 열대지방에 속하는 인도는 여러 가지 열대 열매나 과일들을 개인의 취향에 맞게 배합해 볶아서 향신료로 사용한다. 인도에서는 요리 전부가 한꺼번에 나온다. 식기류가 모두 갖추어지지 않았던 시대부터의 습관으로 밥을 먹을 때는 오른손을 쓰며, 오늘날에는 자기의 오른손이 가장 청결하다고 믿는다. 식후에는 판리프 · 피틀넛 · 안시드 등을 입가심을 위하여 반드시 먹는다. 음료로는 북쪽에서는 홍차, 남쪽에서는 커피가 상용된다.

활동 7. 이탈리아의 피자 만들기

활동 목표
- 이탈리아에서 즐겨 먹는 피자를 만들어 본다.
- 나라마다 즐겨 먹는 음식이 있음을 안다.

지도요소
문화, 다양성

| 활동 자료 |

다진 쇠고기, 양송이버섯, 피자도우, 양파, 옥수수, 피자치즈, 베이컨, 햄, 피망, 블랙 올리브, 소금, 설탕, 물, 프라이팬 , 토마토 페이스트, 오레가노 가루

| 활동 방법 |

1. 다양한 피자 그림을 보며 이야기 나눈다.
   - 피자를 먹어 본 적이 있나요?
   - 어떤 피자를 먹어 보았나요?
   - 맛이 어땠나요?
   - 피자는 어떤 음식일까요?
   - 피자의 모양은 어떤가요?
   - 피자는 어느 나라에서 즐겨 먹는 음식일까요?
2. 이탈리아 피자에 대해서 이야기 나눈다.
   - 피자는 다른 음식과 어떻게 다를까요?
   - 피자의 종류는 어떤 것이 있나요?
   - 피자의 이름은 어떻게 지어졌을까요?
   - 어떤 재료를 사용하나요?
3. 피자를 만들기 위해 필요한 재료를 알아본다.
   - 요리를 할 때는 어떤 재료가 필요한가요?
   - 그 재료는 어떻게 구할 수 있을까요?
   - 어떻게 만들어 볼까요?
4. 피자 만들기 순서도를 보며 이탈리아 피자를 만들어 본다.

이탈리아 피자 만들기

① 파프리카, 양파, 햄, 버섯 등 준비한 재료를 작은 크기로 썬다.
② 피자도우 위에 소스를 바른다.
③ 작게 썬 재료들을 골고루 올린다.
④ 피자치즈를 위에 뿌린다.
⑤ 프라이팬의 뚜껑을 닫고 약한 불로 피자를 굽는다.
⑥ 완성된 피자를 접시에 올린다.

5. 피자를 만든 후 이야기 나눈다.
    - 이탈리아 피자는 어떤 맛일까요?
    - 어떻게 먹을 수 있을까요?
6. 요리 활동 후 피자를 맛있게 먹어본다.

| 활동의 유의점 |

- 피자의 재료가 너무 많을 경우 양이나 종류를 줄여서 활동하도록 한다.
- 치즈가 완전히 녹을 수 있도록 뚜껑을 덮은 후 약불에서 오랜 시간 굽도록 한다.

| 확장 활동 |

- 피자판 교구를 이용하여 숫자를 알아본다.
- 대형 피자를 만들어 본다.

※ 이탈리아 음식의 특징

'이탈리아 요리는 없고 향토요리뿐이다'라는 말이 생길 만큼 각기 그 지방마다의 특색이 뚜렷하다. 북부지역은 버터와 쌀로 만든 요리가 발달하였고, 남쪽지방은 올리브유와 파스타를 이용한 요리가 많다. 또한 국경이 각각 프랑스, 스위스, 오스트리아, 유고슬라비아와 접해 있어 각국 요리의 영향을 받기도 하였다. 이탈리아 음식의 공통분모로 나타나는 식재료는 곡물, 올리브유, 와인이다. 이탈리아의 주식은 육류보다는 옥수수 등의 곡류이며 올리브 향기에 버무려 먹는다.

활동 8. 미국의 햄버거 만들기

활동 목표
- 다양한 햄버거의 종류를 알아본다.
- 나라마다 즐겨 먹는 음식이 있음을 안다.

지도요소
문화, 다양성

| 활동 자료 |

요리 순서도, 고기 패티, 양상추, 양파, 햄버거 번, 피클

| 활동 방법 |

1. 다양한 햄버거 종류의 그림을 보며 이야기 나눈다.
   - 햄버거를 먹어 본 적이 있나요?
   - 어디서 먹어 보았나요?
   - 햄버거는 어떤 음식일까요?
   - 햄버거는 어느 나라에서 즐겨 먹는 음식일까요?
2. 미국의 햄버거에 대해서 이야기 나눈다.
   - 햄버거는 다른 음식과 어떻게 다를까요?
   - 왜 미국 사람들은 햄버거를 즐겨 먹을까요?
   - 맛은 어떨까요?
   - 누구와 함께 만들어 볼까요?
3. 햄버거에 들어가는 재료에 대해서 이야기 나눈다.
   - 어떤 재료를 사용하나요?
   - 먹어 본 재료가 있나요?
   - 어떤 맛이었나요?
4. 햄버거 만들기 순서도를 보며 햄버거를 만들어 본다.
   - 햄버거를 어떻게 만들어 볼까요?
   - 햄버거 재료를 어떤 순서로 올려볼까요?
5. 요리활동 한 햄버거를 만들어 맛있게 먹어 본다.

미국의 햄버거 만들기

① 질 좋은 소고기를 갈고 소금과 후추로 간을 한 후 납작하게 패티를 만든다.
② 패티를 그릴이나 팬에서 속까지 잘 익도록 굽는다.
③ 햄버거의 번은 반으로 갈라 팬에 번의 안쪽을 따뜻하게 데운다.
④ 버거 번의 아래쪽을 접시에 놓고 구운 패티를 얹는다.
⑤ 그 위에 양상추, 토마토, 양파, 피클, 치즈 등을 취향에 맞게 층층이 쌓은 다음 햄버거 번의 윗부분으로 덮는다.

6. 햄버거의 맛에 대해서 이야기 나눈다.
   • 햄버거의 맛이 어땠나요?
7. 다른 재료를 이용하여 여러 종류의 햄버거를 만들어본다.

| 활동의 유의점 |

• 햄버거의 재료는 먹는 사람의 식성에 따라 달라질 수 있음을 안다.

• 고기 패티를 만들 때 속까지 완전히 익도록 약불에서 굽는다.

| 확장 활동 |

• 다양한 재료를 이용하여 미술활동으로 햄버거를 만들어 본다.

• 햄버거 가게놀이를 해본다.

※ 미국 음식의 특징

전 세계의 음식문화를 소화해 새로운 음식문화를 만들어 내는 것이 미국의 음식문화라고 할 수 있다. 풍부한 농수산물과 가공 · 저장 · 수송능력, 경제발전으로 인한 구매력 등이 현재 미국 식생활 문화의 기초가 됐다. 특히 미국 이민자들은 인디언들로부터 신대륙의 작물인 옥수수, 호박, 토마토, 칠면조, 담배, 땅콩, 블루베리 등의 식재료를 얻어 구대륙으로부터 가져온 레시피에 적용함으로써 새로운 미국 요리를 만들어 냈다. 음식은 주로 고칼로리, 고지방, 고단백질이며 미국인들은 아이스크림이나 콜라 등 단것을 즐기고 언제 어디서든 간단하게 먹을 수 있는 핫도그, 햄버거, 샌드위치 등 패스트푸드를 선호한다.

활동 9. 터키의 케밥 만들기

활동 목표
- 케밥의 종류가 다양함을 안다.
- 나라마다 즐겨 먹는 음식이 있음을 안다.

지도요소
문화, 다양성

| 활동 자료 |

요리 순서도, 케밥의 종류 사진, 고기 패티, 양상추, 야채, 토마토 소스, 또띠아

| 활동 방법 |

1. 다양한 케밥 종류의 그림을 보며 이야기 나눈다.
   - 이 음식을 본 적이 있나요?
   - 이 음식의 이름은 무엇일까요?
   - 케밥은 어떤 음식일까요?
   - 케밥은 어느 나라에서 즐겨 먹는 음식일까요?
2. 터키의 케밥에 대해서 이야기 나눈다.
   - 왜 터키에는 케밥이 유명할까요?
   - 케밥은 다른 음식과 어떻게 다를까요?
   - 케밥의 종류는 어떤 것이 있나요?
   - 케밥의 이름은 어떻게 지어졌을까요?
   - 요리를 할 때는 어떤 재료가 필요한가요?
3. 케밥을 만들기 위해 필요한 재료를 알아본다.
   - 어떤 재료를 사용하나요?
   - 먹어 본 재료가 있나요?
   - 요리를 할 때는 어떤 준비물이 필요한가요?
   - 그 재료는 어떻게 구할 수 있을까요?
   - 재료의 손질은 어떻게 해야 할까요?
   - 케밥을 만드는 순서를 알아볼까요?
4. 케밥 만들기 순서도를 보며 터키의 케밥을 만들어 먹어 본다.

터키의 케밥 만들기

① 준비된 고기(양고기, 쇠고기, 닭고기, 돼지고기 등)를 소금간하여 프라이팬에 굽는다.
② 양상추, 오이, 당근, 방울토마토, 크래미 등을 먹기 좋은 크기로 자른다.
③ 앞뒤로 살짝 구운 또띠아에 소스를 바른다.
④ 또띠아에 재료들을 골고루 넣은 뒤 돌돌 말아 완성한다.

5. 케밥의 맛에 대해서 이야기 나눈다.
   • 케밥의 맛은 어땠나요?
   • 어떻게 먹어 보았나요?
6. 여러 가지 재료로 다른 종류의 케밥을 만들어본다.

| 활동의 유의점 |

• 케밥의 야채와 고기의 종류를 달리하여 활동해 볼 수 있도록 한다.
• 꼬치를 끼울 때 날카로운 부분에 베거나 찔리지 않도록 한다.

| 확장 활동 |

• 재료를 바꾸어 케밥을 만들어 본다.
• 케밥 가게놀이를 해본다.

※ 터키 음식의 특징

오스만 제국의 600여 년에 이르는 영토 확장시기에 유럽 페르시아, 발칸, 북부아프리카 등의 문화를 많이 흡수하여 음식 종류도 다양하다. 터키에서는 생선이 육류보다 비싸다. 육류는 주로 양고기가 많지만 쇠고기를 팔기도 한다. 돼지고기는 먹지 않는다. 닭고기는 대부분 한 마리를 통째로 팔고 있지만 부분적으로 나누어 파는 가게도 있다. 터키인들은 식사 후 디저트로서 단것을 먹으며, 터키식 차(터키어 "차이") 또는 커피(터키어 "카흐베")를 마신다. 음식을 먹을 때에는 음식에 코를 대고 냄새를 맡지 말고 뜨거운 음식을 입으로 불지 않는다.

활동 10. 독일의 슈니첼 만들기

활동 목표

- 독일의 음식으로 유명한 슈니첼을 만들어 본다.
- 나라마다 즐겨 먹는 음식이 있음을 안다.

지도요소

정체성, 다양성

| 활동 자료 |

요리 순서도, 슈니첼의 종류 사진, 돼지고기, 밀가루, 계란, 생크림, 빵가루, 식용유

| 활동 방법 |

1. 다양한 슈니첼 종류의 그림을 보며 이야기 나눈다.
   - 이 음식을 본 적이 있나요?
   - 이 음식의 이름은 무엇일까요?
   - 어디서 먹어 보았나요?
   - 슈니첼은 어떤 음식일까요?
   - 슈니첼은 어느 나라에서 즐겨 먹는 음식일까요?
2. 독일의 슈니첼에 대해서 이야기 나눈다.
   - 왜 독일에는 슈니첼이 유명할까요?
   - 슈니첼은 다른 음식과 어떻게 다를까요?
   - 슈니첼의 종류는 어떤 것이 있나요?
   - 슈니첼의 이름은 어떻게 지어졌을까요?
   - 어떤 재료를 사용하나요?
   - 맛은 어떨까요?
3. 슈니첼을 만들기 위해 필요한 재료를 알아본다.
   - 요리를 할 때는 어떤 재료가 필요한가요?
   - 그 재료는 어떻게 구할 수 있을까요?
   - 재료의 손질은 어떻게 해야 할까요?
   - 슈니첼 만드는 순서를 알아볼까요?
4. 슈니첼 만들기 순서도를 보며 독일의 슈니첼을 만들어 본다.
   - 어떻게 만들면 좋을까요?
   - 만들 때 무엇을 조심해야 할까요?
   - 슈니첼은 어떤 음식과 함께 먹으면 맛있을까요?
5. 요리 활동 후 슈니첼을 맛있게 먹어본다.

독일의 슈니첼 만들기

① 돼지고기(쇠고기) 등심을 비닐 사이에 넣고 망치로 얇게 되도록 두드린다.
② 고기에 소금, 후추로 간을 한다.
③ 생크림을 저어 거품을 낸 후 달걀을 넣어 섞는다.
④ 얇게 만든 고기에 밀가루를 묻히고 달걀물을 입힌다.
⑤ 빵가루를 묻혀 기름에 튀겨낸다.

| 활동의 유의점 |

- 슈니첼과 비슷한 다른 나라의 음식 종류에 대해서 알아본다.
- 기름에 튀길 때 기름이 튀지 않도록 주의한다.

| 확장 활동 |

- 만든 슈니첼로 레스토랑 놀이를 해본다.
- 여러 나라 음식을 신문이나 잡지에서 찾아 상차리기 놀이를 해본다.

※ 독일 음식의 특징

독일 요리의 특징은 라드(lard: 돼지 지방을 정제한 반고체의 기름)를 쓰는 방법에 있다. 겨울철에는 야채류가 결핍되어 마른 콩이나 양배추 · 오이, 육류 등을 소금 절임하여 보존하였고 고기를 보관이 가능한 햄 · 소시지 등으로 가공하는 기술이 발달되었다. 독일인들은 중국인들처럼 쇠고기보다 돼지고기를 선호한다. 주식은 돼지고기와 감자이다. 독일에서 소시지와 햄이 발달한 것은 자연환경의 영향이 컸다. 사계절이 있고 특히 겨울이 긴 독일은 겨울보존식량으로 돼지를 택했다.

한국의 음식문화

나라	음식의 특징

한국

• 한국 음식의 특징
- 시절식의 풍습이 있으며 시간과 정성이 많이 든다.
- 곡물음식이 다양하고, 주식과 부식이 뚜렷하게 구분되어 있다.
- 된장, 고추장, 김치 등 발효음식이 있다.

떡국

• 명절음식
- 정월초하루에는 떡국, 떡만두국, 떡볶음, 떡찜, 떡산적, 떡잡채 등이 있다.
- 정월대보름에는 오곡밥, 묵은 나물, 부럼, 귀밝이술, 약밥, 원소병, 복쌈 등이 있다.
- 팔월한가위에는 송편, 토란탕, 갈비찜, 잡채, 산적, 신도주 등이 있다.

비빔밥

• 음식의 종류
- 주식에는 밥, 죽, 국수 등이 있다.
- 찬품에는 국, 찌개, 전골, 볶음, 찜, 선, 생채, 나물, 조림, 초, 전유어, 구이, 적, 회, 쌈, 편육, 족편, 튀각, 부각, 포, 장아찌, 김치, 젓갈 등이 있다.
- 후식은 떡, 과자, 생과의 병과류와 차, 음료 등의 음청류가 있다.

아시아의 음식문화

나라	음식의 특징

중국

• 중국 음식의 특징
- 음식에 사용되는 재료가 광범위하고, 맛이 풍부하고 다양하다.
- 기름을 사용한 요리가 많이 있다.
- 조미료와 향신료를 많이 사용하고, 외향이 화려하다.

일본

• 일본 음식의 특징
- 모든 요리가 쌀밥과 일본 술에 조화되도록 만들어졌다.
- 재료의 본 맛을 살려서 조리한다.
- 생선회(사시미)가 발달해 있고 외형의 아름다움을 존중한다.

베트남

• 베트남 음식의 특징
- 아시아와 프랑스식 요리법이 어우러져 있으며, 젓가락을 사용한다.
- 기름을 거의 쓰지 않는 건강식이며 다이어트식으로도 유명하다.
- 해산물 요리가 다양하다.

아메리카의 음식문화

나라	음식의 특징
 미국	**• 미국 음식의 특징** - 패스트푸드(햄버거, 치킨, 샌드위치, 도넛, 커피 등)를 좋아하고 즐겨 먹는다. - 주로 육류를 많이 먹으며 사이드 메뉴로 샐러드나 감자를 함께 먹는다. - 간편하게 시리얼과 빵류를 많이 먹는다.
 멕시코	**• 멕시코 음식의 특징** - 지역마다 뚜렷한 다른 음식이 있고, 축제, 계절에 따른 음식 메뉴가 있다. - 음식이 화려하지 않지만 과장되지 않은 자연스러운 미가 특징이다.
 브라질	**• 브라질 음식의 특징** - 브라질 음식은 흑인, 노예들로부터 유래된 것이 많다. - 음식을 할 때 올리브유를 사용하고 대체적으로 짠 편인데 그 이유는 땀으로 빠져나간 염분의 보충과 식물성 지방의 섭취를 위해서이다.

유럽의 음식문화

나라	음식의 특징
 독일	**• 독일 음식의 특징** - 돼지고기 소시지를 많이 먹는다. - 물 대신 맥주를 많이 마시며 음식은 시고, 짜고, 달다. - 소시지와 맥주는 독일 음식을 대표하는 것으로 세계적으로도 유명하다.
 프랑스	**• 프랑스 음식의 특징** - 포도주와 치즈, 빵, 육류가공품 등이 발달하여 식재료가 다양하다. - 아침은 간단히 먹으며 저녁에 많은 비중을 둔다. - 식사할 때 느긋하게 맛을 음미하며 먹는다.
 이탈리아	**• 이탈리아 음식의 특징** - 남부지역은 올리브유를 사용한 요리와 파스타 요리를 많이 먹는다. - 북부지역은 버터와 쌀로 만든 음식을 많이 먹는다. - 모든 지역에서 와인을 즐겨 마신다.

CHAPTER 10

전통놀이와 다문화교육

전통놀이는 민족의 문화를 바탕으로 한 놀이로서 민족 정체성 확립에 도움이 되고, 더불어 살아가는 다문화사회에 새로운 놀이 체험으로 서로 다른 문화를 이해할 수 있는 교육으로 유용하게 사용할 수 있다.

1. 전통놀이의 교육적 가치

전통놀이란 옛날부터 일반적으로 행해지면서 민간에 의해 전승되어 오는 여러 가지 놀이이다. 전통놀이를 보존하고 이어가는 것은 조상의 얼과 지혜를 배우고 그 사회집단의 독특한 문화를 계승, 발전시키기 위해 매우 중요하다. 전통놀이는 오락성을 띤 놀이의 형태를 빌려 전통사회가 기르고자 했던 신념과 가치를 담고 있는 하나의 문화 프로그램으로, 삶에 대한 민족의 전통적인 가치를 공유할 수 있다는 점에서 문화적으로나 교육적으로 의미를 지닌다(김영미, 2007). 전통놀이의 교육적 가치를 살펴보면 다음과 같다.

첫째, 우리나라 전통문화에 관심을 가지고 친숙해지도록 도우며, 우리 민족문화에 대한 자긍심을 형성하도록 한다. 또한 전통놀이는 민족 고유의 삶과 문화적 가치를 경험하고 전통문화를 소중히 여기는 경험을 갖게 한다. 이는 매우 중요한 가치이며, 다른 어떤 교육적 가치보다 중요하며 우선시되어야 한다.

둘째, 전통놀이는 주로 유아의 신체를 활발하게 움직이면서 이루어지는 놀이이다. 전신을 움직이며 즐겁게 놀이함으로써, 기초체력을 기르고 대·소근육 운동능력, 눈과 손의 협응력, 균형감각, 리듬감 등 운동능력과 신체적 건강이 증진된다.

셋째, 전통놀이는 예로부터 전승되어 오는 것으로 세대간 연결을 가능하게 한다. 사방치기, 윷놀이 등 다양한 전통놀이를 가족 구성원과 함께 하는 경험을 통해 가정의 협력과 화합이 도모된다.

넷째, 대부분의 전통놀이는 두 명 이상의 유아가 함께 참여하는 규칙 있는 게임의 형식으로 진행된다. 따라서 유아는 집단놀이 경험을 통해 집단구성원으로서의 정체감을 획득하며, 친구들과 협동하고 자신의 감정을 조절하고 규칙을 지키는 등의 사회성과 공동체 의식을 갖는다.

다섯째, 전통놀이에는 놀이의 흥을 돋우기 위한 전래동요가 수반되는 경우가 많다. 리듬과 가락이 반복적이어서 쉽고 즐겁게 따라 부를 수 있으므로 이를 통해 다양한 어휘 습득과 언어표현력이 발달한다.

여섯째, 전통놀이는 수, 공간, 시간, 거리, 높이, 분류, 서열화 개념에 관련된 다양한 경험을 제공할 수 있어 인지적 개념 형성과 사고력 발달을 촉진한다.

2. 전통놀이의 지도방법

전통놀이는 예로부터 전승되어 오는 여러 가지 놀이를 말하며 나라마다 민족의 정신적 가치관, 물리적·지리적 조건들이 포함되어 이루어진 민속놀이이다.

전통놀이는 전통문화의 의미뿐만 아니라 교육 활동으로서도 매우 가치가 높다. 또한 민족의 전통문화를 자랑스럽게 여기고 사랑하며 관심을 가질 수 있도록 교육과정에 놀이로서 활용되어야 한다. 이는 우리 문화에 대한 가치관을 정립하고 전통문화의 전승과 세계화를 향한 정체성을 확립한다는 측면에서 매우 필요한 과업이라 할 수 있다. 전통놀이의 지도 방법을 정리하면 다음과 같다(이순례, 김정준, 조윤미, 1999).

첫째, 전통놀이 방법이나 규칙, 놀이 도구를 유아의 연령이나 발달 수준, 흥미에 적합하도록 개선하여 활용한다. 또한 유아가 흥미를 가지고 활발하게 전통놀이에 참여하도록 현대의 생활 문화에 맞게 전통놀이를 계승 · 발전시켜야 한다. 놀이 규칙은 영유아와 의논하여 다양하게 변형시킴으로써 놀이 흥미도와 참여도를 높이도록 한다.

둘째, 전통놀이를 특정 생활주제나 행사에만 집중해서 실시하기보다는 모든 생활주제와 관련해서 지속적으로 경험할 수 있도록 배려한다. 우리나라 유치원과 어린이집에서는 전통놀이를 명절 등에만 실시하는 비율이 높았으며 특별 활동시간에 많이 실시하는 것으로 밝혀졌다(김순자, 김희태, 2010). 전통놀이가 교육 활동으로서 가치가 높은 만큼 유아가 전통놀이에 관심과 친밀감을 가지고 적극적으로 참여할 수 있도록 지속적으로 실시하도록 한다.

셋째, 전통놀이를 역할놀이, 수 · 과학놀이, 신체놀이, 모래놀이 등 다양한 영역의 놀이와 통합하여 이루어지도록 한다. 전통놀이를 여러 놀이와 통합하여 실시함으로써 놀이가 확장될 뿐 아니라 전통놀이에 대한 이해를 넓히고 친숙해져 유아들이 전통문화에 대한 자긍심을 가질 수 있도록 한다.

넷째, 전통놀이의 활성화를 위해 가정과 연계하여 지도한다. 유아가 일상생활에서 자연스럽게 전통놀이를 하도록 지도하기 위해서는 가정에서도 전통놀이를 할 수 있어야 한다. 부모에게 전통놀이의 가치를 인식시키고 가족이 함께 즐길 수 있는 다양한 전통놀이를 소개해 주어야 한다.

3. 전통놀이의 환경 구성 및 놀잇감

전통놀이는 매우 자연친화적인 것이다. 전통놀이는 고대로부터 일반적으로 행해지면서 민간에 의하여 전승되어 오는 여러 가지 놀이로서 전통성, 역사성, 고유성, 지속성을 지니는 놀이를 말한다(이은화, 1989). 자신이 속한 사회 · 문화적인 환경의 영향을 받는 유아들에게 현재 그들의 삶과 조화를 이룬 형태의 전통놀이를 경험할 수 있는 기회를 제공하고 이를 통해 민족의 전통적인 가치와 태도를 오늘의 삶 속에서 이어가도록 하는 것은 문화적뿐만 아니라 교육적으로도 매우 큰 의의가 있다(김경아, 2002). 전통놀이는 부모들이 어릴 적 주로 놀았던 놀이를 경험하고 놀이 고유문화에 대한 이해를 넓힐 수 있다. 전통놀이 환경을 살펴보면 다음과 같다.

첫째, 전통놀이 영역을 실외에 고정적으로 배치해서 유아가 원할 때 언제나 전통놀이를 할 수 있게 하거나 신체놀이 영역, 개방된 공간 등 다양한 공간에서 전통놀이를 할 수 있게 지원한다.

둘째, 대부분의 전통놀이가 집단놀이나 게임의 형식으로 이루어지므로 여러 유아가 마음껏 놀이할 수 있는 넓은 공간을 제공한다.

셋째, 전통놀이에서 사용되는 도구나 놀잇감이 유아의 발달수준에 적합하도록 난이도를 조절해서 제공한다.

유아교육기관에서 전통놀이 놀잇감을 구비할 때에는 다음을 참고할 수 있다.

- 여러 나라의 민속놀이 및 전통놀이 기구
- 다양한 종류의 돌멩이, 흙, 식물 등 놀이 소품
- 세계 여러 나라의 전통놀이 사진 및 동영상
- 세계 여러 나라의 전통놀이 의상 및 놀이백과
- 세계 여러 나라의 다양한 전통놀잇감
- 여러 나라의 명절 풍습, 문화

- 특별한 날에 하는 놀이 종류
- 세계의 주요 놀이 사진
- 세계 여러 나라의 나무열매 및 과일
- 놀이 장소에 따른 우리나라 전통놀이 종류

4. 전통놀이의 실제

(1) 한국의 제기차기

(2) 러시아의 쿠차말라

(3) 베트남의 깐항

(4) 독일의 케겔른(볼링)

(5) 미국의 스쿠프볼

(6) 일본의 다루마오토시

(7) 중국의 콩쥬

(8) 호주의 부메랑

(9) 태국의 던까라

(10) 인도네시아의 라리까유

활동 1. 한국의 제기차기

활동 목표
- 나라마다 전해져오는 전통놀이가 있음을 안다.
- 한국의 전통놀이 중 제기차기 방법에 대해 알고 놀이한다.

지도요소
문화, 정체성

| 활동 자료 |

그림 자료, 제기, 줄

| 활동 방법 |

1. 우리나라의 전통놀이에 대해 이야기 나눈다.
   - 전통놀이란 무엇일까요?
   - 친구들이 알고 있는 우리나라의 전통놀이는 어떤 것들이 있나요?
   - 친구들이 해본 전통놀이는 어떤 것이 있을까요?
2. 제기차기에 대해 이야기 나눈다.
   - 제기를 떨어트리지 않고 발로 많이 차는 것을 겨루는 놀이는 무엇일까요?
   - 제기를 본 적이 있나요? 제기는 어떻게 생겼나요?
   - 제기를 차 본 경험이 있나요?
   - 제기차기가 어떻게 생겨나게 되었는지 알고 있나요?

구분		놀이명
실외놀이	자연놀이	피리 만들기, 봉숭아 물들이기, 호드기 불기, 물놀이, 두꺼비 집짓기, 풀각시놀이, 반지놀이, 풀싸움, 눈싸움
	개방놀이	연날리기, 바람개비, 썰매타기, 돌차기, 땅따먹기, 제기차기
	길놀이	술래잡기놀이, 풍물놀이, 지신밟기
	모험놀이	탐험놀이, 천렵, 수박 따기, 과녁 맞추기
실내놀이		고누, 실뜨기, 쌀보리, 묵찌빠, 바둑, 장기, 칠교놀이

제기차기는 조선시대에 아동들의 놀이로 크게 유행하였다. 실제로 조선시대 재상을 지낸 이항복이 어린 시절에 씨름과 축국을 좋아했다는 기록은 이를 잘 증명한다. 제기차기가 아이들의 놀이로 발전한 사실은 19세기에 편찬된『아희원람(兒戲原覽)』에서 축국 곧 제기를 아이들의 놀이로 소개한 데에서도 잘 알 수 있다.

출처: 네이버 지식백과 제기차기(한국세시풍속사전)

3. 제기차기 방법에 대해 알아본다.
   - 제기는 어떻게 차는 걸까요?
   - 제기를 차는 다양한 방법에는 어떤 것들이 있을까요?
4. 친구들과 함께 제기를 차 본다.
   - 어떤 방법으로 제기를 차 보고 싶나요?
   - 제기차기를 해 보니 어땠나요?
   - 제기차기를 하면서 어려운 점은 없었나요?
   - 그냥 제기와 끈이 연결된 제기를 찰 때 어떤 차이가 있었나요?
5. 여러 가지 방법으로 제기를 차 본다.

| 활동의 유의점 |

- 스스로 제기차기를 어려워하는 경우 제기에 끈을 연결하여 끈을 잡고 활동할 수 있도록 한다.

| 확장 활동 |

- 동전과 비닐을 활용하여 직접 제기를 만들어 본다.
- 우리나라 제기차기와 비슷한 다른 나라의 전통놀이를 알아보고 활동한다.

활동 2. 러시아의 쿠차말라

활동 목표
- 러시아의 다양한 전통놀이에 대해 안다.
- 러시아의 전통놀이 중 쿠차말라 방법에 대해 알고 안전하게 놀이한다.

지도요소
다양성, 문화

| 활동 자료 |

세계지도, 러시아 전래 놀이 그림 카드

| 활동 방법 |

1. 러시아에 대해 이야기 나눈다.
   - 러시아는 어디에 있는 나라일까요? 세계 지도에서 러시아를 찾아볼까요?
   - 러시아는 어떤 나라일까요? 러시아는 어떤 놀이를 즐겨 할까요?
2. 러시아의 전통놀이에 대해 알아본다.
   - 러시아의 전통놀이에는 어떤 것들이 있을까요?
   - 어떤 방법으로 놀이하는 것일까요?

러시아의 전통놀이

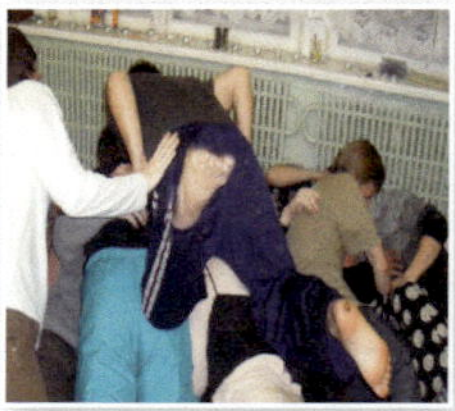

쿠차말라(Куча-мала)
어린이들이 집안에서, 혹은 야외에서 하는 놀이이다. 여러 아이들 중 한 아이가 갑자기 "куча-мала"(쿠차말라)라고 외치고 땅바닥에 엎드리면 다른 아이들이 그 아이 위로 차례로 엎드려 몸을 쌓는다. 이 중에 가장 마지막에 올라간 아이는 "дурак"(두라크)라 하여 바보 취급을 당한다.

출처: https://blog.naver.com/greathwang/140032129293

고로드키(Grodki)
우리나라의 자치기와 비슷한 러시아의 전통놀이이다. 놀이에 사용되는 막대들은 규격화되어 있으며 놀이 방식이 쉬워, 나이나 체격에 상관없이 누구나 즐길 수 있다. 1미터의 큰 막대기와 8인치 크기의 작은 원통 막대 5개 세트로 이루어져 있으며, 작은 막대 5개를 여러 모양으로 세우고 큰 막대를 던져 막대를 제거하는 놀이이다.

라프타(Lapta)
지름 5cm, 길이 1.2m 정도의 방망이와 테니스공 크기의 공으로 노는 러시아의 전통놀이이다. 큰 경기장의 바깥쪽에는 공격 팀이, 안쪽에는 수비 팀이 들어간다. 수비팀이 공격팀 선수 아무에게나 공을 던지면 공격팀 선수가 날아오는 공을 방망이로 쳐서 선 안으로 넣는 놀이이다.

출처: http://www.edujin.co.kr/news/articleView.html?idxno=17416

3. 러시아의 전통 놀이 중 쿠차말라에 대해 이야기 나눈다.
    - 쿠차말라 놀이를 해 본 경험이 있나요?
    - 쿠차말라 놀이를 할 때 술래는 어떻게 정하면 좋을까요?
    - 쿠차말라 놀이를 안전하게 하기 위한 방법에는 무엇이 있을까요?
4. 쿠차말라 놀이 방법과 규칙에 대해서 이야기 나눈다.
    - 쿠차말라 놀이 방법 및 규칙에 대해 잘 알고 있나요?
    - 어떻게 하는 놀이인가요?
    - 규칙을 지켜 쿠차말라 놀이를 해 볼까요?
5. 친구와 함께 쿠차말라 놀이를 한 후 느낀 점에 대해서 이야기 나눈다.

| 활동의 유의점 |

- 안전하게 활동할 수 있도록 소수의 인원으로 놀이할 수 있도록 한다.
- 역할을 서로 바꿔가며 놀이할 수 있도록 한다.

| 확장 활동 |

- 러시아의 다양한 전통놀이를 해본다.
- 러시아의 전통인형 마트로시카를 만들어 본다.

활동 3. 베트남의 깐항

활동 목표	지도요소
• 베트남의 다양한 전통놀이에 대해 안다. • 베트남의 전통놀이 중 깐항에 대해 알고 즐겁게 놀이한다.	다양성, 문화

| 활동 자료 |

그림 자료, 깐항, 공, 반환점

| 활동 방법 |

1. 베트남에 대해 이야기 나눈다.
   • 베트남이라는 나라에 대해 알고 있나요?
   • 베트남은 어떤 나라일까요?
   • 베트남의 날씨는 어떨까요?
   • 베트남은 어떤 놀이를 즐겨 할까요?
2. 베트남의 전통놀이에 대해 알아본다.
   • 베트남의 전통놀이에는 어떤 것들이 있을까요?
   • 어떤 방법으로 놀이할까요?

베트남의 전통놀이

깐항(Gánh hàng)
'깐'이란 '메다'라는 뜻을 가지고 있고 '항'이란 '상점'을 뜻한다. 베트남의 토속적이고 대표적인 거리의 행상 모습이다. 깐항에 물건을 넣어 나르며 놀이 할 수 있다.

출처: 깐항(Gánh hàng)|작성자 발로투어

게우 거(keo co)
한국의 줄다리기와 흡사하다. 특이한 것은 미혼 남녀들이 주로 하는데 한쪽에는 남성들이 다른 한쪽에는 여성들이 편을 나눠 게임을 한다.

출처: 네이버 까페 청년서포터즈

냐이샵(nhay sap)-대나무 춤추기
한국의 고무줄 놀이와 비슷한 놀이이다. 대나무를 중심으로 흥겨운 리듬에 맞춰 독특한 율동을 곁들여 즐기는 놀이이다.

출처: 네이버 까페 청년서포터즈

3. 깐항에 대해 알아본다.
    - (그림 자료를 보여주며) 이것은 무엇일까요? 깐항을 어떤 용도로 사용할까요?
    - 어느 나라 사람들이 주로 사용하는 물건일까요?
4. 깐항 놀이의 규칙과 활동방법에 대해 알아본다.
    - 깐항은 어떻게 하는 놀이인가요?
    - 안전하게 놀이하기 위해서 지켜야 할 일은 무엇일까요?
    - 깐항 한 쪽에 물건이 많으면 어떻게 될까요?
    - 균형을 잡고 활동할 수 있나요?
    - 팀을 정한 뒤 출발 신호에 맞춰 활동해 볼까요?
5. 깐항 놀이를 한 후 느낀 점에 대해 이야기해 본다.

| 활동의 유의점 |

- 깐항으로 장난을 하지 않도록 지도한다.

| 확장 활동 |

- 깐항을 저울처럼 활용하여 물건의 무게를 비교해 본다.
- 다양한 재료를 이용해 깐항을 만들어 본다.

활동 4. 독일의 케겔른(볼링)

활동 목표
- 독일의 다양한 전통놀이에 대해 안다.
- 독일의 전통놀이 중 볼링 방법에 대해 알고, 규칙을 지켜 놀이한다.

지도요소
다양성, 문화

| 활동 자료 |

그림 자료, 볼링핀, 볼링공

| 활동 방법 |

1. 독일에 대해 이야기 나눈다.
   - 우리나라처럼 전쟁으로 인해 나라가 분단이 되었다가 통일이 된 나라가 있어요. 어느 나라인지 알고 있나요?
   - 독일이라는 나라에 대해 알고 있나요?
   - 독일은 어떤 놀이를 즐겨 할까요?
2. 독일의 전통놀이에 대해 알아본다.
   - 독일의 전통놀이에는 어떤 것들이 있을까요?
   - 어떤 방법으로 놀이할까요?

독일의 전통놀이

케겔른(볼링)
볼링의 원조는 케겔이라는 종교적 의식에서 시작 되었다고 한다. 여기에서 케겔은 곤봉이라는 뜻인데 이것을 세워 두고 동그란 공을 굴려서 쓰러뜨린다. 케겔은 과거 악마의 상징이라는 의미가 있었고 이를 쓰러뜨림으로써 악을 물리친다는 의미로 받아들여졌다고 한다.

만화경
만화경 컬라이더스코프는 거울을 겹쳐 넣은 긴 통에 색종이나 색색의 알갱이를 넣어 빛을 통해 보면 시각적으로 화려하고 대칭을 이루는 기하학적인 무늬가 나오는 장난감이다.

출처: 네이버 까페 다양한 나라

인디아카
배구와 배드민턴, 탁구의 재미를 한꺼번에 느낄 수 있는 스포츠이다. 전용 공을 인디아카라고 부른다. 깃털이 붙은 공(우리나라의 제기와 유사)을 6명이 함께 하는 배구의 규칙에 따라 맨손으로 치는 경기이다.

출처: https://tailup.tistory.com/44 [Tailup]

3. 케겔른(볼링)에 대해 알아본다.
   - (볼링핀과 볼링공을 보여주며) 이것은 무엇일까요?
   - 친구들은 볼링을 해 본 적이 있나요?
   - 볼링은 어떻게 하는 놀이일까요?
   - 우리가 알고 있는 볼링은 어느 나라의 놀이일까요?
   - 독일에서는 볼링을 무엇이라고 부를까요?
4. 친구들과 편을 나눠 케겔른(볼링) 놀이를 한다.
   - 어떤 방법으로 팀을 나누면 좋을까요?
   - 볼링공을 굴려서 10개의 볼링핀을 넘겨 볼까요?
5. 케겔른(볼링) 놀이 후 활동을 평가한다.

| 활동의 유의점 |

- 볼링핀을 세우는 방법을 알려주고 유아들이 세워 볼 수 있도록 한다.

| 확장 활동 |

- 블록을 이용해 볼링장을 구성해 본다.
- 페트병을 이용해 볼링 핀을 꾸며 본다.

활동 5. 미국의 스쿠프볼

활동 목표
- 미국의 다양한 전통놀이에 대해 안다.
- 미국의 전통놀이 중 스쿠프볼 놀이 방법에 대해 안다.

지도요소
다양성, 문화

| 활동 자료 |

그림 자료, 스쿠프볼

| 활동 방법 |

1. 미국에 대해 이야기 나눈다.
   - 미국이라는 나라에 대해 알고 있나요?
   - 미국은 어떤 나라일까요?
   - 미국은 어떤 언어를 사용할까요?
   - 미국은 어떤 놀이를 즐겨 할까요?
2. 미국의 전통놀이에 대해 알아본다.
   - 미국의 전통놀이에는 어떤 것들이 있을까요?
   - 어떤 방법으로 놀이할까요?

미국의 전통놀이

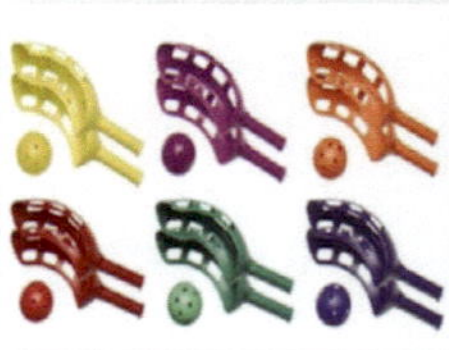

스쿠프볼
스쿱 모양의 라켓을 가지고 공을 받거나 굴리는 구기 종목의 스포츠이다. 넓은 공간이 아니더라도 충분히 할 수 있는 스포츠로 남녀노소, 연령에 상관없이 즐겁게 즐길 수 있다.

부활절 알찾기(easter egg hunt)
기독교에서 사순절 기간 동안 단것과 계란을 먹지 못했다. 부활절이 되면 그동안 모아두었던 계란을 나누어 먹었는데, 이때 계란을 숨겨 두고 아이들과 찾아 먹는 놀이를 한다.

출처: 네이버 블로그 메이폴

자이브 – 춤놀이
1927년경 뉴욕의 하렘(Harlem)이란 흑인 거주지에서 재즈(Jazz) 음악의 일종인 스윙(Swing) 리듬에 맞추어 처음으로 추어진 춤이다. 1936년경 전 미국을 휩쓸 정도로 인기가 절정에 달했다.

출처: http://blog.daum.net/huhasim/2703

3. 스쿠프볼에 대해 알아본다.
    - (스쿠프볼을 보여주며) 이것은 무엇일까요?
    - 스쿠프볼의 라켓은 어떻게 생겼나요?
    - 공은 어떤 특징을 가지고 있나요?
    - 스쿠프볼은 어떤 방법으로 놀이하면 좋을까요?
    - 스쿠프볼 놀이를 할 때 지켜야 할 약속에는 어떤 것이 있을까요?
4. 다양한 방법으로 스쿠프볼 놀이를 한다.
    - 스쿱에 공을 놓고 떨어트리지 않고 많이 튀겨 볼까요?
    - 친구가 공을 굴려주면 스쿱으로 공을 받아 볼까요?
5. 스쿠프볼 놀이 후 느낀 점에 대해서 이야기 나눈다.

| 활동의 유의점 |

- 공을 받을 때 손을 사용하지 않고 스쿱을 사용할 수 있도록 지도한다.

| 확장 활동 |

- 친구와 스쿱을 이용해 공을 떨어트리지 않고 주고받는 놀이를 한다.
- 다양한 공에 맞는 라켓을 찾아 연결한다.

활동 6. 일본의 다루마오토시

활동 목표

- 일본의 다양한 전통놀이에 대해 안다.
- 일본의 전통놀이 중 다루마오토시 놀이를 해 본다.

지도요소

다양성, 문화

| 활동 자료 |

그림 자료, 일본 다루마오토시 놀이 교구

| 활동 방법 |

1. 일본에 대해 이야기 나눈다.
   - 일본은 어떤 나라일까요?
   - 일본은 어디에 있을까요?
   - 일본 사람을 본 적이 있나요? 일본 사람들은 어떤 언어를 사용할까요?
   - 일본은 어떤 놀이를 즐겨 할까요?
2. 일본의 전통놀이에 대해 알아본다.
   - 일본의 전통놀이에는 어떤 것들이 있을까요?
   - 어떤 방법으로 놀이할까요?

일본의 전통놀이

다루마오토시

다루마오토시는 '달마'를 뜻하는 '다루마'와 '떨어뜨리다'라는 뜻의 '오토시'가 합쳐진 말이다. 일본의 전통 놀이로서 나무로 만든 조각을 나무망치를 이용하여 아래부터 차례로 빼내는 놀이이다. 나무 조각이 넘어지면 안 되기 때문에 적당한 힘과 균형 감각이 필요하다.

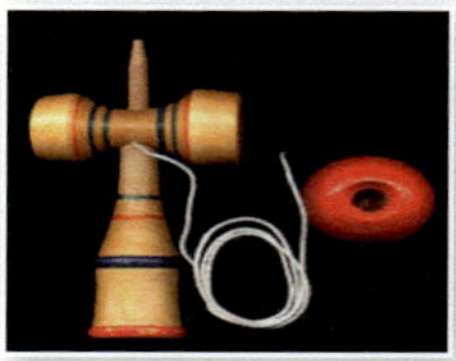

켄다마

본체와 공이 줄로 이어져 있는 장난감을 요요처럼 당겨서 양 옆 받침대 혹은 위쪽 뾰족한 곳에 끼워 넣는 일본의 전통놀이이다.

출처: https://ko.wikipedia.org/wiki/%EC%BC%84%EB%8B%A4%EB%A7%88

하고이타

우리나라의 제기와 비슷한 놀이 기구로 하고[羽子](날개가 있는 공)를 납작한 나무채로 치면서 친구와 주고받는 일본의 전통놀이이다.

출처: http://www.g9.co.kr/Display/VIP/Index/1471054456

3. 다루마오토시에 대해 알아본다.
   - (다루마오토시를 보여주며) 이것은 무엇일까요?
   - 어떤 그림이 그려져 있나요?
   - 이렇게 생긴 그림을 본 적이 있나요?
   - 다루마오토시는 어떤 방법으로 놀이할까요?
   - 다루마오토시 놀이를 할 때 지켜야 할 약속에는 어떤 것이 있을까요?
4. 다루마오토시 놀이를 한다.
   - 나무 조각들이 쓰러지지 않으려면 어떻게 해야 할까요?
   - 나무 조각들을 바르게 세운 뒤 나무망치를 이용해 아래에서부터 빼내 볼까요?
5. 다루마오토시 놀이를 한 후 느낀 점에 대해서 이야기해 본다.

| 활동의 유의점 |

- 나무 망치를 이용해 아래에서부터 나무 조각을 빼낼 수 있도록 한다.

| 확장 활동 |

- 자신의 나이만큼 나무 조각을 빼내 본다.
- 친구와 협동하여 다루마오토시 나무 조각을 높게 쌓아 본다.

활동 7. 중국의 콩쥬

활동 목표
- 중국의 다양한 전통놀이에 대해 안다.
- 중국의 전통놀이 중 콩쥬 놀이를 해 본다.

지도요소
다양성, 문화

| 활동 자료 |

그림 자료, 콩쥬

| 활동 방법 |

1. 중국에 대해 이야기 나눈다.
   - 중국은 어떤 나라일까요?
   - 중국 사람을 본 적이 있나요? 중국 사람들은 어떤 언어를 사용할까요?
   - 중국은 어떤 놀이를 즐겨 할까요?
2. 중국의 전통놀이에 대해 알아본다.
   - 중국의 전통놀이에는 어떤 것들이 있을까요?
   - 어떤 방법으로 놀이할까요?

중국의 전통놀이

콩쥬
콩쥬는 속이 빈 대나무(공죽)로 만들었다고 해서 붙여진 이름이다. 양쪽에 손잡이가 달린 줄을 장구를 닮은 대나무 콩쥬 가운데 몸통 부분에 여러 번 돌려 감아 어깨를 들썩이며 공중에서 돌리는 놀이이다. 몸을 많이 사용하지 않아 남녀노소 누구나 즐길 수 있다.

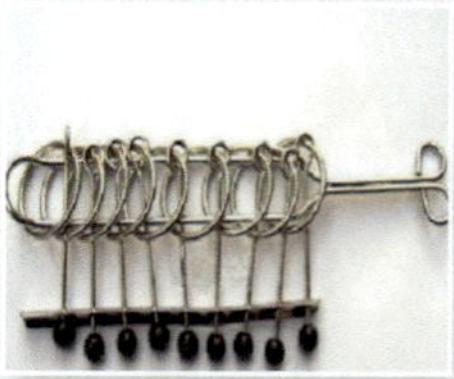

구련환
산시성의 민간 놀이 중 하나로 아홉 개의 고리를 푸는 놀이이다. 퍼즐과 마술을 합친 것 같아 두뇌를 많이 사용해야 하는 놀이이다.

화용도
구련환 같이 머리를 써서 풀어야 하는 난이도가 있는 놀이이다. 중국 사람들이 가장 존경하는 역사 속 인물인 관우를 주위에 있는 블록을 움직여 탈출시키는 놀이이다.

출처: https://blog.naver.com/jin_babo/220845280294

3. 콩쥬 놀이에 대해 알아본다.
    - (콩쥬를 보여주며) 이것은 무엇일까요?
    - 콩쥬는 무엇으로 만들었을까요?
    - 어떤 모양인가요?
4. 콩쥬 놀이 방법에 대해서 이야기 나눈다.
    - 콩쥬로 어떤 놀이를 할 수 있나요?
    - 콩쥬 놀이를 할 때 지켜야 할 약속에는 어떤 것이 있을까요?
    - 콩쥬에 실을 감은 뒤 요요처럼 돌려 볼까요?
    - 비어 있는 콩쥬에서 어떤 소리가 나나요?
5. 콩쥬놀이를 한 후 느낀 점에 대해서 이야기 나눈다.

| 활동의 유의점 |

- 친구와 거리를 유지하여 부딪치지 않고 놀이할 수 있도록 한다.

| 확장 활동 |

- 중국의 다양한 전통놀이를 체험해 본다.
- 요요를 돌려보고 콩쥬 놀이와 비교해 본다.

활동 8. 호주의 부메랑

활동 목표
- 호주의 다양한 전통놀이에 대해 안다.
- 부메랑의 원리에 대해 알고, 부메랑을 이용해 놀이한다.

지도요소
다양성, 문화

| 활동 자료 |

그림 자료, 부메랑

| 활동 방법 |

1. 호주에 대해 이야기 나눈다.
   - 호주라는 나라에 대해 알고 있나요?
   - 호주는 어떤 나라일까요? 호주 사람들은 어떤 언어를 사용할까요?
   - 호주는 어떤 놀이를 즐겨 할까요?
2. 호주의 전통놀이에 대해 알아본다.
   - 호주의 전통놀이에는 어떤 것들이 있을까요?
   - 어떤 방법으로 놀이할까요?

호주의 전통놀이

부메랑

호주 원주민들이 새나 작은 짐승의 사냥, 전투, 놀이 등에 사용하던 도구이다. 부메랑은 고대 이집트와 인도, 아프리카, 아메리카 인디언들도 사냥을 위해 사용되었다. 나무로 만든 부메랑의 단면은 밑이 편평하고 위쪽은 불룩한 반원형이다. 벌어진 쪽을 앞으로 해서 한쪽 끝을 잡아 손목을 비틀면서 던지면 똑바로 날아가다가 옆으로 회전하여 원을 그리고 되돌아온다.

출처: Australia Boomerang , 호주 부메랑 , |작성자 remind

활쏘기

우리나라의 양궁과 비슷한 놀이로 화살로 과녁을 쏜다. 1년에 한 번 전통 복장을 입고 장 화살로 과녁을 맞추는데 과녁 정중앙을 맞추지 않고 과녁 옆 사이드 하얀 곳을 맞추는 게 우리나라 양궁과의 다른 점이다.

출처: https://m.blog.naver.com/

3. 부메랑에 대해서 이야기 나눈다.
   - (부메랑을 보여주며) 이것은 무엇일까요? 부메랑을 본 적이 있나요?
   - 어떤 모양인가요?
   - 부메랑은 무엇으로 만들었을까요?
4. 부메랑 놀이방법에 대해서 이야기 나눈다.
   - 부메랑으로 놀이해 본 경험이 있나요?
   - 부메랑 놀이를 할 때 지켜야 할 약속에는 어떤 것이 있을까요?
   - 어떤 장소에서 부메랑을 던지면 좋을까요?
   - 어떻게 던지면 멀리까지 날아갈까요?
5. 부메랑 놀이를 해본 후 느낀 점에 대해서 이야기 나눈다.

| 활동의 유의점 |

- 부메랑을 던질 때 충분한 공간을 확보하여 안전에 유의한다.

| 확장 활동 |

- 두꺼운 종이를 이용해 부메랑을 만들고, 그림을 그려 꾸민다.
- 호주에 있는 오페라 하우스에 대해 알아보고, 오페라를 감상한다.

활동 9. 태국의 던까라

활동 목표
- 태국의 다양한 전통놀이에 대해 안다.
- 태국의 전통놀이 중 던까라 방법에 대해 알고, 친구와 함께 놀이해 본다.

지도요소
다양성, 문화

| 활동 자료 |

그림 자료, 던까라(야자수코코넛 샌들), 반환점

| 활동 방법 |

1. 태국에 대해 이야기 나눈다.
   - 태국이라는 나라에 대해 알고 있나요?
   - 태국은 어떤 나라일까요? 태국 사람들은 어떤 언어를 사용할까요?
   - 태국은 어떤 놀이를 즐겨 할까요?
2. 태국의 전통놀이에 대해 알아본다.
   - 태국의 전통놀이에는 어떤 것들이 있을까요?
   - 어떤 방법으로 놀이할까요?

태국의 전통놀이

던까라(코코넛 밟고 걷기)
코코넛 야자수 나무 열매를 반으로 잘라 끈을 연결하여 만든 던까라에 발가락을 끼워 걷는 놀이이다. 목적지에 먼저 도착하는 사람이 우승한다.

말타기(Khee ma karn kluay)
바나나 잎 또는 대나무 잎을 이용하여 말을 타듯이 움직이는 태국의 전통놀이이다. 넓은 공간에서 자유롭게 뛰면서 놀이한다.

출처: https://blog.naver.com/jjy2037/220247807678

눈 가리고 항아리 때리기(To Strike the pot blindfolded)
항아리의 위치를 확인하고, 천이나 안대로 눈을 가린 뒤 나무 막대로 항아리를 때리는 태국의 전통놀이이다. 태국뿐만 아니라 베트남, 스리랑카 등 동남아시아에서도 이 놀이를 즐긴다.

3. 던까라에 대해서 이야기 나눈다.
   - (던까라를 보여주며) 이것은 무엇일까요?
   - 던까라를 본 적이 있나요?
   - 어떻게 생겼나요?
   - 던까라는 무엇으로 만들었을까요?
4. 던까라 놀이방법에 대해서 이야기 나눈다.
   - 던까라으로 놀이해 본 경험이 있나요?
   - 던까라 놀이를 할 때 지켜야 할 약속에는 어떤 것이 있을까요?
   - 어떤 장소에서 부메랑을 던지면 좋을까요?
5. 던까라 놀이를 해본 후 느낀 점에 대해서 이야기 나눈다.

| 활동의 유의점 |

- 빠르게 달리기보다는 안전하게 활동할 수 있도록 지도한다.

| 확장 활동 |

- 코코넛 신발을 신고 장애물을 피해 걸어본다.
- 태국의 축제 송크란에 대해 알아보고, 물총놀이를 한다.

활동 10. 인도네시아 라리까유

활동 목표
- 인도네시아의 다양한 전통놀이에 대해 안다.
- 친구와 함께 인도네시아 전통놀이인 라리까유 놀이를 한다.

지도요소
문화, 협력

| 활동 자료 |

그림 자료, 라리까유, 반환점

| 활동 방법 |

1. 인도네시아에 대해 이야기 나눈다.
   - 인도네시아라는 나라에 대해 알고 있나요? 인도네시아는 어떤 나라일까요?
   - 인도네시아 사람들은 어떤 언어를 사용할까요?
   - 인도네시아는 어떤 놀이를 즐겨 할까요?
2. 인도네시아의 전통놀이에 대해 알아본다.
   - 인도네시아의 전통놀이에는 어떤 것들이 있을까요?
   - 어떤 방법으로 놀이할까요?

인도네시아의 전통놀이

라리까유

"Kayu"는 인도네시아 말로 "목재, 나무"를 의미한다. 라리까유는 긴 나무판에 발걸이를 만들어 두 사람 혹은 세 사람이 오른발과 왼발의 호흡을 맞추며 걷는다. 이 놀이는 협동심과 친구와의 호흡을 강조하는 인도네시아 전통놀이이다.

출처: https://blog.naver.com/fingership/221669578642

가싱(Gasing)

대나무로 제작된 전통팽이다. 속이 빈 나무통을 이용하여 측면에 길쭉하게 구멍을 뚫는다. 이 구멍으로 인해 팽이를 돌렸을 때 바람소리가 '윙윙' 하고 나며, 구멍의 크기에 따라 소리가 바뀐다. 구멍이 뚫린 나무막대에 끈을 끼워서 팽이축에 감아준 뒤 나무막대를 팽이에 대고 끈을 강하게 당기면 팽이가 돌아간다.

출처: https://blog.naver.com/dyhnara/221399667082

발랍까룽(Balap karung)

포대자루 안에 들어가 캥거루처럼 폴짝폴짝 뛰며 달리는 인도네시아 전통놀이이다.

출처: https://blog.naver.com/krnoh/100178543294

3. 라리까유에 대해서 이야기 나눈다.
   - (라리까유를 보여주며) 이것은 무엇일까요?
   - 어떻게 생겼나요?
   - 라리까유는 무엇으로 만들었을까요?
4. 라리까유 놀이 방법에 대해서 알아본다.
   - 라리까유의 놀이 방법에 대해 알고 있나요?
   - 몇 명이서 하는 놀이인가요?
   - 라리까유 놀이를 할 때 지켜야 할 약속은 어떤 것이 있을까요?
   - 팀을 정한 뒤 라리까유를 신고 협동하여 반환점을 돌아와 볼까요?
5. 라리까유 놀이 후 느낀 점에 대해서 이야기 나눈다.

| 활동의 유의점 |

- 활동 방법에 대해 알고, 친구와 협력하여 안전하게 놀이할 수 있도록 한다.

| 확장 활동 |

- 좌 · 우, 뒤로 걷기 등 다양한 방법으로 라리까유 놀이를 한다.
- 두 명의 친구가 짝을 이뤄 무릎을 묶고 2인 3각 달리기를 한다.

세계의 놀이

아프리카

- 겨루기 놀이: 나뭇잎 통과시키기, 점프-점프, 행운의 막대기, 카누경기, 보아 뱀 놀이, 배달부, 어리석은 하마
- 세계의 뜀뛰기 놀이: 바다뱀 조심해, 주머니 속 콩, 통 뛰어넘기, 전통대나무 춤
- 말판놀이: 만칼라, 와리, 아웰레
- 동물 경주: 쥐를 잡아라!, 사자와 영양

아메리카

- 겨루기 놀이: 펭귄 달리기, 막대기 치기, 야생마 사냥, 공치기, 명사수, 뜀뛰기 경주, 페테카 치기, 작은 공과 구멍 술래잡기
- 세계 속 다양한 릴레이 경주: 암포라 옮기기, 바다 고래 경주, 빈 접시 채우기
- 뛰어오르기 놀이: 양말 차기, 시간 부르기, 시계의 시간 뛰어넘기
- 공 릴레이: 다리에서 다리로, 공중의 공

아시아

- 겨루기 놀이: 말 경주, 코코넛 열매 신발 신고 걷기, 돌치기, 둥근 딱지치기, 기왓장 맞히기, 캐슈나무 열매 맞히기, 팽이치기, 공기놀이, 투호놀이, 오목
- 세계의 다양한 땅따먹기 놀이
- 숨 참기 놀이: 숨 참는 술래잡기, 숨 참는 공격과 방어, 신부 놀이

유럽

- 겨루기 놀이: 루쫄라 팽이 던지기, 말과 기수, 그림자 사냥, 병뚜껑 경주, 올가미 던지기, 동전 던지기, 흉내 음악회, 깃발 훔치기, 손뼉 치기, 립빠 놀이
- 세계 속 숨바꼭질 놀이: 잠자는 할머니, 흰 낙타, 거꾸로 숨바꼭질, 숨바꼭질
- 왕, 여왕 놀이: 여왕 놀이, 산에 사는 오리, 도둑 잡기
- 잡기 놀이: 경찰과 도둑, 검은 사람들, 움직이지 않는 장난감

• 오세아니아

- 겨루기 놀이: 돌아라, 돌아라!, 꼬마요정의 영혼, 그물 속 작은 물고기, 늑대야, 지금 몇 시야?
- 세계 속 장님 놀이: 종소리를 들어 봐요, 북소리, 사자와 임팔라, 눈먼 파리
- 협동 놀이: 타케탁, 창작 놀이

출처: 전국재(2014). 세계의 어린이 놀이.

참고문헌

강유미, 신혜종 (2010). 결혼 이주 여성의 성공적 적응 과정에 관한 연구. **상담학 연구, 11**(4), 1393-1410.

강지현, 여태철, 김재철, 김지현, 임진영 (2013). 다문화가정 아동과 일반가정 아동의 사회성 비교: 역량과 문제행동을 중심으로 한 잠재평균분석. **교육문화연구, 9**(2), 31-62.

건강가정시민연대 (2006). **결혼이주 여성의 삶.** http://www. koreafamily.net

고여훈 (2013). **하늘반 유아들의 거친 신체놀이 특징과 교사의 상호작용.** 이화여자대학교 대학원 박사학위논문.

교육부(2000). **유치원 교육활동 지도 자료 1(총론편).** 교육부.

교육인적자원부 (2007). **'2007년 다문화가정 자녀 교육지원 계획 발표'.** 보도자료(2007. 6.5).

교육인적자원부 (2010). **유치원 교유활동지도 자료.** 서울: 교육인적자원부.

교육인적자원부 (2019). **2019 개정 누리과정 해설서.** 서울: 교육인적자원부.

구정화, 박윤경, 설규주 (2010). **다문화교육의 이해와 실천.** 서울: 동문사.

구효진, 최진선 (2007). 농어촌 다문화가정 유아의 인지적 특성에 관한 연구. **열린유아교육연구, 2**(6), 9.

권민석, 신재한 (2009). 가족 내 사회적 자본이 학생의 창의적 성향에 미치는 영향. **아동교육, 18**(2), 49-64.

권숙인 (1998). 소비사회와 세계 체제 확산 속에서의 한국문화론. **비교문화연구, 제4호.**

권영빈(역) (1991). **호모 루텐스.** 서울: 홍성사.

권회연, 이미숙, 전병운 (2010). 다문화가정 아동의 언어발달에 관한 연구 문헌 분석. **지체, 중복, 건강장애연구, 53**(4), 283-306.

김갑성 (2006). **한국 내 다문화가정의 자녀교육 실태조사연구.** 서울교육대학교 석사학위논문.

김경아 (2002). **전통놀이에 나타난 유아의 물리적 논리-수학적 지식 활동분석.** 영남대학교 대학원 박사학위논문.

김곽웅, 유미숙, 유재령 (2004). **놀이 치료학.** 서울: 학지사.

김나영, 김성원, 김정희, 석은조, 이순복 (2008). **놀이지도.** 경기: 양서원.

김미숙, 김유경, 김안나, 김효진, 성수미 (2011). **다문화가족 아동의 사회적응실태 및 아동 복지서비스 지원방안 연구.** 서울: 한국보건사회연구원.

김범수 (2009). **다문화사회 이해 및 개론.** 다문화 전문 상담원 양성과정 자료집. 평택 대학교 다문화 가족센터.

김수영 (2007). **놀이지도.** 경기: 양서원.

김수옥 (2011). **기본 운동능력을 고려한 신체 활동이 만 4세 유아의 기초체력에 미치는 영향.** 이화여자 대학교 교육대학원 석사학위논문.

김수영, 김수임, 정정희 (2013). **놀이지도.** 경기: 양서원.

김순자, 김희태 (2010). 전통놀이 교육에 대한 유아교사의 인식에 관한 연구. **한국 유아 교육 · 보육 행정연구, 14**(4), 377-400.

김영미 (2007). **한국 아동 전통놀이의 재조명을 통한 현대놀이의 비판적 고찰.** 아주대학교 교육대학원 석사학위논문.

김영옥 (2002). 유아 다문화교육 프로그램 모델 개발연구. **유아교육학논집, 6**(2), 121-144.

김영옥 (2007). 다문화사회의 유아교육과정 방향 탐색. **미래유아교육학회지, 14**(3), 44-67.

김영희 (2015). **다문화가정 영유아 발달지원 경험에 관한 질적 사례연구.** 동신대학교 대학원 박사학위논문.

김영희, 고태순 (2006). **영아발달 놀이 프로그램.** 서울: 학지사.

김옥련 (1983). **어린이의 이해와 지도.** 서울: 학문사

김은정, 정지영, 정세미 (2017). 다문화가정 초등학교 저학년 자녀의 학교생활 적응지원을 위한 부모역량강화 프로그램 개발 및 효과성 연구. **가족과 문화, 29**(1), 1-36.

김이선, 김민정, 한건수 (2006). **여성결혼 이민자의 문화적 갈등 경험과 소통증진을 위한 정책과제.** 한국여성개발원.

김정원, 류성희 (2003). **외국인 근로자 자녀교육복지 실태 분석 연구.** 한국교육개발원.

김지현, 정지나, 조윤주, 한준아 (2014). **부모교육.** 경기: 양서원.

김현주 (1983). **사회극적 놀이 훈련을 통한 취학 전 아동의 창의성 증진에 관한 연구.** 연세대학교 석사학위논문.

김희태, 권영덕 (2007). 다문화가정 유아의 유아교육 기관에서의 적응과 변화과정. **미래교육학회지, 14**(4), 95-117.

김현옥, 김경호 (2011). 아동방임에 영향을 미치는 가족요인에 대한 사회적 자본의 조절 효과 연구. **한국영유아보육학, 67**, 219-243.

김현수, 최연실 (2012). 결혼이주 여성의 가족 상담 필요성 인식 관련 요인의 탐색. **한국**

심리학회지: 여성, 17(3), 456.
김혜숙 (2011). **생활주제와 통합된 유아다문화교육의 이론과 실제.** 경기: 양서원.
김혜숙 (2013). **교재교구를 통한 다문화교육의 통합적 적용.** 경기: 공동체.
김혜숙 (2015). **누리과정과 연계된 다문화교육 프로그램.** 서울: 창지사.
김혜순 (2008). 결혼이주 여성과 한국의 다문화사회 실험. **한국사회학, 42**(2), 36-71.
김화수, 이은경 (2010). 취학 전 다문화가정 아동의 언어발달 특성. **특수교육저널 이론과 실천, 11**(3), 209-226.
나하나, 이효영, 임경아 (1998). **유아놀이지도.** 경기: 양서원.
노하나 (2007). **중국 국제결혼 이주여성의 문화적응스트레스에 관한 연구: 문화 적응유형과 이주여성이 인지한 사회적 지지를 중심으로.** 이화여자대학교 석사학위논문.
문경희 (2006). 국제결혼 이주여성을 계기로 살펴보는 다문화주의와 한국의 다문화현상. **21세기 정치학 회보, 16**(3), 67-93.
박미경, 엄정애 (2010). 자유선택활동 시간에 유아들이 경험하는 놀잇감의 의미. **유아교육연구, 30**(5), 325-349.
박성환, 최성우 (2010). Blended-Learning 기반의 부모교육 프로그램(Parenting Cross-fertilizing Program) 개발을 위한 요구 분석. **평생교육 HRD 연구, 6**(2), 21-39.
박소현, 정명심 (2012). 다문화가정 아동의 언어치료에 대한 질적 연구. **언어청각장애연구, 17**(1), 47-65.
박수원 (2003). **가족체계 유형과 부모 자녀간 의사소통의 관계에 관한 연구**. 연세대학교대학원 석사학위 논문.
박정옥, 김미랑, 김수희 (2011). **영유아 놀이지도.** 경기: 양서원.
박주희, 정진경 (2010). 국제결혼 이주여성의 문화적응과 정체성. **여성, 12**(4), 395-432.
박희숙, 유지선 (2010). **놀이를 위한 교육 환경.** 한국육아지원학회 추계 학술대회. 놀이와 학습: 미래를 위한 반성과 도전. 발표 자료집, 101-120.
법무부 (2019). **연도별 인구대비 체류외국인 현황.**
법무부 (2020). **통계자료.**
법무부 (2022). **통계자료.**
보건복지부 (2019). **2019 개정 누리과정 어린이집 관리자 교육.**
보건복지부, 교육과학기술부(2013). **3~5세 연령별 누리과정 해설서.**
서문희, 양미선, 조혜주, 정은미 (2011). **다문화가족 자녀 양육 및 지원 실태와 요구.** 서울: 육아정책연구소.
서은경 (2013). **다문화가정 부부갈등과 자녀 사회적응 관계: 사회적 지지와 자아탄력성.**

단국대학교 대학원 박사학위논문.

서 혁 (2006). 다문화가정에 대한 한국어교육 지원방안. **가톨릭대학교 인간학연구소, 2**(1), 10–40.

서 현 (2003). **문학적 접근을 통한 반편견 교육활동이 유아의 편견 감소에 미치는 영향.** 전남대학교 대학원 석사학위논문.

설규주 (2004). 세계 시민사회의 대두와 다문화 주의적 시민교육의 방향. **사회과교육, 3**(4), 12–34.

설동훈, 한건수 (2005). **국제결혼 이민여성 실태조사 및 보건복지 지원정책방안.** 보건복지부.

설동훈, 김윤태, 김현미, 윤홍식, 이혜경, 임경택, 정기선, 주영수, 한건수 (2005). **국제결혼 이주여성 실태조사 및 보건복지지원정책 방안.** 보건복지부 연구보고서.

소성숙 (2007). **다문화 미술활동이 유아의 편견과 자아개념과 친사회적 행동에 미치는 영향.** 전북대학교 박사학위논문.

손자옥 (2002). **요리활동을 통한 유아의 개념학습에 관한 연구.** 중앙대학교대학원 석사학위논문.

송미경, 지승희, 조은경, 임영선 (2008). 다문화가정 외국인 모의 부모경험에 관한 연구. **한국 심리학회지 상담 및 심리자료, 20**(2), 497–517.

신은수 (1991). 유아의 놀이형태와 수준에 따른 효과적인 교사의 놀이개입 유형의 방향 모색. **유아교육연구, 11**, 7–22.

신혜은, 고태순, 장세희 (2011). **영유아교수방법.** 경기: 양서원.

심성경 (2013). **놀이지도.** 경기: 공동체.

안경숙 (2010). **놀이에 기초한 평가의 효과적 실행을 위한 기초 연구: 유아교사의 인식과 실행 경험이 주는 의미.** 한국육아지원학회 추계학술대회 발표집, 121–133.

안동선 (2000). 아동의 한국화 지도에 있어서 흥미 유발을 위한 표현활동 연구. **조형교육, 16**, 77–98.

양미현 (2000). **유아가 인식하는 편견의 영역 분석.** 이화여자대학교 교육대학원 석사학위논문.

양심영, 박수경, 김미숙 (2013). 다문화가정 아동의 이중문화특성 및 사회적 자본이 심리적 적응에 미치는 영향. **한국콘텐츠학회논문지, 13**(6), 270–282.

여성가족부 (2021). **전국 다문화가족 실태조사연구.**

오성배 (2006). 한국사회의 소수민족 '코시안' 아동의 사례를 통한 다문화교육의 방향 탐색. **교육사회학연구, 16**(4), 137–157.

오욱환 (2010). **부모와 유아 교육자에의 도전: 유아의 학습은 놀이.** 한국육아지원학회 추계 학술 대회 발표집, 11–31.

유덕희 (1994). 놀이와 음악지도에 관한 고찰. **음악교육연구, 13**(1).

유승구(역) (1993). **현대유아교육론.** 서울: 학문사.

유승연 (1991). **유치원 유아문학 활동에 관한 연구.** 이화여자대학교 교육대학원 석사학위논문 미간행.

유혜령 (1999). 소수민족 유아의 유치원 생활경험: 현상학적 이해. **교육인류학연구, 2**(2), 139-169.

윤은영 (2015). **다문화가정 아동의 부모-자녀 관계가 문화적응에 미치는 영향: 영적 안녕감과 자아탄력성의 매개효과를 중심으로.** 숙명여자대학교 대학원 박사학위논문.

윤형숙 (2005). 외국인 출신 농촌 주부들의 갈등과 적응: 필리핀 여성을 중심으로. **지방사와 지방문화, 8**(2), 299-339.

이경우 외 (2001). **자연, 전통문화와 함께하는 과학과 탐구. 한국 어린이 육영회 연수원 워크숍과 자아탄력성의 매개효과를 중심으로.** 숙명여자대학교 대학원 박사학위논문.

이기숙, 이은화, 이영자, 이숙재 (1995). **유아 발달에 적합한 유치원 실내 교육 환경.** 서울: 교육부.

이삼식, 최효진, 박성재 (2009). **다문화가족의 증가가 인구의 양적 질적 수준에 미치는 영향.** 서울: 한국보건사회연구원.

이상금 (1987). **한국 유아 교육의 본질. 유아 교육 세미나: 한국 유아 교육의 현황과 개선 방향.** 사단법인 새세대육영회, 5-15.

이성미 (2006). **놀이미술을 적용한 새로운 미술교육 방안 연구.** 숙명여자대학교 대학원 석사학위논문.

이숙재 (1984). **유아의 상상놀이와 제 변인과의 관계 연구.** 연세대학교 대학원 박사학위논문.

이숙재 (2001). **유아 놀이 활동.** 서울: 창지사.

이숙재 (2002). **유아를 위한 놀이의 이론과 실제.** 서울: 창지사.

이숙재 (2006). **유아 놀이 활동.** 서울: 창지사.

이숙재 (2011). **영 · 유아 놀이활동.** 서울: 창지사.

이숙재, 이봉선, 김종선, 이방실 (2006). **연극놀이를 통한 유아경제교육.** 서울: 창지사.

이순례, 김정준, 조윤미 (1999). **유아를 위한 전통문화교육활동 지도자료.** 음률: 교육부.

이신동, 김진호, 이상희, 이경숙, 차재경, 황은진, 주소영 (2017). **다문화가정과 부모교육.** 서울: 창지사.

이영석 (1998). 다문화시대 현장 유아교육의 나아갈 길. **미래유아교육학회지, 14**(1), 55-75.

이윤애 (2004). **전북지역 외국인 여성 정착 지원방안.** 전라북도 여성발전연구원.

이은해, 지혜련, 이숙재 공편역 (1993). **놀이이론.** 서울: 창지사.

이은화 (1989). **전통놀이의 유아교육현장 적용을 위한 연구.** 연세대학교 대학원 박사학위 논문.

이재영, 공태명 (2010). 가정, 학교, 지역사회 사회자본과 청소년 일탈행동. **사회과학연구, 17**(3), 61-82.

이정환, 김희진 (2007). **영유아교육의 교수학습방법**. 서울: 파란마음.

이정환, 김희진 (2012). **영유아 교육의 교수-학습방법**. 서울: 파란마음.

이종희 (1995). 놀이와 교육: 구성놀이에 대한 재고. **유아교육연구, 15**(2), 91-104.

이종희 (2010). 아동 놀이의 국가적 정책화: 영국의 사례. **아동학회지, 31**(3), 161-181.

이태옥 (2006). **국제결혼 이주 여성가족과 사회적 지지망 연구: 영광지역 여성을 중심으로.** 광주대사회복지 전문대학원 석사학위논문.

이혜경 (2005). 혼인 이주와 혼인이주 가정의 문제와 대응. **한국 인구학, 28**(1), 73-106.

이한영 (2010). **영유아 이해를 위한 관찰 기록과 평가.** 한국유아교육협회, 제45회 한국유아교육협회 유아교육 교사연수 자료집, 19-56.

이현주 (2013). 한부모 이주 여성의 자녀 양육과 삶에 대한 연구. **여성학연구, 23**(1),171-214.

임의선 (2008). **미술놀이를 적용한 아동의 창의성 신장 프로그램 연구**. 동아대학교 대학원 석사학위논문.

임한영(역) (1977). **아동교육론: 부모들의 자녀교육을 위하여.** 서울: 민중서관

자연교육연구소 (2007). **세계를 이해하는 다문화교육 프로그램.** 서울: 제이솔.

장경원, 이종미 (2014). 정적탐구(Appreciative Inquiry)를 활용한 참여형 학부모교육 사례 연구. **한국교육문제연구, 32**(4), 55-81.

장명림, 권미경, 김혜진, 공요은 (2013). **취약가족의 자녀 양육 지원 방안: 다문화가족을 중심으로**. 서울: 육아정책연구소.

장영희 (1997). 유아를 위한 다문화교육의 개념 및 교수방법에 대한 이론적 고찰. **성신연구 논문집, 35**, 295-314.

장영희, 이숙재, 김혜식, 김정화 (1999). **유아의 인종 인식에 관한 연구.** 한국유아교육학회.

전국재 (2014). **세계의 어린이 놀이.** 경기: 시그마북스.

전희옥 (2008). 다문화사회환경 변화에 따른 학교 사회과 교육과정의 방향. **한국 초등교육 학회 학술대회 자료집**(1), 191-216.

정은희 (2004). 농촌지역 국제결혼가정 아동의 언어발달과 언어환경. **언어치료연구, 13**(3), 33-52.

정 진, 성원경 (2004). **유아놀이지도 이론과 실제.** 서울: 학지사.

조영달 (2006). **다문화가정 교육지원을 위한 자료 개발 연구.** 서울: 교육인적자원부.

조유리, 강현아 (2011). 아동빈곤이 가정 내 사회적 자본과 문화적 자본을 통해 학교적응에 미치는 영향. **아동과 권리, 15**(3), 369-390.

조원탁, 박순희, 서선희, 안효자, 송기범, 이형하, 한신애 (2014). **다문화사회의 이해와 실천.** 경기: 양서원.

조정숙, 김은심 (1996). **유아 언어 교육의 실제.** 서울: 창지사.

진명희 (2015). **영유아 발달을 위한 놀이지도.** 경기: 공동체.

채금숙 (2003). **유아의 놀이영역 선호도 및 놀이행동과 사회성 발달과의 관계.** 전북대학교 교육대학원 석사학위논문.

채정란 (1999). **다문화교육의 관점에서 본 '우리나라'와 '다른나라' 생활주제 분석.** 서울: 창지사.

최경숙 (2006). **여성 결혼 이민자의 사회적 지지와 결혼 만족도에 관한 연구: 대구, 경북지역을 중심으로.** 계명대학교 대학원 석사학위논문.

최미숙, 김경숙, 윤현숙 (2008). 유아의 반편견 인식 및 다른 문화에 대한 태도에 미치는 영향. **아동교육, 17**(2), 65-79.

최민수, 김숙자, 지성애 (2005). **유아 통일교육.** 경기: 정민사.

최윤경, 양미선, 도남희, 박혜원, 이진숙, 정윤경, 이보람 (2011). **다문화가족 영유아의 발달 실태 및 맞춤형 지원 방안.** 육아정책연구소.

최현미, 이혜경, 신은주, 최승희, 김연희, 송성실 (2010). **다문화가족 복지론.** 경기: 양서원.

통계청 (2010). **인구조사 자료.**

통계청 (2021). **외국인 정책 통계연보.**

통일부 (2022). **북한 이탈주민 입국현황.**

하정연 (2008). **자연친화 놀잇감.** 경기: 공동체.

한경님 (2012). 다문화가정 어머니들의 자녀양육을 위한 부모교육에 대한 요구. **한국영유아보육학, 73**(73), 171-190.

한국교육학회(편) (1996). **유아교육사전.** 서울: 한국사전 연구사.

행정안전부 (2020). **지방자치단체 외국인주민현황.**

홍혜경 (1995). 유아의 수학활동 과제를 활용한 평가의 적용에 관한 연구. **유아교육연구, 15**(2), 173-191.

Banks, J. A., & Banks, C. A. M. (1993). *Multiculture education: Issues and perspectives.* Boston, MA: Allyn and Bacon.

Banks, J. A. (2004). *Cultural diversity and education.* Englewood Cliffs, NJ: Pearson.

Bruner, J. (1974). Child's play. *New Scient, 62*, 126–128.

Bredekamp, S., & Copple, C. (1997). *Develomentally appropriate Practices in early childhood programs.* Washington, DC: NAEYC.

Boutte, G. (1999). *Multicultural education:raising consciousness.* CA: Wadsworth Publishing Company.

Bullivant, B. (1993). *Culture: Its Nature and Meaning for Educator*. In J. Banks & C. Banks, (2nd ed.). Boston, MA: Allyn & Bacon.

Caine, R. N., & Caine, G. (1994). *Making connections.* NY: Addison–Wesley Publishing Company.

Coelho, E. (1998). *Teaching and learning in multicultural schools*. Philadelphia: Multilingual Matters.

Damasio, A. R. (1994). *Descartes' error: Emotion, reason, and the human brain.* NY: Quill.

Dansky, J. L., & Silverman, I. W. (1973). Effects of play on associative fluncy in preschool–aged children. *Developmental Psychology, 9*, 39–43.

Dansky, J. (1980). Cognitive consequences of sociodramatic play and exploration training for economically disadvantaged preschoolers. *Journal of the Child Psychiatry, 20*, 47–58.

DeBord, K., Moore, R., Hestenes, L., Cosco, N., & McGinnies, J. (2005). *The preschool outdoor environment scale*. Atlanta: Kaplan.

Derman–Sparks, L. (1992). Reaching potentials through anti–bias, multicultual crriculum. In S. Bredekamp, & T. Rosegrant (Eds.), *Reaching potentials: Appropriate curriculum and assessment for young children* (pp. 114–128). Washington, DC: National Association for the Education of Young Children.

Derman–Sparks, L., & the A.B.C. Task Force (1989). *The Anti-bias curriculum: Tools for empowering young childron.* Washington, DC: National Association for the Education of Young Children.

Dewey, J. (1966). *Democracy and education.* New York: Free Press.

Fahnderich, D., & Schnerder, K. (1987). Emotional reactions of preschool children while exploring and playing with a novel object. *Journal of Genetic Psychology, 148*(2), 209–217.

Fein (1975). A transformational analysis of pretending. *Developmental Psychology, 11*(3), 291–296.

Froebel, F. (1897). *Mothers' songs, games, and stories* (F. E. Lord. Trans.). London: Rice.

Frost & Klein (1979). *Children's play and playgrounds.* Boston: Allyn and Bacon.

Garvey, C. (1977). *Play.* Cambridge Massachusetts: Harvard University Press.

Gollnick, D. M., & Chinn, P. C. (2009). *Multicultural education in a pluralistic society.* Upper Saddle River, NJ: Pearson Prentice Hall.

Green, D., & Lepper, M. R. (1974). How to turn play into work. *Psychology Today*, 49–54.

Guerney, L. F. (1984). Play therapy in counseling settings, In T.D. Yawkey, & A. D. Pellegrini (Eds.), *Child's play: Devlopmental and applied* (pp. 291–321), Hillsdale, NJ: Lawrence Erlbaum Associates, Inc.

Hall, N. S., & Rhomberg, V. (1995). *The affective curriculum: Teaching the anti-bais approach to young children.* Toronto: Nelson Canada.

Hirsch, E. S. (1974). Block building: Practical considerations for the classroom teacher. In E.S. Hirsch (Ed.), *The block book* (pp. 88–100). Washington, DC: NAEYC.

Hirsch, E. S. (1988). Block building–practical considerations for the classroom teacher. In E. S. Hirsch (Ed.), *The block book* (pp. 89–102). Washington D.C.: NAEYC.

Hughes (1995). *Children, play and development.* Boston, MA: Allyn and Bacon.

Huizinga, J. (1955). **호모 루덴스: 놀이와 문화에 관한 한 연구**. 김윤수 역 (1981). 서울: 도서출판 까치.

Huizinga (1983). Two–Step Two–Stage Least Squares Estimation in Models with Rational Expectations. *Journal of Econometrics, 21,* 333–355.

Hurlock, E. (1978). *Childhood development.* New York: J. B. Lippincott Company.

Isenberg, J., & Jalongo, M. R. (2001). *Creative expression and play in the early childhood curriculum.* Englewood Cliffs, NJ: Prentice–Hall, Inc.

Johnson, J. E., Christie, J. F., & Wardle, F. (2005). *Play development, and early childhood education.* Boston: Pearson Education Inc.

Johnson, J. E., Christie, J. F., & Yawkey, T. D. (1999). *Play and early childhood development.* New York: Addison Wesley Longman, Inc.

John–Steiner, V. P., & Meehan, T. M. (2000). Creativity and collaboration in knowledge construction. In C. D. Lee, & P. Smagorinsky (Eds.), *Vygotskian perspectives on literacy research: Constructing meaning through collaborative inquiry.* Cambridge University Press.

Kendall, F. E. (1993). *Diversity in the classroom: New approaches to the education of young children*. New York: Teachers College Press.

King, N. R. (1979). Play: The kindergartners' Perspective. *The Elementary School Journal, 80*(2), 81–87.

LeDoux, J. (1996). *The emotional brain.* NY: Simon & Schuster.

MacNaughton, G., & Williams, G. (1998). *Techniques for teaching young children*. Norwood, NJ: Prentice Hall, Inc.

Melendez, W. R., Beck, V., & Feltcher, M. (2000). *Teaching social studies in early education.* NY: Delmar.

Melendez, W. R., & Beck, V. (2007). *Teaching young children in multicultural classroom: Issues, concepts, and strategies* (2nd ed.). NY: Delmar.

Millar, S. (1977). *The Psychology of Play.* New York: Penguin Books.

Morrison, G. S. (2007). *Early childhood education today* (10th ed.). Upper Saddle River, NJ: Prentice Hall.

Nieto, S. (1992). *Affirming diversity: The sociopolitical context of multicultural education.* New York: Longman.

Nowak–Fabrykowski, K. (1994). Can symbolic play prepare children for their future? *Early Child Development and Care,* 63–69.

Parten (1932). Social Participation among Preschool Children. *Journal of Abnormal and Psychology, 27*, 243–269.

Perlmutter, J. C., Bloom, L., & Burrel, L. (1993). Whole math through investigations. *Chilhood Education, 70*(1), 73–74.

Pellegrini, A. A. (1991). A longitudinal study of popular and rejected children's rough and tumble play. *Early Education and Development, 2*(3), 205–213

Phillips, R. D., & Sellitto, V. A. (1990). Preliminary evidence on emotions expressed by children during solitary play. *Play and Culture, 3,* 79–90.

Piaget, J. (1962). *Play, dreams, and imitation in childhood.* New York: Norton.

Provenzo, E. F., & Brett, A. (1983). *The complete block book.* NY: Syracuse University Press.

Ramsey, P. G. (1998). *Teaching and learning in diverse world: Multicultural education for young children* (2nd ed) . New York: Basic Books.

Roopnarine (1994). *Systematics, Biogeography and Extinction of chionine bivalves in the Neogene of tropical America.* ph.D. Dissertation, University of California Davis. 280.

Rubin, K. H., Fein, G. G., & Vandenberg, B. (1983). Play. In P. H. Mussen, & E. M. Hetherington (Eds.), *Handbook of child psychology: Socialization, personality, and social development* (pp. 693–774). N.Y.: Wiley.

Samuelsson, I. P., & Johansson, E. (2006). Play and learning–inseparable dimensions in preschool practice. *Early Child Development and Care, 176*(1), 47 – 65.

Sawyers, J., & Rogers, C. (1990). *Helping Young Children Develope Through play.* Washington, DC: NAEYC.

Seefelt, C. (2005). *A Curriculum for child are centers.* Columbus, O. H.: Merill.

Sleeter, C. E., & Grant, C. A. (1999). *Making choices for multicultural education.* Upper Saddle River, NJ: Pearson Merrill Prentice Hall.

Singer, D. G., Golinkoff, R. M., & Hirsh–Pasek, K. (2006). *Play=learning: How play motivates children's cognitive and social-emotional growth*. New York: Oxford University Press.

Smilansky (1968). *The effects of sociodramatic play on disadvantaged preschool children.* New York: Wiley.

Smith, P. K., & Connolly, K. J. (1980). *The ecology of preschool behavior*. Cambridge, England: Cambridge University Press.

Smith, P. K., & Vollstedt, R. (1985). On defining play: An Empirical Study of the Relationship between Play and Various Play Criteria. *Child Development, 56,* 1042–1050.

Sutton–Smith, B., & Sutton–Smith, S. (1974). *How to play with your child(and when not to).* New York: Hawthorn.

Sutton–Smith, B. (1986). The Spirit of Play. In G. Fein and M. Rivkin (Eds.), *The Young Child at Play* (pp. 3–15). Washington D.C.: NAEYC.

Sutton–Smith, B. (1986). *Toy as culture.* New York: Gardner Press, Inc.

Sutton–Smith, B. (1990). Piaget, play and cognition revisited. In W. Overton (Ed.), *The relationship between social and cognitive development.* New York: Erlbaum.

Sylwester, R. (1995). *A celebration of neuron: An educator's guide to the human brain.* VA: ASCD.

Tiedt, P. L., & Tiedt, I. M. (2009). *Multicultural teaching: A Handbook of Activities, Information, and Resources* (8th ed.). Boston, MA: Allyn & Bacon.

Tizard, Philps, & Plewis (1976). Play in Preschool Center: Effects on Play of the Child's

Social Class and of the Educational Orientation of the Center. *Journal of Child Psychology and Psychiatry, 143*(1), 19–28.

Trostle, S. (1988). The effects of child–centered group play sessions on socioemotional growth of three to six year old bilingual puertrorican children. *Journal of Research in Childhood Education, 3*(2), 93–106.

Van Hoorn, J., Nourot, P., Scales, B., & Alward, K. (1993). *Play at the center of the curriculum.* New York: Macmillan.

Van Hoorn, J., Nourot, P. M., Scales, B., & Alward, K. R. (2003). *Play at the center of the curriculum.* Upper Saddle River, NJ: Merrill Prentice Hall.

Vulkelich, C. (1990). Where's the paper? Literacy dramatic play. *Childhood Education 66*(4), 205–209.

Vygotsky, L. S. (1976). Play and its role in the mental development of the child. In J. Bruner, A. Jolly, & K. Sylva (Eds.), *Play: Its role in development and evolution. New York: Basic Books.*

Vygotsky, L. S. (1978). *Mind in society.* Cambridge, MA: Harvard University Press.

Wardle, F. (1996). An anti–bias and ecological mode for multicultural education. *Early Childhood Education, 72*(3), 152–156.

Whiren, A. (1975). Table toys; The underdeveloped resource. *Young Children,* September, 413–419.

Williamson, P., & Silvern, S. (1990). The effect of play training on the story comprehension of upper primary children. *Journal of Research in Childhood Education Leadership, 46*(7), 35–39.

저자소개

김혜숙

학력

계명대학교 학사, 석사, 박사졸업(교육학박사)

경력

- 계명대학교 교육대학원 겸임교수
- 사회복지법인 예천성혜원 대표이사
- 사회복지법인 성락어린이집 원장
- 다누리교육연구소 소장

표창

2011. 대통령 표창
2007. 여성가족부 장관 표창
2017. 보건복지부 장관 표창
2004, 2017. 경상북도 도지사 표창
2013, 2020. 경상북도 경찰청장 표창

수상

2010. 보건복지부 장관상(전국우수보육 프로그램 공모전 최우수상)
2011. 행정안전부 장관상(바른인터넷동요대회 우수상)
2013. 보건복지부 장관상(전국우수보육 프로그램 공모전 최우수상)
2014. 경상북도 도지사상(교재교구 경진대회 대상)
2022. 경상북도 교육감상(경상북도 교육기부 나눔축제 공모전 우수상)

논문

2006. 유아의 창의성 발달을 위한 전통놀이의 교육적 가치. 아동교육, 16(1), 173-184.
2007. 다문화교육이 농촌지역경제에 미치는 영향. 재정정책논집, 9(2), 193-215.
2008. 어린이집 다문화교육 프로그램 개발을 위한 요구 분석. 아동교육, 17(4), 129-142.

2009. 어린이집 생활주제와 통합된 다문화교육 프로그램 개발 및 효과검증(박사학위논문).

2010. 생활주제와 통합된 다문화교육 프로그램의 효과, 교육학연구, 26(1), 59-82.

2011. 다문화가정자녀들을 위한 통합교육과 지원 방향, 이민다문화교육연구, 1(20), 18-20.

저서

2011. 유아다문화교육의 이론과 실제(양서원)

2013. 유아다문화교육의 통합적 적용(공동체)

2014. 유아다문화교육의 이론과 실제(양서원) 개정판

2015. 유아 다문화교육 프로그램(창지사)

2017. 유아 다문화교육 프로그램(창지사) 개정판

2017. 다문화담당 보육교사교육(한국보육진흥원)

2020. 놀이중심 유아다문화교육(양서원)

2023. 놀이중심 유아다문화교육(양서원) 개정판

공저

2011. 다문화보육의 이해와 적용(한국보육진흥원)

2012. 취약보육 프로그램(한국보육진흥원)

2014. 다문화보육 직무교육과정(한국보육진흥원)

2014. 다문화 보육프로그램(보건복지부)

2017. 다문화 보육프로그램(보건복지부)

유아교육과정 개발보급

2016. 인도네시아 반동 국제학교 만 3세~5세 유아교육과정 10권(연령별 3권 총론 1권)

2018. 인도네시아 자카르트 국제학교 만 3세~5세 유아교육과정 10권(연령별 3권 총론 1권)

2019. 베트남 하노이 국제학교 만 3세~5세 유아교육과정 10권(연령별 3권 총론 1권)

유아교육 전문잡지 연재

「폴라리스」 다문화교육 프로그램 2009~2012

「월간유아」 다문화교육 프로그램 2015~2020

제2판

놀이중심 유아 다문화교육

1판 1쇄 발행 2020년 3월 5일
2판 1쇄 발행 2023년 2월 15일

지 은 이 | 김혜숙
발 행 인 | 박철용
발 행 처 | 양서원
주 소 | 경기도 파주시 직지길 522 파주출판도시
전 화 | 031–955–8000(代)
팩 스 | 031–955–8005
홈페이지 | www.yswpub.co.kr
이 메 일 | yswgroup@naver.com
출판등록 | 1987년 11월 24일 제406–2003–037호

ISBN 978-89-994-1339-1

정가 22,000원